P. Gerold Schmitz
Die Katholische Jugendbewegung

«Ihr seid nicht die letze Nachhut des Mittelalters, sondern vielmehr die erste Vorhut des dritten Jahrtausends!»
Johannes Paul II. an die Jugend 2000

«Sei ein Christ und sei es ganz. Nicht ‹radio-›, sondern ‹christo-aktiv› sollen wir werden und andere im Glauben anstecken.»
Joachim Kardinal Meisner an die Jugend 2000

Pater Gerold Schmitz OFM

P. GEROLD SCHMITZ

Die Katholische Jugendbewegung

Von den Anfängen bis zu den Neuaufbrüchen

CHRISTIANA-VERLAG
STEIN AM RHEIN

Biographische Notizen
Der Autor wurde am 21. März 1926 in der rheinischen Kleinstadt Euskirchen geboren. Er entstammt einer gläubigen Familie, die sich dem Zeitgeist des Nationalsozialismus verweigerte. 1938 Emil-Fischer-Gymnasium Euskirchen; 1944 Eintritt in die Wehrmacht; Rundstedt-Offensive; 1945-46 Englische Kriegsgefangenschaft; 1947 Abitur in Euskirchen; 1947 Eintritt in den Franziskanerorden; 1953 Priesterweihe im Hohen Dom zu Aachen; 1958 Missionseinsatz auf der Insel Taiwan (Formosa); 1970 Rückkehr in die Heimat; Pfarrei- und Krankenseelsorge.
Buch-Publikationen:
Kirche auf dem Prüfstand. Katholizismus im ausgehenden 20. Jahrhundert.
Was wird aus unseren Orden?
Anregungen für das betrachtende Beten des Rosenkranzes
(Alle drei Titel zu beziehen bei: Christiana-Versandbuchhandlung, Stein am Rhein)

Bildnachweis:
Lothar Hering, Graphiker Design, Schloss Assen, D-59510 Lippetal:
1. Umschlagseite
KNA-Bild, Frankfurt: Seiten 21 und 71
Ika Schübbe, Holzwiecke: Zeichnung «Chartres», Seite 148
Christiana-Bildarchiv: Seiten 67, 157 und 4. Umschlagseite
Das restliche Bildmaterial stammt vom Autor

1. Auflage 1997: 1. - 2. Tsd.
© CHRISTIANA-VERLAG
CH-8260 STEIN AM RHEIN/SCHWEIZ

Alle Rechte vorbehalten

Satz: Adelmann-Verlag, D-57392 Schmallenberg
Layout: Christiana-Verlag
Bildteil: Arnold Guillet

Druck: Verlagsdruckerei Josef Kral, D-93326 Abensberg
Printed in Germany

Die Deutsche Bibliothek - CIP-Einheitsaufnahme

Schmitz, Gerold:
Die Katholische Jugendbewegung :
Von den Anfängen bis zu den Neuaufbrüchen / P. Gerold Schmitz OFM.
- 1. Aufl. - Stein am Rhein : Christiana-Verl., 1997

ISBN 3-7171-1034-9

Inhaltsverzeichnis

Vorwort 7
Vom Sinn des Erziehens 9

I. Das 20. Jahrhundert als Jahrhundert jugendlichen Aufbruchs .. 19
  1.1 Jungkatholisches Christsein als Ausdruck
     von Glaubenstreue, Sittenstrenge und Heimatliebe 29
  1.2 Kampf um den Schutz der inneren Burg vor dem Einfall
     des antichristlichen Zeitgeistes im Nationalsozialismus 37
  1.3 Markante und prägende Priester- und
     Laienpersönlichkeiten der Katholischen Jugendbewegung
     im In- und Ausland 50
     Ludwig Wolker (1887-1955) 50
     Franz Steber (1904-1983) 55
     Sel. Karl Leisner (1915-1945) 56 60
     Sel. Marcel Callo (1921-1945) 62 66
  1.4 Als Kripo und Gestapo uns auflauerten 73

II. Neuanfang nach dem Zusammenbruch des Dritten Reiches
bis zur Gründung des BDKJ in Hardehausen 1947 78
  2.1 Der Bund der Deutschen Katholischen Jugend (BDKJ)
     1948-1965 88
  2.1.1 Das erste Bundesfest des BDKJ in Dortmund
     vom 29. Juli bis 1. August 1954 90
  2.1.2 Das zweite BDKJ-Bundesfest in Stuttgart
     Anfang August 1959 91
  2.1.3 Das dritte Bundesfest des BDKJ in Düsseldorf
     vom 30. Juli bis 1. August 1965 92
  2.2 Der BDKJ 1966-1996 95
  2.3 Die Entwicklung katholischer Jugendarbeit in der
     sowjetischen Besatzungszone, der späteren DDR,
     bis zur deutschen Wiedervereinigung 1989 110

III. Aufbruch zur Erneuerung katholischer Jugendarbeit durch Befreiung von ideologischer Verfälschung 115
  3.1 Das marianische Profil einer Bekennenden Katholischen Deutschen Jugend (BKDJ): gläubig, kirchlich, papsttreu 123
  3.2 Kult- und Kulturpflege in katholischer Jugendarbeit ist Erbe und Auftrag zugleich 136
  3.3 Die Neuaufbrüche als verheissungsvoller Neuanfang 142
    1. Die Jugend 2000 142
    2. Die katholische Pfadfinderschaft Europas (KPE) 145
    3. Die Christkönigsjugend (CKJ) 149

IV. Die katholische Jugendbewegung in der Schweiz 153
  Der Schweizerische Sturmscharbund 153
  Der Schweizerische Jungwachtbund 154
  Der Schweizerische Katholische Jungmannschaftsverband (SKJV) 156
  Josef Meier 158
  Eugen Vogt 158
  Die Ursprünge des Katholischen Pfadfindertums in der Schweiz 159
  Der Feuerkreis Niklaus von Flüe 161

Ein wegweisendes Wort von Kardinal Meisner 162
Zeittafeln 164
Anlagen 169
  Anlage I 169
  Anlage II 171
  Anlage III 175
  Anlage IV 181
  Anlage V 183
  Anlage VI 195
Literaturverzeichnis 202
Anmerkungen 203

Vorwort

Nach meiner ersten, gegenwartsbezogenen Untersuchung unter dem Titel «Kirche auf dem Prüfstand», 1989 im R. G. Fischer-Verlag, Frankfurt am Main, erschienen, folgte 1994 eine weitere Studie über die Entwicklung des Ordenslebens in nachkonziliarer Zeit, in die Frage «Was wird aus unseren Orden?» gekleidet, 1994 beim Kräling-Druck, Siedlinghausen, veröffentlicht, woran sich nun – die Trilogie vervollständigend – das ebenso brennende wie aktuelle Thema über katholische Jugendarbeit anschließt.

Als «Marianische Jugend 2000» mit dem Untertitel «Eine Bekennende Katholische Deutsche Jugend (BKDJ): gläubig, kirchlich, papsttreu», soll der Ruf nach einer immer dringlicher werdenden Kurskorrektur in der katholischen Jugendarbeit angezeigt werden, die in vielen Bereichen vom Zeitgeist beherrscht wird und ihr katholisches Profil abgelegt hat, zumal in der Sexualmoral.

Wie die Quellenangabe verdeutlicht, hat es gerade in den zurückliegenden Jahren zwischen 1985-1997 eine wahre Fülle von Veröffentlichungen gegeben, die sich mit der kirchlichen Jugendarbeit und -erziehung der imposanten zwanziger und dreissiger Jahre unseres 20. Jahrhunderts beschäftigen, darunter allerdings nur wenige, die bis in die Gegenwart vorstoßen und sich dem Bruch in der katholischen Erziehung zuwenden, der im Zusammenhang mit der Studentenrevolte der sechziger Jahre steht.

Immer dann, wenn Zeitzeugen einen geschichtlichen Vorgang darstellen, füllen sich von Daten durchsetzte Chronologien mit Leben. Das betrifft auch die Autoren, die sich mit der Entwicklung der Jugendbewegung befassten. Sowohl die Autorengruppe, die das erlebnisnahe Buch über die Sturmschar «Sie hielten stand» herausgegeben hat, als auch der in der damaligen Zeit als Diözesanpräses von Paderborn mit der Jugendarbeit vertraute Augustinus Reineke in «Jugend zwischen Kreuz und Hakenkreuz», gehören zur Kategorie der Zeitzeugen, die einen überzeugenden Zeitspiegel der Vorgänge im Jugendbereich vor und in der Nazizeit vorlegen, im Unterschied zu den in der Nachkriegszeit aufgewachsenen Autoren Georg Pahlke, Karl Hofman und Martin Schwab, denen man zwar eine akribische

Sorgfalt in der Auswertung des zur Verfügung stehenden Archivmaterials nicht absprechen kann, denen jedoch das Erfahrungswissen zu fehlen scheint, das ihnen eine differenziertere Betrachtung des Früheren ermöglicht hätte. Trotzdem muss man ihnen für die geleistete Arbeit dankbar sein, die auch für meine eigene Erarbeitung von großem Nutzen war.

Vom Sinn des Erziehens

Auf die Frage nach dem Sinn des Erziehens wird es wohl kaum eine eindeutige Antwort geben, denn diese hängt wesentlich von der Anthropologie, d.h. von der wissenschaftlichen Beurteilung des Wesens des Menschen ab. Da gibt es eine weite Spanne von Deutungen des Menschenwesens, vom materialistischen «Der Mensch ist, was er isst» bis zur christlichen als «Ebenbild Gottes».

Entsprechend unterschiedlich sind denn auch die Auffassungen von der Erziehung, die mancher – wie der Kulturphilosoph Jean-Jacques Rousseau (1712-1778) – eigentlich ausschalten möchte, denn er behauptet, der Mensch sei von Natur aus gut; es sei der erzieherische Eingriff, der seine Natur verderbe; man müsse also den natürlichen Urzustand des Menschen erhalten. Dieser naturalistischen Auffassung steht die christliche Lehre von der Erziehung diametral entgegen. Sie weiss sich von Gott in die Verantwortung genommen, die leibseelische Entwicklung des Kindes in geordnete Bahnen zu lenken und störende Fremdeinwirkungen so weit wie möglich auszuschalten. Denn es wäre ein eklatanter Irrtum zu meinen, das «unerzogene» Kind würde sich schon kraft der in ihm wirkenden Natur zu einem naturhaft guten Menschen entwickeln. Dabei wird sowohl die Schwächung der menschlichen Natur durch die Erbsünde als auch der unvermeidliche Umwelteinfluss auf das Kind übersehen.

In der Erziehungsperspektive bekannter und einflussreicher Pädagogen findet sich mehr oder weniger stark die Einflussnahme der oben angezeigten pädagogischen Richtungen. Johann Heinrich Pestalozzi (1746-1827) vertritt eine an Glaube und Religion orientierte Pädagogik [1], die frei ist von jeglicher ideologischen Voreingenommenheit. Auch Maria Montessori (1870-1952), die schon unserer Zeit angehört, steht im allgemeinen auf christlichem Boden, wenn auch ideologische Ansätze deutlich erkennbar sind. So erklärt sie in ihrer kleinen Schrift «Grundlagen meiner Pädagogik»: «Das Reifen des Menschen im Kinde ist eine andere Art Schwangerschaft, die länger währt als die Schwangerschaft im Mutterleib, und das Kind allein ist der Bildner seiner Persönlichkeit. Schöpferischer Wille drängt es zur Entwicklung»[2]. Das Bild von der Schwangerschaft für die zweite

Phase kindlicher Entwicklung ist sicherlich treffend; doch verbindet sich damit auch immer die Mutter-Kind-Beziehung, so dass der Hinweis, dass das Kind «allein» Bildner seiner Persönlichkeit sei, weder ins Bild noch in die Realität passt. Hier wie auch an anderen Stellen ihres Erziehungsentwurfes zeigt sich der Rousseausche Einfluss.

Eine dritte Persönlichkeit, die eine starke Einwirkung auf die moderne Erziehung hat, heisst A. S. Neill, und ist Gründer der Summerhill-Internatsschule in England 1921. Neill lehnt jede von aussen kommende – und dazu gehört auch die religiöse Erziehung – ab. Hier wird das Gewährenlassen des Kindes zum Prinzip erhoben, was dann mehr mit Ent-ziehen als Er-ziehen zu tun hat. Was von einer derart «kindgerechten» Schule zu halten ist, gibt Horst Hensel in seiner pädagogischen Streitschrift «Die Neuen Kinder und die Erosion der Alten Schule» mit spitzer Feder zu verstehen: «In der heutigen Pädagogik ist eine durch Rousseau und seinen ‹edlen Wilden› beeinflussten Ideologie wach, das Kind als den ‹wahren Menschen› zu begreifen, und den Erwachsenen als dessen Zerrform. Das Maß des Menschen ist jedoch der erwachsene, reife Mensch; das Kind ist auf dem Wege, nicht am Ziel»[3].

Anstelle des «wahren Menschen» begegnet uns im Kind heute leider ein Zerrbild, das Hensel bezüglich der Schulkinder so skizziert: «Sie sind nervös, können sich nicht konzentrieren, bedürfen immer neuer Reize, Stimuli und Sensationen, können nicht mit sich allein sein, behalten nichts, strengen sich nicht an – kurz: das Konstante ihrer Persönlichkeit ist die Flüchtigkeit; ihr Verhalten ist flüchtig wie die 25 Bilder pro Sekunde Fernsehen»[4].

Kommen wir zurück auf den Sinn christlicher Erziehung: Sie besteht in der verantwortbaren Menschenführung, wie sie die Entwicklung des Menschen in seinen Wachstumsphasen in unterschiedlicher Intensität verlangt, und die als naturgegebenes Postulat in erster Linie den Eltern obliegt! Denn wie das Kind zunächst im Schoß der Mutter eingeborgen ist, so bedarf es nach der Geburt der intakten Familie, um sich normal entwickeln zu können, wobei Vater und Mutter eine wenn auch unterschiedlich wichtige Rolle spielen. Die dominierende Rolle weist Pestalozzi der Mutter zu: «Wie die Mutter die erste Nährerin des Physischen ihres Kindes ist, so soll sie auch von Gottes wegen seine erste geistige Nährerin sein; und ich achte die Übel, die durch das zu frühe Schulen und alles das, was an den Kindern ausser der Wohnstube gekünstelt wird, erzeugt worden sind, sehr groß»[5].

Leider ist es das Schicksal vieler unserer Kinder, ohne die notwendige, von der Natur vorgesehene Nestwärme heranwachsen zu müssen. Hensel listet die Mängel auf: «Die Eltern des Kindes sind geschieden. Es hat keine Geschwister und lebt bei der Mutter. Familienerziehung hat es nie erfahren. Es erinnert sich daran, dass Familie Streit, auch männliche Gewalt und Alkoholmissbrauch bedeutet»[6].

Leibliche, besonders aber seelische Wunden, die der Mensch im frühen Alter erlitten hat, heilen oft schwer oder auch gar nicht, je nachdem wie die späteren Lebensumstände sind. Der Schaden trifft nicht nur die Heranwachsenden, die, weil nie eingewurzelt in gesunde Lebensverhältnisse, den Verlockungen der Betäubungsmittelindustrie erliegen, sondern die Gesamtbevölkerung, die unter der Willkür ihres ungeordneten Lebensstils zu leiden hat.

Die heilige Therese von Lisieux hat uns in ihren Aufzeichnungen einiges sehr Nachdenkliches zum Thema Erziehung hinterlassen: «Wie die kleinen Vögel das Singen dadurch erlernen, dass sie ihren Eltern zuhören, genau so lernen die Kinder die Tugenden, das Hohelied der Liebe Gottes, an der Seite von Menschen, die beauftragt sind, sie für das Leben heranzubilden.» Und: «Wäre ich bei einer Veranlagung wie der meinen von tugendlosen Eltern erzogen worden, so wäre ich sehr böse geworden und wäre vielleicht verloren gegangen.»

Ein junger Mann schickte mir seine preisgekrönte Wettbewerbsarbeit mit dem Titel: «Die Jugend kann nur so gut sein wie die Gesellschaft, in der sie lebt...» Einige Gedanken daraus: «Die Eltern sollten eigentlich versuchen, die Kinder und später auch noch die Jugendlichen auf das spätere Leben vorzubereiten und durch ihre Erziehung die Kinder auf den rechten Weg zu bringen.

Doch dies hat sich leider in den letzten Jahren entscheidend verändert... Die Schüler müssen sich zunehmend in einem zerrütteten und verkrachten Familienleben zurechtfinden, in dem nur noch selten ihre Probleme angehört und verstanden werden... Die Praktiken der antiautoritären Erziehung haben dem genauso wenig Abhilfe schaffen können... Ich bin der Auffassung, dass junge Menschen von ihren Eltern gelenkt und verantwortungsvoll erzogen werden müssen.» Jugendliche mit solch reifen Erkenntnissen lassen für die Zukunft hoffen, sind allerdings ein schwacher Trost für die Gegenwart mit ihren bedenklichen Auflösungserscheinungen in Familie, Kirche und Staat, obwohl sich diese drei Instanzen in der angegebenen Rangordnung die Erziehung als Aufgabe teilen sollten.

Mit der Absolutsetzung der Natur wollte Rousseau jede andere irdische Erziehungsautorität ausschalten. Von daher lässt sich der Begriff der «antiautoritären Erziehung» begründen. Ihre Vertreter betrachten jede Erziehungsmaßnahme als Einmischung in die Selbstentfaltung und Selbstverwirklichung des Kindes oder Jugendlichen.

Dagegen vertritt eine christlich orientierte Pädagogik die Auffassung, dass sich die menschliche Erziehungsautorität von der göttlichen ableiten lässt: Gott als die höchste Autorität überträgt sie durch das Geschenk des Kindes als Erziehungsbefugnis an die Eltern. Dieser primären Erziehungsautorität stehen Kirche, Schule und Staat als sekundäre ergänzend zur Seite. Nicht jeder Erziehungsberechtigte hat also die gleiche Autorität über das Kind; jede Art von Autorität verdankt sich allerdings der göttlichen und bleibt ihr gegenüber in der Ausübung verantwortlich.

Jörg Zink definiert Autorität wie folgt: «Autorität sein heisst: Erfahrenes, Bewährtes und Bleibendes behutsam verkörpern und dabei von den Jungen keine Unterwerfung fordern»[7].

Richtig ist an dieser Definition, dass die Vorbildlichkeit des Erziehers eine wichtige Autoritätsstütze ist, aber diese begründet nicht die Autorität, die geboren oder delegiert sein kann. Der zweite Teil ist insofern richtig, als sich die Autorität darum bemühen muss, ihre Anordnungen einsichtig zu machen, aber dies keineswegs Voraussetzung für das Durchsetzungsvermögen ist. In diesem Sinne will wohl auch Pestalozzi verstanden werden, wenn er den Grundsatz aufstellt: «Kindersinn und Gehorsam ist nicht das Resultat und späte Folge einer vollendeten Erziehung; Sie müssen frühe und erste Grundlage der Menschenbildung sein»[8].

anti-autoritär

*Zur Kritikfähigkeit – und nicht zum Gehorchen
muss der Mensch erzogen werden heut!
Macht Schluss mit jenem Untertanengeist,
der unserer Freiheit Fesseln schweisst!
So lehrte es Professor Klug
und fand Applaus,
das tat ihm gut.*

*Wer mit dem Finger oder Stocke droht,
bringt dem Gewissen in dir arge Not.
Drum lasst dem Eigensinn den Lauf,
die Selbstentscheidung nehmt in Kauf.
So lehrte es Professor Klug
und fand Applaus,
das tat ihm gut.*

*Denn Schüler, die nur stets parieren,
ihr Selbstbewusstsein bald verlieren.
Nur fremder Wille sie bewegt,
der Eigenwille völlig fehlt.
So lehrte es Professor Klug
und fand Applaus,
das tat ihm gut.*

*Die Schüler hatten sichs notiert
und nun die Probe anvisiert:
Sie hießen den Professor schweigen
und in die Schülerbänke steigen. –
Da nahm er wütend seinen Hut –
und der Applaus
tat ihm nicht gut!*

Es ist ein Faktum, dass aus antiautoritär erzogenen Kindern leicht autoritäre Erzieher werden. Das ist kein Widerspruch, sondern die Konsequenz, die sich aus dem geduldeten Ungehorsam im Kindesalter ergibt; man möchte eben auch im späteren Leben seinen Willen in jeder Beziehung durchsetzen.

Die Torheit antiautoritärer Erziehung gipfelt in dem Satz: «Mein Kind darf machen, was es will. Wenn es meinen Rat nicht befolgt, dann muss es eben durch eigene Erfahrung lernen, was richtig und was falsch ist.»

An dieser Stelle legt sich der Gedanke an das Für und Wider der Bestrafung nahe, um ein Erziehungsziel zu erreichen oder auch ein Vergehen zu sühnen. Dazu die erfrischenden Ausführungen Pestalozzis, dem in Stans in der Schweiz eine Schar schwererziehbarer Kinder anvertraut war: «Lieber Freund, der pädagogische Grundsatz, mit bloßen Worten sich des Geistes und Herzens einer Schar Kinder zu bemächtigen und so den Eindruck körperlicher Strafen nicht zu bedürfen, ist freilich ausführbar bei glücklichen Kindern und in glücklichen Lagen; aber im Gemisch meiner ungleichen Bettelkinder, bei ihrem Alter, ihren eingewurzelten Gewohnheiten und bei dem Bedürfnis, durch einfache Mittel sicher und schnell auf alle zu wirken, bei allem zu einem Ziel zu kommen, war der Eindruck körperlicher Strafe wesentlich, und die Sorge, dadurch das Vertrauen der Kinder zu verlieren, ist ganz unrichtig.» Dazu gibt er die plausible Erklärung: «Lieber Freund, meine Ohrfeigen konnten darum keinen bösen Eindruck auf meine Kinder machen, weil ich den ganzen Tag mit meiner ganzen reinen Zuneigung unter ihnen stand und mich ihnen aufopferte...»[9]. Pestalozzi weist allerdings auch darauf hin, dass die Strafen der dem Kinde nahestehenden Bezugspersonen weniger problematisch sind als die Fremder.

Ideologische Verblendung beherrscht unser heutiges Erziehungssystem, dem die Nüchternheit und Sachlichkeit fehlt, die sich nicht an Erfahrung und Erfolgspraxis früherer Generationen orientiert, sondern den Ziehmüttern Soziologie und Psychologie der modernen Gesellschaft mehr vertraut, obwohl diese Zöglinge der Aufklärung sind, die sich ihr eigenes Menschenbild formte. Wenn auch das Zweite Vatikanische Konzil eine gewisse Referenz diesen Wissenszweigen gegenüber gemacht hat [10] und damit zu verstehen gibt, dass man ihre Erkenntnisse nutzen sollte, so heisst das nicht, jede ihrer Theorien unkritisch zu übernehmen.

Was praktische Erfahrungen für die Menschenbildung bedeutet, stellt uns Pestalozzi in einem Bild dar: «Wenn ein Mensch einen Garten hat und daraus ziehet, was möglich ist, und ein anderer, der keinen Garten hat, bloß redet, was man aus einem Garten ziehen könnte, wessen Wahrheit, meinst du, sei die bessere? Nicht wahr, dessen, der Nutzen aus seiner Erkenntnis zieht, daraus er seinem Weib und seinen Kindern zu essen geben kann»[11].

Ist nicht unser Land zu einem großen «Waisenhaus» von Kindern aus zerrütteten und zerbrochenen Familienverhältnissen geworden, von frühester Kindheit an Scham und Sitten zersetzenden Einflüssen visueller Massenmedien und ihren das religiöse Empfinden verletzenden Satiren ausgesetzt, von überirdischen Phantasiegestalten und Krimi-Szenen beherrscht, hineingerissen in eine chaotische Zivilisation, voller Lebensgefährdung für Leib und Seele?

Auf solchem Hintergrund wagt es eine philantropisch ideologisierte Schulbürokratie, den im Schuldienst Tätigen jegliche Strafmaßnahmen zu verbieten und sie damit dem Psychoterror jener Schuljugend auszuliefern, die im verwahrlosten Zustand aufgewachsen ist und als schwer erziehbar dem Lehrpersonal aufgelastet wird. Wen verwundert da der Aufschrei eines von Schulbehörde und Elternschaft ihrem Schicksal überlassenen Lehrpersonals, der sich in einem Buch mit dem Titel «Mir langt's! Eine Lehrerin steigt aus» niedergeschlagen hat. In diesem Schulreport hat die Autorin folgenden Dialog aufgezeichnet: ... «Dr. Bang wird versöhnlicher. ‹Es ist sehr schwierig, Erziehungsziele ausserhalb der Familie durchzusetzen. Selbst die Politiker haben sich aus ihrer Erziehungsaufgabe zurückgezogen. Und das ist doch auch richtig so! Oder nicht? Schließlich leben wir ja in einer Demokratie.› Nun ist mein Blut doch ins Brodeln geraten: ‹Sie wollen doch nicht behaupten, dass der Rückzug aus der Erziehungsaufgabe besonders demokratisch ist? Im Gegenteil! Eine Demokratie ist gar nicht lebensfähig ohne die Erziehung ihrer Bürger – von Kindesbeinen an.› ‹Das ist dann eine Diktatur›, beschließt Dr. Bang kurz und bündig. ‹In Diktaturen werden die Menschen gedrillt, damit sie so werden, wie der Diktator es will.› ‹Unsinn!›, rufe ich. ‹Das ist gar keine Erziehung! Das ist Missbrauch von Erziehung. Zu dem Begriff gehört, dass es immer nur um Erziehung zur Freiheit des einzelnen in der Gemeinschaft mit freien Menschen geht. Und der Staat wird sich gerade in der heutigen Zeit verstärkt um diese Erziehung kümmern müssen. Oder wie sollen die jungen Rechtsradikalen wieder auf den richtigen Weg geführt werden?›»[12].

Nun, es sind natürlich nicht nur Rechtsradikale, sondern nicht minder Linksradikale, die in ihrem Autonomiewahn an den Grundlagen unseres freiheitlichen Rechtsstaates rütteln und dessen Bestand gefährden. Eine Laisser-faire-Erziehung hat ihnen nie beigebracht, was Recht und Unrecht ist, und so gebaren sie sich als Übermenschen, die rücksichtslos ihren Trieben und Wünschen nachgeben und gehorchen. Was der alte Grundsatz «Den Anfängen widerstehe» für die Erziehung zu bedeuten hat, zeigt uns wieder Pestalozzi an, der bemerkt: «Wenn sich indessen Härte und Roheit bei den Kindern zeigte, so war ich streng und gebrauchte körperliche Züchtigungen»[13].

«Strafe muss sein», sagt das Sprichwort, und drückt damit eine lebensnahe Volksweisheit aus. Solange aber Kindesbestrafung verallgemeinernd in die Nähe von Sadismus, und was noch schlimmer ist, Sadomasochismus, gerückt wird, zieht sich die von Schülern misshandelte Lehrperson, der in nervlicher Überreizung die Hand ausgeglitten ist, die Gefahr eines amtlichen Disziplinarverfahrens zu.

Gewiss, der Missbrauch im Strafbereich kann nicht ausgeschlossen werden, dem sich als permanente Versuchung niemand, der für andere verantwortlich ist, ganz entziehen kann. – Richtig verstandene Erziehung bedeutet die Wegbegleitung des Kindes und Jugendlichen in der so überaus wichtigen Phase der Entwicklung zu voll ausgereiftem Menschsein um ihm helfend, belehrend, aber auch mahnend – und wenn es sein muss – auch strafend zur Seite zu stehen, wobei die Beeinflussung weder durch Menschenfurcht verkürzt noch aus Machtanspruch überdehnt werden darf.

Versagt nämlich die Führung, tritt an ihre Stelle die Verführung. Sehr naiv wäre es zu meinen, der dem Kind durch Erziehungsentzug überlassene Freiraum würde durch eine entsprechende Zurückhaltung unberufener Fremderzieher respektiert. Das genaue Gegenteil ist der

Fall: das sich selbst schutzlos überlassene Kind wird zum billigen und willigen Objekt der Fremdbeeinflussung, der sich das innere Verlangen des Kindes nach Führung und Geborgenheit bereitwillig öffnet.

Gerade in unserer Zeit der zunehmend gefährlich werdenden Unterhaltungsangebote, die hemmungslos unter dem Deckmantel künstlerischer Freiheit und autonomen Kunstschaffens letzte und ungeschützte Tabus zerstören, und damit die übelsten Verrohungen und Sumpfblüten enthemmender Sinnlichkeit salonfähig machen, bedarf es der Schutzfunktion hellwacher Eltern, die nichts, aber auch gar nichts dem Zufall überlassen. Dazu gehört auch ein neues Bewusstsein von der Priorität der Erziehung, die zumal die Mutter motiviert, zu Gunsten des Kindes lieber eine verzichtbare Nebenbeschäftigung aufzugeben.

Die Warnungen renommierter Fachleute wie z.B. Christa Meves, die in zahlreichen Veröffentlichungen immer wieder ihren Finger auf die gleiche Wunde an unserem Volkskörper legt, die im unterkühlten Verhältnis vieler Erwachsener zum Kind besteht, sollten uns endlich aufrütteln und zu Besinnung und Umkehr bewegen. Weist sie doch mit Recht darauf hin, dass Eltern, die ihren Kleinkindern zu früh die Hand entziehen, sie in späteren kritischen Jahren vergeblich nach ihnen ausstrecken, wenn sie dieselben vor einer akuten Gefahr bewahren wollen. Vernachlässigte Erziehung kann nicht wieder gutgemacht werden! Vertane Chancen lassen sich nur bereuen.

Katholische Erziehung versteht sich bewusst als ganzheitliche Erziehung, weil dies im Wesen des «kat-holon» liegt. Die Ausklammerung eines wesentlichen Bestandteiles der ganzheitlichen Erziehung verbildet zu Einseitigkeiten. Es muss also immer die Harmonie des Ausgleichs gesucht werden, damit es zur organischen Entwicklung und optimalen Entfaltung der im Kind und Jugendlichen vorhandenen Anlagen kommt. Erzieher müssen sich sowohl vor dem Opportunismus der modischen Anpassung als auch vor dem Indifferentismus im Bereich der Werte, Normen und Lebensziele hüten. Dasselbe gilt für den Bereich von Beurteilung und Vorbildlichkeit. Versagen auf diesem Feld beeinträchtigt ganz wesentlich die Überzeugungsfähigkeit des zu Erziehenden vom unbedingten Festhalten am bleibend Gültigen in Glaube und Moral.

So kann Führen und Leiten leicht in Verführen und Verleiten umschlagen, wenn bei der Erziehung Grundsätzliches nicht durchgehalten wird und sich als unzuverlässig erweist. –

Diese allgemeinen Ausführungen über den Sinn des Erziehens sollen als Einstieg in die Hauptthemen der Studie dienen, die erziehungshistorische Fragen in Zusammenhang mit dem Phänomen der Jugendbewegung in der ersten Hälfte des 20. Jahrhunderts behandelt, als auch den Gründen nachzugehen versucht, wie es zum Verlust religiöser Zielsetzung als Hauptmotivation kirchlichen Jugendverbandwesens im BDKJ (Bund Deutscher Katholischer Jugend) mit der Verlagerung in das rein humane, soziale und politische Interesse kommen konnte, und welche Forderungen an die katholische Jugendarbeit zu richten sind, um die dringend notwendige und erhoffte Wende zu erreichen, wie sie sich bereits in der Jugend 2000 abzeichnet!

I.
Das 20. Jahrhundert als Jahrhundert jugendlichen Aufbruchs

Derweil der Pessimist Oswald Spengler (1880-1936) den Untergang des Abendlandes verkündete – denn so ist sein Werk betitelt – und insoweit Recht behielt, als ja tatsächlich die abendländisch-christliche Kultur zu zerfallen droht, proklamierte die Optimistin Ellen Key (1849-1926) das Jahrhundert des Kindes.

Beide Visionäre haben weder ganz Recht noch ganz Unrecht in ihren Vorhersagen, denn zumindest für die Jugend der Industrienationen haben sich die Lebensverhältnisse gegenüber früheren Zeiten enorm verbessert, sowohl was Ernährung, Schulbildung als auch Freizeitgestaltungsmöglichkeiten betrifft. Aber das ist nur die eine Seite der Medaille!

Die andere zeigt ein ganz anderes Bild: Denn dieses Jahrhundert ist auch ein Jahrhundert der Menschenverachtung und Menschenmisshandlung, das sich gerade an Kindern ungeheurer Grausamkeiten schuldig gemacht hat: Tausendfacher Mord an Kindern und Jugendlichen in den KZs der roten und braunen Diktaturen; die massenweise Vergasung und Verbrennung jüdischer Kinder; die Ausrottung von Zigeunern und anderen Menschen als minderwertig eingestufter Völker und Rassen.

Man kann es Ellen Key allerdings nicht verdenken, dass sie dem 20. Jahrhundert so viel Vorschuss an Lob erteilte, wenn man bedenkt, dass die Zukunft für die Jugend am Jahrhundertanfang unter einem guten Stern zu stehen schien.

Es war eine Zeit jugendlichen Aufbruchs, der an zwei Geburtsstätten seinen Anfang nahm: In Deutschland um 1900 in Berlin-Steglitz, wo eine Gruppe Gymnasiasten in bunter Wandererausrüstung sich auf den Weg in die Natur machte, um mit der frischen Morgenluft einen neuen Geist von Jugendlichkeit und Natürlichkeit einzuatmen. Auf einer Wanderung trafen sie auf einen alten Grabstein, der die Inschrift trug:

Jungscharführer und Blutzeuge Karl Leisner (1915-45)

Dem Jungscharführer und Blutzeugen Karl Leisner, im KZ Dachau zum Priester geweiht und am 23. Juni 1996 von Papst Johannes Paul II. im Olympia-Stadion Berlin zusammen mit dem Berliner Dompropst Bernhard Lichtenberg seliggesprochen. Er gehört zu den Erstlingsfrüchten der katholischen Jugendbewegung.

«Wer hat euch Wandervögeln die Wissenschaft geschenkt,
Dass ihr auf Land und Meeren die Flügel sicher lenkt,
Dass ihr die alte Palme im Süden nicht verfehlt,
Dass ihr die alte Linde im Norden wieder wählt?»

In Betrachtung dieser Verse habe einer der Jungen plötzlich ausgerufen: «Also nennen wir uns doch Wandervögel!» Und damit war das Wort geboren, mit dem sie bis heute in Erinnerung geblieben sind: «Wandervögel»[14].

Die zweite Wiege der Jugendbewegung verdankt sich dem Gründer der Pfadfinderbewegung Lord Baden-Powell (1857-1941), Berufsoffizier der britischen Armee, der 1907 zweiundzwanzig aus verschiedenen Gesellschaften stammende Jungen zusammentrommelte, mit ihnen auf eine zur Grafschaft Dorset gehörende Insel segelte und dort ein Zeltlager aufschlug[15]. Die «Boy Scouts» waren geboren, eine Bewegung, die heute in der ganzen Welt beheimatet ist, aber auch eine Bezeichnung, die sich wörtlich nicht ins Deutsche übersetzen ließ, weshalb man sich auf den ebenso treffenden Namen «Pfadfinder» einigte.

Bewegungen sind «Ausgeburten» einer dafür empfänglichen Zeit, die aber nicht urplötzlich in Erscheinung treten, sondern im Schoß der Geschichte heranreifen, gleichsam embryonal, genährt von den geistigen Kräften, die Denken und Fühlen einer bestimmten Generation beherrschen.

So empfing auch die Jugendbewegung wesentliche Impulse von Denkern und Dichtern der damaligen Zeit, die als Vordenker jugendliche Erwartungen weckten. Solche Vordenker verbinden sich mit Namen wie Friedrich Nietzsche (1844-1900), Julius Langbehn (1851-1902), Stefan George (1868-1933), Rainer Maria Rilke (1875-1926) und andere. Hans Carossa (1878-1956) hat seine autobiographischen Schriften «Verwandlungen einer Jugend» als Porträt seiner Zeit aus der Sicht des Kindes und Jugendlichen gezeichnet, um – wie er schreibt – «andern ein Licht auf ihre Bahn zu werfen, indem ich die meinige aufzeigte».

Carossas Aufzeichnungen vermitteln einen guten Einblick in das zeitbedingte Leben eines katholischen Jungeninternates, mit all den peniblen Vorschriften, die den Tagesablauf regelten, wachsam kontrolliert, wobei jede Übertretung eine vorbestimmte Strafe zu erwarten hatte. Der Dichter schildert das alles in einem spitzbübisch-amüsanten Stil, jegliche Gehässigkeit meidend, obwohl er seine jeweilige Stimmungslage bei Zusammenstößen mit der Internatsleitung ungeschminkt herausstellt. – Die Erziehung auf allen Sektoren der Bildung trug traditionsgemäß puritanisch-manichäische Züge und sah im Kind das zum Erwachsenen heranzubildende Objekt, das der strengen Züchtigung bedurfte, um zum tugendhaften Menschen, braven Bürger und pflichtbewussten Untergebenen heranzuwachsen. Kindheit und Jugendzeit wurden als Frühstadien des Erwachsenseins bewertet, doch als eigenständiger Lebensabschnitt verkannt und unterschätzt. Was den Lehrer der wilhelminischen Ära vom Rekrutenausbilder unterschied, waren die Besonderheit des Schulgebäudes und des Unterrichtsstoffes.

Wie die Arbeitskittel der «Blauen Ameisen» Chinas und die Blue Jeans der wohlstandsverwöhnten jungen Deutsch-Republikaner Denkschablonen signifizieren, so hat der braune Backstein den geistigen Einheitstyp des preussischen Staates symbolisiert. Dessen Bauten, ob Schule, Kaserne, Krankenhaus oder Gefängnis, besaßen die gleichen kalten und eintönigen Fassaden, die nur in der Formgebung ihren verschiedenen Verwendungszweck zu erkennen gaben. Die Herstellung eines menschlichen Einheitstyps durch Erziehung ist die schlimmste Ausgeburt einer Pädagogik, deren sich üblicherweise Diktaturen bedienen.

Der Anfang der Jugendbewegung lässt sich nicht nur als Aufbruch werten, sondern sehr wohl auch als Ausbruch, wenn auch nicht von der aggressiven und revolutionären Art der in der zweiten Hälfte der sechziger Jahre aufgetretenen Apo, Punks und Skinheads. Den ersten Wandervögeln lag nichts ferner als die Gesellschaft zu provozieren. Vielmehr waren es vor allem Erzieher und Behörden, die sich ihnen in den Weg stellten. Doch das Beispiel freier jugendlicher Lebensart machte schnell Schule nicht nur bei Schülern, sondern auch bei Arbeiterkindern, die sich ebenfalls zu den Wandervögeln ähnlichen Gruppen zusammenschlossen, doch aus Motiven, die mit der belastenden jugendlichen Arbeitswelt zusammenhingen. So haben wir es mit einer weit verzweigten Aufbruchstimmung in der Jugend zu tun, die bis in die Universitäten vordrang. Noch fehlte ein Zusammenschluss, der dem ganzen einen bündischen Charakter verleihen würde. Dazu wurde für den 11. Oktober 1913 auf dem Hohen Meissner zu einem «Freideutschen Jugendtag» aufgerufen. Die Einladung selbst war bereits Programm: «Die deutsche Jugend steht an einem geschichtlichen Wendepunkt. Die Jugend, bisher aus dem öffentlichen Leben der Nation ausgeschaltet und angewiesen auf eine passive Rolle des Lernens... Sie strebt nach einer Lebensführung, die jugendlichem Wesen entspricht, die es ihr aber zugleich auch ermöglicht, sich selbst und ihr Tun ernst zu nehmen und sich als einen besonderen Faktor in die allgemeine Kulturarbeit einzugliedern...»[16]

Nach heftigen Diskussionen zwischen den einzelnen Richtungen einigte man sich auf folgende, Berühmtheit erlangte Formel: «Die Freideutsche Jugend will aus eigener Bestimmung, vor eigener Verantwortung, mit innerer Wahrhaftigkeit ihr Leben gestalten. Für diese innere Freiheit tritt sie unter allen Umständen geschlossen ein. Alle gemeinsamen Veranstaltungen der Freideutschen Jugend sind alkohol- und nikotinfrei.»[17] Der letzte Satz entsprach der Forderung nach einer gesunden natürlichen Lebensweise, die eines der Grundanliegen der Jugendbewegung von Anfang an war.

Eine religiöse Problemstellung wurde bei diesem Treffen ausgeklammert; dagegen konnte man sich der politischen nicht entziehen. Auch hier zeigte sich ein starkes reformerisches Bestreben, das in dem Bekenntnis gipfelte: «Beugt euer Gewissen nicht unter das Schwert, lieber drückt eurem Gewissen das Schwert in die Hand. Es muss wieder in unserem öffentlichen Leben Brauch werden, was so sehr vergessen zu sein scheint, dass ein Mann seine ganze Existenz einsetzt für das, was ihm das Gewissen gebietet.»[18] Mutige Worte am Vorabend des Ersten Weltkrieges! Mit der Parole: «Freiheit, Deutschheit, Jugendlichkeit» verabschiedete man sich vom Meissnertreffen.

Es stimmt nicht, dass sich die Jugendbewegung in die politische Enthaltsamkeit flüchtete. Dagegen spricht die scharfe Ablehnung eines hohlen Hurra-Patriotismus, mehr noch die Haltung der Freideutschen

Jugend zum Krieg: «Am 28. Juli 1914 sandte der Bundestag der ‹Deutschen akademischen Freischar› in Jena noch folgendes Telegramm an den deutschen Kaiser: ‹Schützen Sie die Jugend der ganzen Welt vor dem Unglück des Krieges. Machen Sie in letzter Minute alle Anstrengungen zur Erhaltung des Friedens.›[19] Natürlich gab es auch Gegenströmungen aus nationalistischen Kreisen, die vom Antisemitismus angesteckt waren und rassistische Parolen verbreiteten. Aber ihre Vertreter blieben eine Minderheit am Rande der Jugendbewegung.

Auffallend ist, dass die Jugendbewegung eine *Jungensache* war. Das ergab sich aus dem Umstand, dass es für Mädchen unziemlich war, auf Fahrt zu gehen und in Zelten und Scheunen zu übernachten. Auch Baden-Powell dachte zunächst nur an die Gründung einer männlichen Scout-Bewegung; doch dann haben sich Mädchen ihm einfach aufgedrängt, die er seiner Frau als erster Chefin der «Girl-Guides» überließ.

Wie Lemminge ins Meer, so stürzten sich die Besten der Wandervogelbewegung als Freiwillige in das sinnlose Sterben des Ersten Weltkrieges, von einem fehlgeleiteten Idealismus beflügelt, dem Vaterlandsliebe über alles ging. Der Dichter Walter Flex (1887-1917) hat in seinem Kriegstagebuch, das als Buch veröffentlicht den Titel «Der Wanderer zwischen beiden Welten» erhielt, die Wandervogelgestalt des Kriegsdienstfreiwilligen Ernst Wurche beschrieben, dem auch dieses Buch gewidmet ist. Im Eisenbahnwaggon zwischen den Fronten lernte er ihn kennen: «Er saß mir gegenüber und kramte aus seinem Tornister einen kleinen Stapel zerlesener Bücher: ein Bändchen Goethe, den Zarathustra und eine Feldausgabe des Neuen Testamentes. ‹Hat sich das alles miteinander vertragen?›, fragte ich. Er sah hell und ein wenig kampfbereit auf. Dann lachte er. ‹Im Schützengraben sind allerlei fremde Geister zur Kameradschaft gezwungen worden. Es ist mit Büchern nicht anders als mit Menschen. Sie mögen so verschieden sein, wie sie wollen – nur stark und ehrlich müssen sie sein und sich behaupten können, das gibt die beste Kameradschaft.›»[20]

Bezeichnend für die geistige Aufgeschlossenheit des Wandervogels ist dieses Büchergemisch, obwohl es verfehlt wäre, daraus den falschen Schluss zu ziehen, es habe dem Theologiestudenten Wurche an einer eindeutigen geistigen Ausrichtung gefehlt. Als Theologiestudent sieht ihn Walter Flex als Wanderer zwischen den beiden so unterschiedlichen Welten von Soldatentum und Wandervogelleben.

Aus fast jedem Satz spürt man eine tiefe Verehrung des Dichters für seinen Kriegsfreund: «Manches liebe und nachdenksame Wort, in stillen Nachtstunden von junger Menschenhand geschürft, ist mir seither ein Stück von der Habe des Herzens geworden. Keins aber leuchtet heller nach als jenes, mit dem er einmal an der Brustwehr seines Grabens ein nächtliches Gespräch über den Geist des Wandervogels schloss: ‹Rein bleiben und reif werden – das ist schönste und schwerste Lebenskunst.›»[21]

Tief hat sich dieser Leitspruch in die Jugendbewegung eingeprägt, besonders in ihrem konfessionellen Teil, von dem noch zu berichten sein wird, wenn die katholische Jugendbewegung zur Sprache kommt.

Die Jugendbewegung selbst hat Walter Flex durch sein später vertontes Wandervogelgedicht «Wildgänse rauschen durch die Nacht» mit einem ihrer schönsten Lieder bereichert. Es gab keine Wiederkehr, weder für ihn noch für Wurche. Beide fielen während des Krieges, und mit ihnen viele Führungskräfte des Wandervogels, die die Bewegung nach dem Kriege so notwendig gebraucht hätte für ihren weiteren Aufbau.

Manche, darunter auch altersgleiche Zeitgenossen, hielten die «Jugendbewegten» von Anfang an für «verrückt». Bespöttelten sie als «Waldheinis» und Sonderlinge, die auf der Suche nach der «blauen Blume» der Lebensrealität zu entfliehen suchten. Mit Arno Klönne bekenne ich mich zu seinem Urteil über die Jugendbewegung, das er an den Anfang seiner Ausführungen gestellt hat: «Das, was wir ‹Jugendbewegung› nennen, war eine Erscheinung, die es nur in unserem Lande gab – und es war ausserdem ein einmaliges historisches Ereignis, das es in dieser Art vorher niemals gegeben hat, und das unwiederholbar bleibt, wenn auch die heutigen deutschen Jugendbünde (und wir hoffen: auch künftige...) dieser sozusagen ‹klassischen› Jugendbewegung Wesentliches verdanken!»[22].

Die Jugendbewegung, die von Beginn an gegen das verknöcherte und sterile Banausentum einer verlogenen Gesellschaft mit ihrer

Haus Altenberg, Bildungsstätte der katholischen Jugend

Scheinmoral die befreiende Kraft des aufrichtigen Bekenntnisses zu den Werten von Glaube und echtem Volkstum setzte, gewann neue Maßstäbe durch die Pflege deutscher Kultur in Musik und Volkstanz, Sport und Geselligkeit, besonders auch bei der Hinwendung zur Natur durch Wanderschaft und Lagerleben. Ausgelöst wurde sie also durch das «Spießbürgertum» einer in Konventionen erstarrten Gesellschaft, deren «Plüschmoral» und «vaterländisches Hurraprotzertum» die äussere Fassade einer innerlich morschen Lebensgrundlage bildete, aus deren Umklammerung die Jugend sich zu lösen suchte durch den neuen freiheitlichen und jugendgemäßen Lebensstil des Wandervogels, der sich vor allem in «Kluft» und Wanderkultur niederschlug. Bewegungen kommen nicht aus dem geschichtlichen Zufall, sondern haben ihre Vor-Geschichte oder anderes ausgedrückt, einen Nährboden, der sie heranwachsen lässt; sie sind die gereifte Frucht einer gesellschaftlichen Entwicklung, die, an einem bestimmten Punkt angekommen, sich des Bedürfnisses nach Veränderung bemächtigt und den Drang nach Beharrung überwältigt. So jedenfalls muss die Entwicklung zur Jugendbewegung Anfang des 20. Jahrhunderts verstanden werden.

Während die allgemeine Jugendbewegung des Wandervogels ein Stachel in der verknöcherten Gesellschaft war, wurde die konfessionelle zum Pflock im Fleisch der Kirche, die im «Mief» der Jahrhunderte zu ersticken drohte. Was zur Zeit des Konzils in späteren Jahren als «aggiornamento» gefordert wurde, hat die katholische Jugendbewegung in der ersten Hälfte des 20. Jahrhunderts in einer Weise verwirklicht, die *wahren* erfrischenden Wind in die Kirche brachte, *ohne* die Struktur der Kirche in Frage zu stellen, wie dies in der nachkonziliaren Zeit des Zweiten Vaticanum durch Kreise im BDKJ geschah. Was Romano Guardini begeistert als das «Wiedererwachen der Kirche in den Herzen der Gläubigen» bezeichnet hat, war seine Erfahrung mit den Quickbornern und deren liturgischem Aufbruch, der zu einem tieferen Verständnis der heiligen Liturgie führte und als Folge zum würdigeren Vollzug. Auch hierin zeigt der Vergleich zur nachkonziliaren Jugend einen klaffenden Unterschied, der sich in der Entsakralisierung und gleichzeitigen Verweltlichung des Liturgieverständnisses und deren Umsetzung in die Praxis zu erkennen gibt.

1.1 Jungkatholisches Christsein als Ausdruck von Glaubenstreue, Sittenstrenge und Heimatliebe

Der Wandervogel war als konfessionell unabhängige Jugendbewegung entstanden, so dass ihm neben Christen auch Nichtchristen angehören konnten – wie auch Baden-Powell seine Pfadfindergründung für alle Religionen geöffnet erklärte, allerdings mit dem Hinweis, dass jeder Pfadfinder seine Religion ernstnehmen müsse. So ließen sich auch katholische Jugendliche für die neuen Bewegungen anwerben und gehörten ihnen an.

Kirchlicherseits besaß die katholische Jugenderziehung eine lange Tradition mit einer streng beachteten geschlechtlich getrennten Verbandsarbeit von Jungmännern und Jungfrauen. Es war aber fast ausschließlich das pastorale Anliegen, das die Kirche zur Jugendarbeit bewegte, die Verpflichtung, den getauften jungen Menschen fester an die Kirche zu binden, auch und gerade in der schwierigen Pubertätsphase. Diese Aufgabe übernahm normalerweise der jüngere Klerus, der der Jugend natürlicherweise näherstand als der meist schon ältere Pfarrer.

Was sich in früheren Zeiten in geordneten Bahnen meist ohne nennenswerte Probleme von der Kindheit über das Jugendalter bis hin zum Erwachsensein heranbildete, wurde erst in der Neuzeit zum Problem, die mit der Industriealisierung den Menschen aus seiner bodenständigen Verankerung riss und urbanisierte. So entstand das den Menschen in jeder Hinsicht verarmende Proletariat, hervorgerufen durch den Verfall gewachsener Strukturen in Brauchtum und Familienbande, die nicht nur für das kommunale Zusammengehörigkeitsgefühl von Bedeutung waren, sondern auch für die religiöse Einbindung. Aber auch in dieser neuen Situation, zumal des 19. Jahrhunderts, brachte die Kirche hervorragende Pädagogen hervor wie den heiligen Johannes Bosco (1815-1888), auch Don Bosco genannt; den von Papst Johannes Paul II. seliggesprochenen Adolf Kolping (1813-1865), als «Gesellenvater» bekannt, dessen Werk auch heute noch blüht, wie auch Josef Cardijn, ein belgischer Priester, der 1924/25 die Christliche Arbeiter-Jugend (CAJ) gründete. Viele andere Frauen und Männer, darunter zahlreiche Ordensleute, wirkten im Verborgenen in der Jugendpflege und traten mit viel Mut, Liebe und Energie der Gefahr der Verwahrlosung der Jugend und ihrer wirtschaftlichen Ausnutzung entgegen. Sie konnten so manche Not und Verelendung verhindern. Doch gerade die Gemeinschaftserziehung von Jugendlichen in Waisenhäusern, Internaten und sonstigen Einrichtungen war oft trotz selbstlos sich aufopfernden Ordensleuten an eine Erziehungsmethode gebunden, die ihre jugendpflegerische Beauftragung in der Einbindung in eine straffe Heimordnung sah, die dem «Zögling» nur wenig Spielraum für seine individuellen Bedürfnisse ließ. Nicht verwunderlich, dass die Jugendbewegung mit ihrem freiheitlichen Lebensstil eine große Anziehungskraft auf solche Jugendlichen hatte, deren Eltern ihre Kinder aus religiösen Motiven streng erzogen oder erziehen ließen. Und auch die kirchlichen Verbände konnten zumal auf die männliche Jugend den Einfluss der Jugendbewegung nicht verhindern. Es ist den hervorragenden pädagogischen Qualitäten des Generalpräses des Jungmännerverbandes, Ludwig Wolker, von seiner Mannschaft verehrend-ehrfürchtig einfach «Der General» genannt, zu verdanken, dass jugendbewegte Elemente ohne allzu große Schwierigkeiten in die kirchliche Verbandsarbeit eingeordnet werden konnten. Der Einfluss auf die verbandsorganisierte Frauenjugend war dagegen gering, was seine bereits oben angedeutete Erklärung in der doch sehr stark jungenhaft geprägten Jugendbewegung des Wandervogels hatte.

In seinem 1927 in Fulda verabschiedeten Grundgesetz des Jungmännerverbandes nahm man von vorherrschenden Betreuungs- und Jugendpflegetendenzen Abschied, und 1928 forderte Wolker in Neisse den Einsatz begabter jugendlicher Führungskräfte, indem er die Parole ausgab: «Jungführer an die Front!»[23]. Das Hauptkontingent an Führungskräften stellte die an Ideenreichtum und Initiativen gewöhnte bündische Jugend in der Sturmschar.

Was die Sturmschar sein sollte, definierte sich von ihrer Namensgebung her: «Sturmschar heisst also etwas Kräftiges, Wuchtiges sein. Die zu ihr gehören, müssen Kerle sein. Ganz müssen sie sein – der Sturm kennt kein Hindernis, kein Ausweichen, keine Halbheit. Eroberer müssen sie sein – der Sturm ruht auch nicht eher, bis er Sieger ist. Schwach dürfen sie nicht sein – Sturm bedeutet Kraft... Es sollen

Menschen sein, die nicht an sich denken, die nur ihre Aufgabe erfüllen für den, der sie gesandt hat, Christus»[24].

Der Jungmännerverband gemeinsam mit der Sturmschar bildete die Hauptmannschaft der in die Kirche eingebundenen Jugendbewegung. Sie verfügte über das uneingeschränkte Vertrauen des deutschen Episkopates, war allerdings anderseits auch angebunden an die von den Bischöfen gegebenen Richtlinien. Sie stellte sozusagen das «Oberkommando». Weitere selbständige Verbände wie «Quickborn», «Neudeutschland» und die «DJK» (Katholischer Jugendsportverband «Deutsche Jugendkraft»), waren gleichsam «entfernte Familienangehörige», aber in der geistigen Grundhaltung konform.

Erstgründung einer solchen Vereinigung war der 1909 aus abstinenten Schülerzirkeln hervorgegangene, seit 1913 «Quickborn» genannte Bund, der später in Romano Guardini einen geistlichen Führer erhielt, der ihm ausser dem Streben nach sittlicher Erneuerung eine hervorragende liturgische Ausrichtung gab, die der Burg Rothenfels als Stammsitz des Bundes einen besonderen Ruf einbrachte. 1919 folgte «Neudeutschland» als Verband katholischer Schüler an höheren Lehranstalten, den Kardinal Hartmann (Köln) zusammen mit dem Jesuiten P. Ludwig Esch SJ gründete, dem ersten geistlichen Leiter des «ND». Erst 1923 bekannte sich Neudeutschland im «Hirschbergprogramm» zur Jugendbewegung. 1924 Gründung des «Heliand» als weiblicher Zweig des ND. Die «DJK» (Deutsche Jugendkraft) wurde 1920 in Würzburg durch den Generalpräses des Jungmännerverbandes Carl Mosterts als Reichsverband für Leibesübungen ins Leben gerufen. Ausserdem gab es noch eine Vielzahl von mehr oder weniger großen Bünden und Gruppen, darunter die «Großdeutsche Jugend» des Siedlungsvaters Nikolaus Ehlen und der «Bund der Kreuzfahrer»[25]. Georg Pahlke bemerkt dazu: «Die sich aus der Tradition der deutschen Jugendbewegung herleitenden und bündisch verstehenden Gruppierungen waren im Vergleich zu anderen Verbänden stets relativ klein geblieben, was den Vorteil hatte, dass in diesen Organisationen relativ viele Mitglieder an den Entscheidungen des Gesamtverbandes beteiligt werden konnten. Die meisten Gruppierungen waren zwar kirchlich geduldet, von vielen Priestern sogar aktiv unterstützt, sie verstanden sich auch ausdrücklich als Gruppen innerhalb der katholischen Kirche, waren aber in der Regel nicht offiziell kirchenrechtlich als katholische Verbände von einzelnen Bischöfen oder vom Gesamtepiskopat anerkannt... Die ‹Kreuzfahrer› nannten sich in Anspielung auf ihre Stellung innerhalb des Katholizismus selbstironisch ‹Wildschweine im Garten Gottes›»[26].

Fürwahr, es war ein «bunter» Garten, den die katholische Jugendbewegung darstellte, allerdings auch ein wohlgepflegter durch die Harmonie von Glauben und Leben, Priestern und Jugendlichen, die in ihrer kirchlichen Beheimatung die Grundlage für ihr Denken, Wollen und Handeln sahen.

Deshalb kann ich Karl Hofmann nicht zustimmen, wenn er die Aussage eines der bedeutendsten geistlichen Führer der Sturmschar, P. Constantin Noppe SJ, diese Bewegung sei «Ausdruck des Wirkens des Hl. Geistes in der Kirche Christi» als Anmaßung kritisiert[27]. Hofmann, der eine ungeheure Fülle an Material aus den verschiedensten Archiven der Jugendbewegung in sein Werk eingebracht und ausgewertet hat, was ihm auch sein Rezensent Kilian Lechner unter dem Titel «Durch die Brille der Hierarchiekritik gesehen» («Deutsche Tagespost») bescheinigt, muss sich aber auch dessen Kritik gefallen lassen, dass verfälschende Elemente in seinen Beurteilungen über die Sturmschar erkennbar sind. Bei der Zensur einer der Vergangenheit zuzuordnenden Bewegung muss man sich von der eigenen Brille lösen, vor allem wenn sie ideologisch eingefärbt ist, was ja leider zum modernen Design gehört.

Man muss den Zeitzeugen vorbehaltlos Erkenntnisse abzugewinnen versuchen, was allein eine möglichst umfassende objektive Darstellung ermöglicht. Das in diesem Sinne wohl am besten geglückte Werk ist das von einem Herausgeberteam ehemaliger Sturmschärler verfasste Buch «Sie hielten stand»[28]. Hier wurde Selbsterlebtes zum Gegenstand der Reflexion, der sicherlich auch etwas Nostalgisches anhaftet und vielleicht auch ein gewisser Zorn über die «Jugend von heute», die dieses, die eigene Jugend so bereichernde Erbe so schmählich veruntreut. Zur gleichen Kategorie zähle ich auch die Studie von Augustinus Reineke, «Jugend zwischen Kreuz und Hakenkreuz, Ereignisse, Erlebnisse, Erinnerungen, Dokumente»[29], eine sachlich-gründliche Analyse der Entwicklung der bündischen Jugend bis zur

Gründung des BDKJ 1947. «Wäre dieses Buch eine Autobiographie, so hätte ich noch eine ganze Menge Erfreuliches und Unerquickliches von mir erzählen können», schreibt Gisbert Kranz in seinem Zeitzeugnis «Eine Katholische Jugend im Dritten Reich, Erinnerungen 1921-1947», und legt damit ebenfalls Zeugnis davon ab, was er persönlich als katholischer Jungmann im Dritten Reich erlebte[30].

Eine mehr dokumentarische Arbeit leisten die beiden Werke von Karl Hofmann und Georg Pahlke. Die Präzision ihrer Recherchen ist bewundernswert, es bleibt allerdings ein gewisses Nebeneinander der Fakten, die zwar chronologisch gut erfasst, doch in ihrer Nüchternheit von den geistigen Triebkräften der Jugendbewegung wenig verspüren lassen.

Was sich als Sturmschar bezeichnete, war pfingstliches Feuer und Begeisterungssturm in jungen Menschen, die nicht nur ein wenig Romantik in jugendbewegter Form suchten, sondern die Gestaltwerdung des neuen Menschen in Christus, dichterisch ausgeformt in verschiedenen zu Liedern gewordenen Texten Georg Thurmairs, wie:

«Uns rufet die Stunde, uns dränget die Zeit.
Zu Wächtern, zu Rittern hat Gott uns geweiht.
Zum Trotzen und Tragen, zum Ringen und Wagen,
so stehn unsere Scharen bereit...»

Das Sturmschar-Gesetz bringt zum Ausdruck, was der Sturmschärler an sich herauszubilden gewillt sein muss, um an den drei Reichen – Gottesreich, Jugendreich und Deutsches Reich – aufbauend mitwirken zu können: das Leben in Christus, Erfüllung der Gemeinschaftsverpflichtungen, Geistes- und Charakterbildung. In den jeweiligen Beziehungen zu Gott, dem Mitmenschen und dem Volk kann man es auch auf die Nenner bringen: Glaubenstreue, Sittenstrenge und Heimatliebe!

Wenn ich mich auch nicht zu den Alt-Sturmschärlern zählen kann, weil es für mich als zum Geburtsjahrgang 1926 zählend wegen des Verbotes der katholischen Jugendverbände (die weiblichen ausgenommen) mit zehn Jahren 1936 keine Eintrittsmöglichkeit mehr gab, habe ich doch noch die Zeitschrift «Am Scheideweg» bis zum Verbot 1937 lesen können, der den Geist der Sturmschar auch mir noch eine Zeitlang vermittelt hat und der im Juli 1937 die Verse enthielt:

Auch du –

*Solang zerbricht Gott nicht die Welt,
als Er den Mut'gen findet,
der sonder Kreuz und sonder Spott
nur seinen Namen kündet.
Sein Nam' ist: Höchster, Einziger, Herr,
ist Christus ohne Ende.
Durch diesen Namen reicht er dar
Sein Herz und Seine Hände.
In diesem brennt ein Feuer,
ein Schwert blitzt in der Nacht:
weh dir, wenn nicht als Treuer
auch du stehst auf der Wacht!*

Tabelle

Aufbau der Sturmschar innerhalb des Jungmännerverbandes

Gliederung des Jungmännerverbandes:
1. *Sturmschar* (Jungen bis 14 Jahre)
   Banner: Schwarz mit grünem Chiro (Christuszeichen).
   Kluft: Graues Sturmscharhemd, graue Rippelsamthose und schwarze Strümpfe
   Scharfest: St. Michael am 29. September
   Abzeichen: Silbernes Kreuzchen
2. *Jungenschaft* (14-18 Jahre)
   Kluft: weisses Hemd, graue Hose mit schwarzem Gürtel
   STURMSCHARORDNUNG: 10-15 Sturmschärler bilden eine Gruppe mit Gruppenführer, die der Leitung des Scharführers unterstehen. *Glied* der Schar wird der Einzelne durch das *Versprechen*, das er am Michaelstag nach mindestens vier Monaten Bewährungszeit ablegt.

3. *Jungmannschaft* (über 18 Jahre)
«Das Wachsen zur Persönlichkeit, ... zur Ganzheit, zur unverbogenen Haltung, das soll die Aufgabe des Aktivs sein. Das aber können wir wiederum nur, wenn wir ganz tief religiös verankert sind» (Aus: Sie hielten stand, S. 38).

«Theologenschaft der Sturmschar»
Kluft: Windjacke mit breiterem Ledergürtel
«*Kern* der Bewegung»: Größte Mitgliederzahl. Führung stellt die Jungmannschaft
Ziele: Reife Persönlichkeit, mannhafte Frömmigkeit
Seit 1932 gegliedert: Zehner-Gemeinschaft «Aktiv» genannt und Fünfziger-Gemeinschaft «Block» genannt.
Schulung für Öffentlichkeitsarbeit im kulturellen, politischen, pädagogischen und religiösen Bereich.
«Viele unter unseren Führern sind, weil sie sich zum Priestertum berufen fühlten, in Studienanstalten eingetreten, um sich ... auf den Dienst Gottes vorzubereiten.»
Das FULDAER BEKENNTNIS vom 28. Juni 1924; gesprochen durch die Führerschaft in der Bonifatiusgruft. Generalpräses Msgr. Carl Mosterts sprach die Worte vor:

Wir katholischen Jungen und Jungmänner wollen katholisch sein
bis ins Mark; darum sei unser ganzes Tagewerk katholische Tat.
Wir wollen katholisch sein, Streiter des Heilandes der Welt;
darum geht uns Christi Reich über jedes Erdenreich.
Wir wollen katholisch sein, Christi junge Gemeinde;
darum trennt unsern Bund nicht Klasse und Rang.
Wir wollen jung sein, heilig und rein;
darum grüßen wir Maria als unsere Mutter und Königin.
Wir wollen jung sein, demütig und wahr;
darum beachten wir berufener Führer Wort.
Wir wollen jung sein, frisch und froh;
darum schreiten wir vorwärts im treuen Bruderbund.
Wir wollen Männer werden, christlichen Herdes Hort;
darum gilt uns Frauenehre und Familienglück.

Wir wollen Männer werden, ernst und stark; darum ist die Arbeit uns heiliger Beruf. Um dieses unser Ziel wollen wir katholische Jungen und Jungmänner ringen Seit an Seit; darum unsere Losung: «Für Christi Reich und ein neues Deutschland!»

Papst Pius XI. (1857-1939). Mit seiner Enzyklika «Mit brennender Sorge» verurteilte er 1937 den Nationalsozialismus als kirchenfeindlich. Das war der wuchtigste Schlag, der jemals gegen das Hitlerregime geführt wurde; das Echo in der ganzen Welt war ungeheuer.

1.2 Kampf um den Schutz der inneren Burg vor dem Einfall des antichristlichen Zeitgeistes im Nationalsozialismus

Die Fülle des Stoffes über Jungmännerverband und Sturmschar, der sich in den mir bekannten Veröffentlichungen anbietet, kann und soll hier nur auswahlweise dargeboten werden mit dem Ziel, den so großartigen jugendlichen Begeisterungssturm, wie er in der katholischen Jugendbewegung aufgebrochen ist, der Jugend unserer Zeit vor Augen zu führen. Dies aber nicht deshalb, damit sie dieses kostbare Erbe wie in einem Museum betrachte, sondern ihren eigenen Lebensweg und ihr eigenes Verhältnis zur Kirche überprüfe und sich bewusst wird, dass auch sie gerufen und berufen ist, in der heutigen Zeit – in der sie lebt – ein echtes und überzeugendes Zeugnis für ihren Glauben an Christus abzulegen.

Diese Zielangabe vermisse ich in der Literatur, die die Geschichte der katholischen Jugendbewegung zwar hervorragend darstellt und ausstellt, aber es auch schon dabei belässt, so dass der Eindruck entsteht, als blättere man in einem Geschichtsbuch.

Mit Karl Hofmann möchte ich eine Drei-Perioden-Einteilung in der Entwicklung von Jungmännerverband und Sturmschar übernehmen, die mit 1922 beginnt und 1938, dem Jahr des endgültigen Verbots durch den Hitlerstaat endet.

Die erste Periode von 1922-1926. Sie stand noch unter der geistigen Leitung des Generalpräses Carl Mosterts, der das Fuldaer Bekenntnis prägte. Ihren Höhepunkt erreichte sie auf der zweiten Verbandstagung in Nürnberg, wo sich vor allem Wanderer aus dem Nordwesten mit Mitgliedern des Jungmännerverbandes des süddeutschen Raumes trafen und die Grundlagen legten für den dann erst 1929 erfolgten Zusammenschluss von Jungmännerverband und Sturmschar, deren Namensgebung sich um diese Zeit durchsetzte. Dass diese Vereinigung sich nicht ohne Blessuren vollzog, ist leicht verständlich, weil sich Jungmännerverband und Wanderer zwei verschiedenen Ursprüngen verdankten, nämlich der Jungmännerverband dem ehemaligen Kongregationswesen, dessen Verbandsleben sich an Satzungen orientierte, während die Wanderer dem Organisatorischen wenig Bedeutung schenkten, sondern mehr nach der freien Entfaltung strebten, wobei sie dem «Suchen und Sein mehr Bedeutung gaben als dem Wollen und Programm»[31].

Im Laufe der Verhandlungen einigte man sich schließlich auf eine Formel, die sowohl für den Jungmännerverband als auch für die Sturmschar akzeptabel erschien: «Die *katholische Jugendbewegung* will nach *Gottes Bestimmung* und unter *kirchlicher Führung*, aber in *Selbsttätigkeit* und *unter eigener Gewissensverantwortung* ihr Leben gestalten»[32]. Dieses Grundgesetz ist von jener Dynamik geprägt, die ein gesundes Gleichgewicht zwischen Fremdbestimmung und Selbstbestimmung herstellt, obwohl das Wort Fremdbestimmung von seiten Gottes und der Kirche eigentlich nichts «Fremdartiges» sein kann, wenn man bedenkt, dass das Steuer unseres Lebens unter Gottes Führung und Beihilfe der Kirche am besten, wie von Lotsenhand gehalten, uns vor den Gefahren des Zerschellens an gefährlichen Klippen des Lebens bewahrt. Als Zieleinstellung einer *katholischen* Jugendbewegung konnte die Definition nicht anders ausfallen.

Die zweite Periode von 1926-1933 prägten zwei bedeutende Führer von Jungmännerverband und Sturmschar, Ludwig Wolker, Nachfolger des 1926 in Lausanne verstorbenen Generalpräses Carl Mosterts, und Franz Steber, der die katholische Wanderbewegung entscheidend formte und als Reichsführer der Sturmschar von 1930-1935 leitete. Die Diözesanpräsides hatten Ludwig Wolker im August 1926 zum Generalpräses gewählt.

Dieses Amt rief ihn im Mai 1927 nach Düsseldorf; er übte es bis zur gewaltsamen Auflösung des Verbandes im Februar 1939 aus. Wolker führte den Verband mit fester Hand, ohne diktatorische Allüren; er wollte der Boss sein, doch ohne das selbständige Entscheiden und Handeln der Laienführerschaft zu unterbinden. Er war – so wie ihn Hans Schroer charakterisiert – «Zentralgestirn dieser jugendbewegten Welt»[33]. Oder anders ausgedrückt: Er erleuchtete, um seinen Stab für anstehende Entscheidungen hellsichtig zu machen. Wolker war es, der beim Reichstreffen der Sturmschar 1931 in Trier die Parole ausgab: *«Es lebe Christus im Herzen deutscher Jugend!»*

Als Diözesan- und Laienpräses des KJVM in München unterhielt Wolker bereits enge Verbindung mit der Wanderbewegung, was sich für Franz Steber und seine Arbeit in der Sturmschar günstig auswirkte, zumal ihn Wolker von München her schon kannte. 1926 verfügten die Bischöfe auf ihrer Konferenz in Fulda, dass alle Jugendbünde und Verbände, die als katholisch gelten wollen, einen geistlichen Leiter anerkennen, der vom Bischof seine Sendung erhält und in Zweifelsfällen die Entscheidung fällt.

Ebenfalls verfügten sie die Unterstellung der Zeitschriften unter die kirchenbehördliche Zensur[34]. Der erste Generalpräses Josef Drammer hatte in seinem «Vademecum» für die Präsides, Paderborn 1893, zur Stützung ihrer Amtsautorität die Direktive erlassen, die für damals als selbstverständlich galt: «Er (der Präses ist gemeint, der Verfasser) hält alles zusammen, er nimmt die Mitglieder auf und entlässt sie; er gibt dem Verein seine Richtung an und trägt Sorge dafür, dass alles auf dem guten Wege verbleibt; von ihm hängt also alles ab»[35].

Schon Carl Mosterts und später besonders Ludwig Wolker entwikkelten ein moderateres Leitungsverständnis, in dem die Idee der Teamarbeit sich andeutete. So bildete sich um Wolker und Steber ein Kreis bedeutender Führungspersönlichkeiten wie Georg Wagner, der von 1921-1931 an der Entwicklung der Jungmännerbewegung maßgeblich beteiligt war.

Als Sekretär von Mosterts und Schriftleiter der «Stimmen der Jugend» und «Junge Front» besaß er einen enormen Einfluss. Ausserdem darf der Jesuit Constantin Noppel nicht unerwähnt bleiben, der in vielem als Vordenker die Bewegung inspirierte.

Zwei große Ereignisse fallen in diese zweite Periode der katholischen Jugendbewegung: 1. Die sechste Reichstagung des Katholischen Jungmännerverbandes in Trier 1931. Hans Schroer berichtet in «Sie hielten stand» folgendes über das erste öffentliche Auftreten der Sturmschar, die sich zu einer bedeutsamen Säule des Gesamtverbandes entwickelt hatte: «Sie hatte nicht nur am Rande des Geschehens im Weisshauswald ihr großes Zeltlager, sie bestimmte mit ihrer Kluft, die bewusst jedes Zeichen oder Abzeichen einer Uniform vermied, ihren Bannern und Instrumenten das öffentliche Bild, vor allem bei den Aufmärschen»[36]. In seinem Referat, das der damalige Bischof von Trier, Dr. Bornewasser, hielt, stellte der Bischof folgendes fest, das auch für unsere Zeit von höchster Aktualität ist: «Wir sind verantwortlich für den Aufstieg und den Niedergang des irdischen Teiles der Kirche»[37]. Dieses Treffen stand ganz im Zeichen des Friedens und der Völkerversöhnung, im Gegensatz zu den damals bereits aufhetzerischen Reden der Hitleranhänger.

Das zweite große Ereignis dieser Jahre war das erste Reichstreffen der Sturmschar in Koblenz, das 3000 Sturmschärler aus dem ganzen Reich versammelt sah; es dauerte fünf Tage – vom 17.-21. Mai 1932. Imponierend waren sowohl Aufbau, Ordnung als auch der Ideenreichtum dieses Treffens. Die Lagerzeitung, die von den damals 20jährigen Männern Josef Rick und Otto Vieth, als auch von Georg Thurmair (23) und anderen redigiert wurde, gab den Anstoß zur Wochenzeitung «Junge Front».

Die der deutschen Jugendbewegung immer wieder nachgesagte politische Abstinenz durch Desinteresse am politischen Geschehen wird der tatsächlichen Haltung von Jungmännerverband und Sturmschar nicht gerecht. In dem sich anzeigenden Verfall der Weimarer Republik hat diese Jugend sehr wohl die Zeichen der Zeit erkannt und ihren Einsatz für ein besseres Deutschland, als es die Nationalsozialisten anbieten konnten, in die Waagschale der politischen Auseinandersetzung geworfen, indem sie mit allen Kräften die demokratischen Parteien unterstützten, ohne parteipolitisch aktiv sein zu wollen, was ihrem Auftrag als kirchlich gebundene Jugendbewegung entsprach. Leider hat man die «Kurzbehosten» – wie sie in bürgerlichen Kreisen spöttisch genannt wurden – selbst in Zentrumskreisen abgewiesen, als sie sich dort um politische Ämter bemühten. Eine Kurzsichtigkeit, die ein wichtiges politisches Potential brachliegen ließ, das – aus der Jugendbewegung zugewachsen – sie mit neuem Elan hätte erfüllen können und Deutschland wahrscheinlich eine bessere Zukunft gegeben hätte.

Ähnlich wie auf dem großen Treffen der Wandervögel auf dem Hohen Meissner 1913 hat auch die katholische Jugend bei ihrem Jungmännerverbandstreffen in Trier 1931 «Friedenswille und Opfergesinnung, mit dem Willen zur Völkerverständigung» öffentlich erklärt und in die Praxis umgesetzt, als sich ihre Vertreter in der Osterwoche 1933 in Lyon zu einem Friedenskongress der französischen katholischen

Burg Rothenfels – Bildungsstätte der Quickborn

Jugend zusammentrafen. Ihr Generalsekretär Jakob Clemens sagte in einem begeistert aufgenommenen Grußwort: «Seid versichert, Brüder, dass die katholische Jugend Deutschlands nichts sehnsüchtiger wünscht, als einen aus den Quellen katholischen Glaubensgutes fließenden Völkerfrieden...»[38].

Eine originale Idee Franz Stebers soll an dieser Stelle nicht unerwähnt bleiben: 1931 rief er zu einem Paneuropalager auf die zu den Niederlanden gehörende Insel Ameland auf und im gleichen Jahr zu einem zweiten Treffen dieser Art in den Westerwald im Sinne eines politischen Modells eines geeinigten Europa. Es wurde ein «Großer Rat» als Parlament Paneuropas gebildet. Die Jungenschaft sollte nach Stebers Vorstellungen in ein Europa- und Demokratieverständnis eingeübt werden. Etwas Prophetisches haftet dieser Vision an, die zunächst der SS-Staat zunichte machte[39].

Die dritte Periode von 1933-1939 umgreift die mit der Machtergreifung Hitlers am 30. Januar 1933 beginnende Auseinandersetzung des KJMVD (Katholischer Jungmännerverband Deutschland) mit dem christen- und kirchenfeindlichen Regime, was mit der Auflösung des KJMVD im Juli 1937 durch die Gestapo und dem endgültigen «Aus» staatlich geduldeter katholischer bündischer Jugend im Juli 1939 endete.

Mit 30'000 Sturmschärlern erreichte der Bund statistisch gesehen 1934 seinen Höhepunkt, und das trotz der schon einsetzenden Repressalien von seiten der Hitlerpartei und deren Parteijugend (HJ). Die überzeugende Führungsspitze von Reichsführer Franz Steber, der 1935 von Hans Niermann abgelöst wurde, Reichswart Theo Pothmann, der allerdings bereits 1933 aus seinem Amt ausschied und keinen Nachfolger mehr erhielt, und Reichskaplan Alfons Brands, wobei der Reichsführer für die geistige Linie der Schar und ihre Einordnung in den JMV verantwortlich war, der Reichswart für organisatorische Aufgaben und der Reichskaplan für die religiöse Bildung, schweissten die Schar zu einer Lebensgemeinschaft zusammen, die nur Gewaltanwendung aufbrechen konnte[40].

Durch den Konkordatsabschluss zwischen dem Heiligen Stuhl und dem Deutschen Reich vom 20. Juli 1933 schien sich eine tragbare Koexistenz von Hitlerstaat und Katholischer Kirche anzubahnen. Aber der Schein trog, zumal der für den Bestand des katholischen Jugendorganisationswesens bedeutsame Artikel 31 ein Gummiparagraph war, der endgültige Vereinbarungen späteren Verhandlungen vorbehielt[41].

Die Rolle, die der Vertreter des Dritten Reiches, Franz von Papen, bei dieser Formulierung spielte, ist nicht ganz durchsichtig, wenn man bedenkt, dass von Papen in späteren Jahren dem Episkopat zumutete, unter bestimmten Bedingungen die kirchlichen Verbände in die staatlichen zu integrieren, was die Bischöfe allerdings entschieden zurückwiesen, wenn auch nicht alle. Statt dessen gab es eine breite Loyalitätserklärung der Bischöfe für die katholischen Jugendverbände. Es gelang dem Staat also nicht dasselbe, was schon Ende 1933 durch die Eingliederung der Evangelischen Jugend in die Hitlerjugend vollzogen wurde.

Die wahre Einstellung Hitlers zu Verträgen zeigt der ihm zugeschriebene Ausspruch: «Ich halte nur Verträge, solange sie mir nützen».

Die meisten Bischöfe traten in diesen Jahren mutig für den Erhalt kirchlicher Jugendarbeit ein, wenn sie auch nicht unbedingt an der bestehenden Organisationsform festzuhalten gewillt waren.

Ein Bravourstück leisteten sich Jungmännerverband mit Sturmschar, Georgspfadfindern und Neudeutschen, als sie – die Gestapo hinters Licht führend – am 22. April 1935 zu einer Romfahrt aufbrachen, und dort in einer imposanten Demonstration ihre Treue gegenüber Papst und Kirche bekundeten. Kluft und Banner hatte man sorgfältig verpackt mitgenommen. In Rom angekommen, formierte man sich dann und zog in geschlossener Formation zum Vatikan. Das rief natürlich die Presse auf den Plan, die ihre bebilderten Reportagen über dieses einmalige Ereignis in alle Welt schickte und veröffentlichte. Die Hitlerbehörden in Deutschland reagierten empört, und so kam es denn auch auf der Rückfahrt nach Überschreitung der Grenze zu rücksichtslosen Razzien, wobei den Jugendlichen alles weggenommen wurde, was als bündische Ausrüstung angesehen wurde und anderes mehr.

Die Nazis werteten das Unternehmen als Kampfansage und reagierten entsprechend mit verschärften Verordnungen und Verhaftungen.

Polizeiverordnung von 1935:

1. Allen konfessionellen Jugendverbänden, auch den für den Einzelfall gebildeten, ist jede Betätigung, die nicht rein kirchlich-religiöser Art ist, insbesondere eine solche politischer, sportlicher und volkssportlicher Art, untersagt.
2. Für die konfessionellen Jugendverbände und ihre männlichen und weiblichen Angehörigen, einschließlich der sogenannten Pfarrjugend, gelten folgende Bestimmungen:

Es ist verboten:
1. das Tragen von Uniformen (Bundestracht, Kluft usw.),
2. das Tragen von Abzeichen,
3. das geschlossene Aufmarschieren, Wandern und Zelten,
4. das öffentliche Mitführen oder Zeigen von Bannern, Fahnen und Wimpeln,
5. jegliche Ausübung und Anleitung zu Sport und Wehrsport aller Art.

3. Wer dieser Verordnung zuwiderhandelt, wird mit Zwangsgeld oder Zwangshaft bestraft[42].

Trotz aller Spätfolgen daheim in einem Deutschen Reich, das sie sich so nie erträumt hätten, wurde das Ostererlebnis in St. Peter mit der feierlichen Papstmesse und einer eigenen Audienz, die Pius XI. den fast 2000 jungen Deutschen gewährte, wobei er jedem die Hand zum Ringkuss reichte, zur Kraftquelle, zu einem tiefgehenden religiösen Erlebnis, das keine Schikane der Nazis trüben konnte.

Der Heilige Vater hatte sie gleichsam in die Pflicht genommen, auch in schweren Stunden der Kirche die Treue zu halten: «Denn, geliebte Söhne, schwere Stunden können immer noch kommen. Es kann alles zweifelhaft werden, alles vielleicht in Gefahr kommen. Aber, geliebte Söhne, etwas ist ganz sicher, ja ganz sicher, ganz unzweifelhaft: Der gütige Gott wird mit uns, nicht gegen uns sein.»

Den deutschen Bischöfen der damaligen Zeit gereicht es zur Ehre – entgegen aller üblen Nachrede bis in unsere Zeit –, dass sie nicht nur nicht geschwiegen haben, sondern einmütig zu allen gegen die katholischen Verbände gerichteten Angriffe von seiten des SS-Staates mutig Stellung bezogen. So in einem Hirtenwort vom August 1936: «In herzlicher Hirtenliebe und Hirtensorge gedenken die in Fulda versammelten deutschen Bischöfe ihrer so hart bedrängten, aber auch in Sturm und Prüfung treu bewährten katholischen Vereine und Verbände. Mit tiefem Schmerz nehmen wir teil an den schweren Leiden und Opfern so vieler Mitglieder, Vorstände und Präsides. Wie unsere katholischen Vereine in schwerer Zeit und Not ihre Kirche und Bischöfe nicht verlassen haben, so mögen sie überzeugt sein, dass auch ihre Bischöfe sie nicht verlassen»[43].

Wie notwendig diese Solidarisierung war, zeigte sich im stürmischen Jahr 1936. Es begann im Januar, als der Reichsjugendführer Baldur von Schirach das Jahr als ein Jahr des Jungvolkes ankündigte, was die Erfassung ganzer Jahrgänge ab Jahrgang 1926 in Listen zur Eingliederung in das Jungvolk, der Vorstufe der Hitlerjugend, bedeutete. Welch ungeheuren Schneid der damalige Erzbischof von Paderborn, Dr. Caspar Klein, aufbrachte, beweisen seine klaren Worte zu dieser Verfügung an die Eltern (siehe Anlagen I und IV).

Die Lage spitzte sich im Februar des gleichen Jahres zu, als die Gestapo Wolker, Steber, Niermann und weitere zehn Geistliche zusammen mit ca. 45 Sturmscharführern verhaftete und wegen Hochverrats anklagte. Ausser Franz Steber, der fünf Jahre Zuchthaus erhielt, und zwei weiteren Geistlichen, die ebenfalls zu Haftstrafen verurteilt wurden, ließ man die anderen nach und nach wieder frei.

Die Zeit drängte nun zu Maßnahmen zur Sicherung der durch das Konkordat gewährleisteten katholischen Jugendseelsorge, wozu im April entsprechende Richtlinien erlassen wurden. (siehe Anlage III)

Im Mai 1936 folgte ein Hirtenwort der deutschen Bischöfe an die gesamte katholische Jugend (siehe Anlage II).

Alles deutete damals auf einen offenen Kirchenkampf hin. Jenen, die nicht kapitulieren wollten, blieb nur der Weg in den Untergrund. Es ist die Zeit, in der Georg Thurmair unter dem Pseudonym Thomas Klausner folgende Verse schrieb und als Kampfparole herausgab:

«Rollt eure Fahnen um den Schaft
Und geht wie stumme Boten;
Die Macht ist über unsre Kraft,
Die Macht hat es geboten.
Die Straße frei, der Lärm vergeht,
Wir ziehen in die Stille,
Und wenn auch keine Fahne weht,
Es bleibt uns doch der Wille:
Wir wollen Deutschland, und wir mahnen
Das Volk an seine Kraft.
Nun sind Gesichter unsre Fahnen
Und Leiber unser Schaft.»[44]

Die Zeit war gekommen, sich in die innere Burg des Herzens zurückzuziehen, die die Nazis trotz aller psychischen Vergewaltigungsversuche in unzähligen katholischen Jungen- und Mädchenseelen nicht aufzubrechen vermochten. Der Buchtitel «Sie hielten stand» ist fürwahr das Markenzeichen der Sturmschar gewesen, das es für jene ehemaligen Sturmschärler, die es geschrieben haben, bis ins Alter geblieben ist.

Mit der Plünderung nach der Romfahrt 1935 durch die Nazibehörden wurde die Schlussoffensive gegen die katholischen Jugendbünde eingeleitet. Dass alte Abteien wie Altenberg und vor allem Burgen die Lieblingsstätten der Bünde waren – so für den Quickborn Burg Rothenfels am Main und für den ND die Bundesburg Raesfeld in Westfalen – zeigt an, dass die Bünde ihre geistige Verfassung in diesen urtümlichen Gebäuden verkörpert sahen und die Wahrung des Erbes von Religion und Kultur ihr zentrales Anliegen war.

Nach aussen schien der Kampf verloren – aber nach innen wurde er weitergeführt. Die Tarnung nach aussen war jetzt angebracht und entwickelte sich zu einer meisterhaften Kunstfertigkeit, und das vor allem auf literarischem Gebiet. 1938 erschien das mit einem Vorwort des damaligen Jugendbischofs Albert Stohr, Bischof von Mainz, versehene Gesangbuch «Kirchenlied», worin zwischen Advents- und Totenliedern versteckt als Adventsruf «Der Satan löscht die Lichter aus und lässt die Welt erblinden» stand, von Thurmaier getextet und für jeden damals verständlich auf die Zeitübel anspielend. Dasselbe gilt vom Text des Liedes «Wir sind nur Gast auf Erden», das in das liturgische Totengedenken Einlass fand, aber ursprünglich die Situation der von den Nazis Entheimateten zum Ausdruck bringen wollte.

Erstaunlich ist allerdings, dass die Parteizensur die doch recht kämpferischen Bannerlieder unbeanstandet in die Liedsammlung aufnehmen ließ, die ich selbst bei den Bekenntnisfeiern am Dreifaltigkeitssonntag als Kampflieder gegen den braunen Gottesfeind verstanden und mitgesungen habe.

Es gab auch die Aktion Einzelner, wie sie uns der Neudeutsche Gisbert Kranz berichtet: «1935 brach eine massive Kampagne gegen die katholische Jugend los. Mit Verleumdungen, Drohungen und Gewalttaten wurde gehetzt und eingeschüchtert... Ich Vierzehnjähriger wollte in dieser Lage nicht untätig bleiben, hatte ich doch einen Druckkasten, und in unserem Geschäft gab es Klebestreifen. Ich stellte also ein paar hundert Aufkleber her mit dem Text KATHOLISCHE JUGEND! BLEIB TREU!, lief durch Steele und klebte sie an alle möglichen Schaufenster und Laternenpfähle in Augenhöhe. Niemand erwischte mich. Mein ND-Führer erfuhr nachträglich davon und erbleichte»[45].

Auch der Buchtitel von Georg Pahlke «Trotz Verbot nicht tot» trifft die Tatsache eines teils illegalen und teils legalen Fortbestands katholischer Jugendarbeit in der Nazizeit.

Nach den Auflösungsverordnungen von 1937 war jegliche organisierte Form von Jugendarbeit ausserhalb der HJ strikt verboten. Doch trotz schwerwiegender Folgen, die das Verbot bei Übertretungen vorsah, trafen sich Mitglieder der Bünde an geheimen Orten und in sicheren Verstecken, wohin sie getrennt und in Zivil aufbrachen.

Die Kirche selbst suchte nach einem Weg, die Verbindung mit der Jugend aufrecht zu erhalten, ohne in direkte Konfrontation mit dem Regime zu geraten. Da ihr das Konkordat das Recht auf Jugendseelsorge garantierte, konnte sie auf dieser Basis die religiöse Unterweisung der Jugend neu organisieren. In Ablösung des Jugendhauses in Düsseldorf dienten nun die seit Mai 1937 eingerichteten Bischöflichen Jugendämter als Kontaktstelle. Im März des gleichen Jahres hatte

Pius XI. mit dem Rundschreiben «Mit brennender Sorge» seine Befürchtungen über die für die Kirche ungünstige Entwicklung in Deutschland zum Ausdruck gebracht und damit den Hass der Kirchenfeinde mächtig geschürt.

Eckpfeiler der neuen Jugendarbeit waren Glaubensstunde oder Bibelkreis, Bekenntnistage und die vor allem an Samstagabenden angesetzte «Deutsche Komplet». Das im Erzengel Michael dargestellte und verkörperte Bild des Gotteskämpfers verwandelte sich in die Gestalt des Christusträgers Christofer. Unter diesem Namen veröffentlichten Klemens Tilmann und Ludwig Wolker 1939 ein Werkbuch mit dem Untertitel «Vom Diakonat junger Christen in der Gemeinde». An der Stelle des Jung*führers* trat nun der Jung*diakon*.

Es bedeutete den aus der Not gebotenen Weg in die Verinnerlichung, der jedoch nicht als Idealzustand empfunden werden konnte, weil sich auch kirchliche Jugendarbeit immer als Sorge für Leib und Seele verstand.

In der letzten Jahresausgabe von «Am Scheideweg» 1937 war als Monatsfortsetzung die Geschichte von Klemens Tilmanns «Per» abgedruckt. Datiert ist die Geschichte mit der Jahreszahl 1932. Die Mutter des Jungen ist Protestantin und der Vater Freidenker. Die Mutter hatte ihm die Erstkommunion erlaubt, doch der Vater war strikt dagegen und verprügelte ihn, als er davon erfuhr. Er nahm ihn von der katholischen Schule und drohte, «er wolle ihn totschlagen, wenn er noch einmal zu den Pfaffen gehe».

Per schleicht sich bei Nacht und Nebel auf ein Schiff, das im Hafen liegt, und stellt sich einige Zeit nach der Abfahrt dem Kapitän, der ihn notgedrungen an Bord behalten muss... Er weist ihm eine Arbeit zu, und da lernt Per einen Matrosen kennen, der ihm etwas seltsam vorgekommen war, weil er öfter in einem kleinen Buch las. Später offenbart er sich ihm als ein aus der mexikanischen Christenverfolgung geflohener Priester. Er gibt Per zu verstehen, dass er sich entschlossen habe, nach Mexiko zurückzukehren, um dort im Untergrund Christus zu dienen. Daraufhin bittet ihn Per, ihn nach Mexiko mitzunehmen, wo er ihm bei diesem Dienst helfen wolle.

Diese Geschichte lässt sich leicht in die damaligen deutschen Verhältnisse uminterpretieren: «Per» verkörpert den von allen Seiten um seines Glaubens willen bedrängten Sturmschärler. Da möchte so mancher gern seine Haut in Sicherheit bringen und aus der Kampfzone fliehen. Aber es gilt, an der Seite des Priesters auszuharren, der auch in Gefahr ist, seinen Posten feige aufzugeben. Mit anderen Worten: Tapfer durchhalten, heisst die Parole auch für die Zeit der Kirchenverfolgung im Hitlerreich!

Tausende von Jugendlichen wohnten 1937 im Kölner Dom einer Jugendmesse bei und verteilten die verbotenen Schriften der «Abwehrstelle» von Joseph Teusch.

1.3 Markante und prägende Priester- und Laienpersönlichkeiten der Katholischen Jugendbewegung im In- und Ausland

Führende «Köpfe» sind nicht nur maßgebend für das Erscheinungsbild einer Bewegung, sondern mehr noch für deren Verständnis. Je markanter die Persönlichkeitsstruktur ist, umso prägender ihre Einwirkung auf die Gefolgschaft. Die rasante Entwicklung des Jungmännerverbandes in den zwanziger und dreissiger Jahren wäre ohne die hervorragenden Führungsqualitäten ihres zweiten Generalpräses Ludwig Wolker unmöglich gewesen. Er wurde zum Krisenmanager seines Verbandes, als dieser nach dem Ersten Weltkrieg zu erstarren drohte. Seiner Aufgeschlossenheit ist es zu verdanken, dass das Zusammenwachsen von den Wanderern unter Franz Steber und Jungmännerverband reibungslos verlief. Dieser Franz Steber, ebenfalls Bayer und aus einfachen bürgerlichen Verhältnissen kommend, wurde zu einem der engsten Mitarbeiter Wolkers, die er als Team um sich scharte. Diese beiden kongenialen Männer, wenn auch unterschiedlichen Alters, brachten das Werk zustande, das am Abend der Machtergreifung Hitlers für die Nazis zu einer beängstigenden Kraft heranwuchs.

Ludwig Wolker (1887-1955)

Als 40jähriger kam er nach Düsseldorf, um 1927 die Nachfolge des verstorbenen Carl Mosterts als zweiter Generalpräses des Jungmännerverbandes anzutreten. Von München kommend, brachte er bayrische Vitalität, aber auch die deftige Mundart und den urwüchsigen Humor mit ins Jugendhaus Düsseldorf, der Verbandszentrale. Seiner bayrischen Herkunft wegen hätte man in ihm den Hartschädel vermutet, der kompromisslos und traditionsbewusst am Alten festhalten würde. Statt dessen begann Wolker mit dem geistigen und praktischen Hausputz. Er forderte: statt Betreuung und Vorsitz Führung im Verband, statt Dienstleistung für Beitragszahlung freiwillige Mitarbeit ohne Vergütung, statt träge und verstaubte Vereinsfahnen wehende Banner, Heimatabende mit Niveau statt kneipenhaftes

Ludwig Wolker (1887-1955)
Ludwig Wolker, eine charismatische Führernatur, war der eigentliche Gründer und Inspirator der katholischen Jugendbewegung in Deutschland. Als Generalpräses des Jungmännerverbandes hat er diesen bis tief in die Nazizeit hinein durch schwere Stürme geleitet, ein Mann von Bärenkraft, aber auch von bayrischer Gemütstiefe und mit Humor, der die Seinen für Christus und seine Kirche immer wieder neue zu begeistern verstand.

Zusammenhocken. Der Jungführer mit Eigenverantwortung sollte von nun an den Befehlsempfänger von des Präses Gnaden ablösen. Zu dem Wandel bemerkt Hans Schroer: «Unter diesem Sturm ächzte das ganze Verbandsgefüge, und er ließ nicht wenige Vorsitzende, altgediente Kapläne und Pfarrer, kopfschüttelnd abtreten. Stirnrunzelnde Bischöfe begleiteten diesen unbequemen Verbandsprälaten bis zu seinem Tode am 17. Juli 1955.»[46]
Wolkers stabsmäßig gut organisierte Arbeitsweise trug ihm schließlich den Spitznamen «General» ein[47]. Er gefiel sich in dieser Rolle im Kreis seiner Mitarbeiter, die er sorgfältig auswählte, aber dann auch viel Freiraum für Eigeninitiativen ließ. Sein «Generalstab» bestand vor allem aus dem Generalsekretär Jakob Clemens und Franz Steber als Laienführer, der ihm zeitlebens treu blieb, trotz mancher harten Auseinandersetzung. Diese Vasallentreue hatte wohl nicht wenig mit den schwierigen Zeitverhältnissen zu tun, die zur Geschlossenheit herausforderten.

Ludwig Wolker war unbestreitbar die Lokomotive des Verbandes; aber er stellte – vor allem, wenn es sich um wichtige Entscheidungen handelte – nie allein die Weichen, sondern mit seinem Team zusammen im Vertrauen, dass sich so am besten die Anliegen der jungen Gefolgschaft verwirklichen ließen, obwohl er auch manchmal die eigene Meinung zäh zu verteidigen wusste.

Der «General» hatte sich nicht aus Karrieresucht auf diesen Posten gedrängt, ganz im Gegenteil. Als er von der Absicht erfuhr, ihn in die Nachfolge Mosterts zu berufen, zog er sich zu 30tägigen ignatianischen Exerzitien zurück, wohl wissend, welche Verantwortung er sich in dieser politisch so unruhigen Zeit der bereits in Agonie liegenden Weimarer Republik bei Annahme der Spitzenfunktion aufbürden würde. Als ihn dann die Diözesanjugendseelsorger mit Ausnahme Bayerns gewählt hatten – und schließlich Carl Mosterts starb, folgte er dem Ruf an die Spitze des Jungmännerverbandes, den er so klug und erfolgreich bis tief in die Nazizeit hinein geführt hat.

Wolker begeisterte und überzeugte seine Jungmannschaft mehr durch seine glaubwürdige priesterliche Lebensweise und frohe Dienstbereitschaft als durch flammende Reden, worauf er sich jedoch auch verstand. Wenn er sie etwa aufrief: «Jungschärler an die Front!», so verdrückte er sich nicht in die Etappe, sondern führte die Front an im Kampf für Glaube und Kirche, wofür er drei Monate Gefängnisstrafe erduldete. Dennoch wusste er auch den Feuergeist seiner Mannen zu zügeln, um sie vor unüberlegten Handlungen zu bewahren, worauf die Hitlerjugend es abgesehen hatte, wenn sie provozierend Heimatabende oder sonstige Aktivitäten der Sturmschar störte. Wolker warnte stets vor ungesetzlichen Handlungen, die schnell zum Exitus des Verbandes geführt hätten. Nur zögernd hatte er der geplanten Wallfahrt nach Rom 1935 zugestimmt. Doch als die Entscheidung gefallen war, wollte auch er dabei sein, wie bei allen wichtigen Veranstaltungen des Jungmännerverbandes.

Wolkers ganzheitliches Erziehungsideal war die Heranbildung eines jungkatholischen Deutschseins, in dem sich Glaube und Volkstum harmonisch vereinigten. Ebenso wichtig war ihm die Pflege von Leib *und* Seele, weil sich die «Gloria Dei» (Ehre Gottes) durch beide verwirklichen muss. So förderte er den Sport als gleichgewichtigen Bestandteil jugendlicher Bildung zum seelischen und geistigen Bereich.

Doch nicht allein das leib-seelische Gesamtkonzept katholischer Jugenderziehung war ihm ein Herzensanliegen, sondern auch die Zusammenführung kleinerer und unabhängiger katholischer Jugendbünde zu einem Gesamtverband – ein Bestreben, das ihm die Nazis näher brachte, als sie mit wachsender Macht ihren Monopolanspruch auf alle Bereiche des gesellschaftlichen Lebens anmeldeten. In ihrer Existenzgefährdung suchten damals katholische Kleinverbände Anschluss an den Jungmännerverband, in der irrigen Annahme, sie stünden nun unter dem sicheren Schutz des Artikels 31 des Reichskonkordates.

Nach dem Zusammenbruch des Hitlerreiches 1945 griff Wolker, und mit ihm einer seiner früheren Mitarbeiter, Oscar Neisinger, das alte Anliegen wieder auf, in der Meinung, es sei nun die günstige Stunde dafür gekommen, durch die Gründung eines Gesamtverbandes einer neuen Zersplitterung vorzubeugen, was auch im Sinne des Episkopates war. So entstand der BDKJ. Die Tragik dieses «Späterfolges» Wolkers und Neisingers lag in der falschen Einschätzung der durch die ziemlich lange Verbotszeit entstandenen neuen Lage, die andere

Verhältnisse geschaffen hatte, so dass die Ankuppelung an das vergangene Erbe eine Zeitlang dank der aus der Gefangenschaft heimgekehrten Ehemaligen gelang, doch sich letztendlich als Artefact entpuppte, der den Stürmen der sechziger Jahre nicht standhielt. Dem alten «General» blieb es erspart, diesen Kollaps noch zu erleben; aber Oscar Neisinger musste den Zusammenbruch des zweiten Aufbauwerkes seines Priesterfreundes Wolker miterleben, was ihn kurz vor seinem Tode 1985 dazu bewegte, nach Art eines Testamentes mit einer bitteren Anklage zu einem Neubeginn aufzurufen.

August Reineke, der Wolker noch kennenlernte, wie er in seinem von Erlebnissen geprägten Werk «Jugend zwischen Kreuz und Hakenkreuz» schreibt, zitiert zunächst das Urteil Georg Thurmairs über seinen Promotor, der ihn und andere Jungautoren mit dem Schrifttum des Verbandes betraute: «Mit vielfältigen Gaben und Talenten ausgestattet, war er, ein ‹Priester der Freude›, als geistlicher Führer der Mannesjugend in die Stürme der ersten Hälfte des 20. Jahrhunderts hineingestellt.» Und fährt dann fort: «Ich wage selbst keine Charakteristik dieses ungewöhnlichen Mannes, gebe hier lieber in verkürzter Form wieder, was man nach seinem Tode im Jahre 1955 auf sein Totenandenken schrieb»[48]. Der Schlussteil dieses Totenandenkens sei hier erwähnt: «Mit letzter Kraft oft war er nach 1945 Wegweiser und Rufer zur Einheit der Katholischen Jugend Deutschlands. Der Bund der Deutschen Katholischen Jugend, 1947 in Hardehausen gegründet, wäre undenkbar ohne sein unermüdliches Planen, Überzeugen, Kämpfen und Schlichten. Nur wenige Grundzüge und Einzelheiten konnten hier aufgezählt werden. Sie allein schon lassen staunen vor dem Reichtum und der Vielfalt dieses begnadeten Priesterlebens. Sie drängen uns, sein Werk fortzusetzen im Sinne seiner Leitworte:

Für Christi Reich und ein neues Deutschland!
Alles für Deutschland, Deutschland für Christus!
Es lebe Christus in deutscher Jugend!

Franz Steber (1904-1983)

Steber ist der zweite Bayer, der die Atmosphäre im Jugendhaus Düsseldorf und von da aus im gesamten Jungmännerverband, einschließlich Sturmschar, entscheidend mitgeprägt hat. Die Sturmschar leitete er von 1930-1935, wurde von Hans Niermann als Reichssturmscharführer abgelöst, nachdem er inmitten seiner Sturmschärler auf der Wallfahrt in Rom 1935 den Ehebund geschlossen hatte. Schon vorher war Steber Reichswanderwart der katholischen Wanderer, zunächst ausserhalb und dann innerhalb des Düsseldorfer Jugendhauses. Er hat wie kein anderer die Sturmschar beprägt.

Abgesehen von ihrer gemeinsamen Herkunft aus Bayern waren Wolker und Steber verschieden in Charakter und Denkweise. Vom Alter her gesehen gehörte Steber eher der jüngeren Generation an und stand von daher gesehen wohl auch ihrer geistigen Orientierung näher als Wolker. Vergleicht man beide auf dem Hintergrund der eigenartigen Vorliebe der katholischen Jugendbewegung für Mönchtum und Rittertum, die Ordnungsmächte des christlichen Europa, so verkörperte Ludwig Wolker mehr den auf Zucht und Ordnung durch Regel und Satzungen bedachten Mönch, woher sich auch seine Sympathie für das Pfadfindertum erklären lässt, während Franz Steber dem Ritter glich, der sich im Ringen um das idealere Jugendreich der Kreativität neuer Ideen mehr verbunden fühlte.

Dem Gesamtverband gereichte es zum Segen, dass sich das ungleiche Paar nicht in Rivalitäten verstrickte, sondern der gemeinsamen Sache zu dienen bereit war, und vor allem dem «General» das letzte Wort eingeräumt wurde.

Wolker suchte und wählte sachkundige Aktivisten und Frontleute für seine Führungsriege; Federfuchser, Sprücheklopfer und Schaumschläger waren ihm zuwider. «Ganze Kerle» – wie man sich damals ausdrückte – brauchte der Verband, vor allem an der Spitze, und einer von ihnen war Franz Steber: sauber, zuverlässig und einsatzbereit.

Um einem Kastenwesen vorzubeugen, wie es sich im BDKJ herausgebildet hat, legte Wolker wert auf den engen Kontakt seiner Führer mit der Truppe an der Basis. Nur wer dort Führungsqualitäten zeigte, war für eine höhere Berufung und Aufgabe geeignet, denn nur wer Erfahrung gesammelt hat, kann sie weitergeben. Immerhin hat Franz Steber über dreissig Jahre lang in mehr oder weniger engem Kontakt mit Wolker gestanden und in verschiedenen Positionen gearbeitet. Sein Idealismus ist darin erkennbar, dass er die bereits eingeschlagene bayerische Beamtenlaufbahn abbrach, um sich ganz der Jugendarbeit zu widmen.

Als Wolker nach Düsseldorf kam, hatte Steber dessen Vorgänger Mosterts bereits «unter Vertrag» genommen: «Nicht ohne Widerstand der Zentrale, denn die Herren im Jugendhaus wollten für diese Aufgabe Dr. Finke, nicht den für sie fast unbekannten jungen Mann von 22 Jahren, der da lediglich auf den Schultern der ständig opponierenden Wanderer stand. Doch Wolker (dem er zwei Monate später nach Düsseldorf folgte) kannte Franz, und die Herren im Jugendhaus lernten dann die Bayern kennen»[49].

Schon damals also galt oft der akademische Titel mehr als das Charisma des berufenen Jugendführers.

Es ist bezeichnend und bedeutsam für die Standortbestimmung Stebers, dass das Religiöse in seinem Erziehungskonzept nicht an den Rand gedrängt oder als Schlusslicht angebracht war, sondern als maßgebliche Mitte der Erziehung alles andere durchdrang. Jugendleben und Glaubenspraxis sind nicht auseinandergerissen, sie bilden keine zwei Schubladen mit verschiedenem Inhalt, sondern ein Ganzes in der lebendigen Gliedschaft von Sturmschar und Kirche. Wer Mitglied in einem katholischen Jugendbund war, sah darin ganz selbstverständlich eine Verpflichtung zur Teilnahme am Gemeindegottesdienst und regelmäßigen Sakramentenempfang.

Das umfassende Erziehungsziel mit der zentralen Stellung des Glaubens im Leben des Sturmschärlers drückt Steber mit folgenden Worten aus: «Wachrufen des Jungen und der Jungengemeinschaft, dass sie selbständig wird, reif und verantwortlich, das Leben der Welt neu zu gestalten; ein lebendiges und innerliches Verbundensein mit den Dingen der Welt zu bekommen, damit der lebendige Christus aus unserer Jugend sich darein ergieße und so alle und alles durchdringt. Darum ist unser Jugendreich nicht nur Jugendreich, sondern Erziehung zum Mann geworden, zum mündig gewordenen, selbstentschei-

Franz Steber (1904-1983)
Franz Steber, die rechte Hand von Ludwig Wolker, ist aus der Wandervogelbewegung hervorgegangen, deren Ideengut er übernommen und christlich geprägt hat. Er war ein sehr initiativer und kreativer Laienführer und hat die Sturmschar wie kein zweiter geprägt. Von 1930-35 war er Reichssturmbandführer, in welcher Eigenschaft er 1932 in Trier erklärte: «Wir wehren uns als Katholiken und auch als junge Deutsche gegen alle Formen eines absolutistischen Machtstaates.» Kein Wunder, dass ihn die Nazis hassten; 1936 wurde er von der Gestapo verhaftet und 1937 vom Volksgerichtshof in Berlin zu fünf Jahren Zuchthaus verurteilt.

denden, selbstverantwortlichen, der Gemeinschaft verpflichtenden katholischen Menschen»[50].

Den Begriff «katholisch» definiert Steber wie folgt: «Der katholische Mensch ist ein Mensch, der in Distanz und Unabhängigkeit zu den Dingen der Welt steht, alles bejahen kann, sofern er will, alles verneinen, sofern er will, der frei ist, das ist die Grundlage. Wenn er nun alles, was er tut und denkt, freudig an katholischen Maßstäben misst,... dann nenne ich einen solchen Menschen katholisch»[51].

Der Widerspruch, der in den beiden Zitaten Stebers auftaucht, wo einmal von der «innigen Verbundenheit mit den Dingen der Welt» die Rede ist und im zweiten von «Distanz und Unabhängigkeit zu den Dingen der Welt», lässt sich nur so auflösen, dass der Christ in der Verbundenheit mit der Welt seine Unabhängigkeit bewahren muss.

Franz Steber war in der Tat einer jener gottbegnadeten Jugendführer, die es damals so reichlich gab, und gewiss war dies der allgemeinen katholischen Haltung des Volkes und den meisten intakten Familien zuzuschreiben, was sich so segensreich auf die Jugend ausgewirkt hat.

Wenn wir heute darüber klagen, dass viele Jugendliche der Kirche und den Familien davonlaufen, so liegt des Übels Wurzel am Versagen der Nachkriegsgenerationen, die zu vielem ein gestörtes Verhältnis hatten, was an Lebenswerten einfach unverzichtbar ist. Weil trotz aller politischen, sozialen und wirtschaftlichen Not im damaligen Deutschland der Weimarer Republik die Erziehung im Elternhaus und Schule vorwiegend an christlichen Grundwerten orientiert war, fand die Jugend genügend Rückhalt in ihrem Aufbruchbestreben, und wurde nicht – wie es nun schon in mehr als zwei Jahrzehnten die Mitglieder der Katholischen Pfadfinderschaft Europas erleben müssen –, an ihrem religiösen Aufbruch behindert!

Wer wie Steber als junger Mensch sich so überzeugt zu seinem Glauben an Jesus Christus und seiner Treue zur Kirche in Wort und Tat bekennt, verlebendigt Kirche im besten Sinne des Wortes, muss andererseits aber auch damit rechnen, dass sich an ihm die Worte Jesu erfüllen: «Man wird euch festnehmen und verfolgen und wird euch um meines Namens willen den Gerichten übergeben und ins Gefängnis werfen...» (vgl. Lk 21,12).

Am 6. Februar 1936 geschah es: In einer Verhaftungswelle durch die Gestapo wurden Prälat Wolker, Kaplan Dr. Josef Rossaint und Franz Steber verhaftet. Schon vorher und auch nachher gab es Verhaftungen von Geistlichen und Sturmscharführern[52]. Im April 1937 folgte der Prozess vor dem Volksgerichtshof in Berlin. Franz Steber wurde zu fünf Jahren Zuchthaus und Aberkennung der bürgerlichen Ehrenrechte auf fünf Jahre verurteilt. 1941 wurde er aus der Haft entlassen.

Mehr als seine religiöse Einstellung mag den Nazis seine politische ein Dorn im Auge gewesen zu sein. So sagte Franz Steber in seiner Rede als Reichsführer der Sturmschar in Trier 1932 ganz klar: «Wir wehren uns als Katholiken und auch als junge Deutsche gegen alle Formen eines absolutistischen Machtstaates»[53]. Und seine politische Reichsidee fasste er in die markigen Worte: «Es war in der deutschen Jugend immer ein stolzes Bild des Deutschen Reiches, das aus Granit und Kalk, aus Erde und Moor, aus Tannen und Eichen, Domen und Häusern deutschen Landes sich baut, aus deutschem Erkennen und Glauben, aus deutschem Leben und Singen, in deutschen Gestalten und Kämpfen, in unserer Arbeit und unserer Freude sich aufrichtet, in deutschen Männern lebendig und in deutschen Frauen stark und groß ist, als den Symbolen und lebendigen Zeichen des deutschen Wesens»[54].

Aus diesen und anderen Worten Stebers spricht die nicht ganz ungefährliche Illusion vom «Heiligen Deutschen Reich» als Wiedergeburt eines Traumes, den die deutsche Seele wohl immer beschäftigt hat, den aber dann Hitler und seine Gefolgschaft im «Dritten Reich» als teuflische Variante pervertierte.

Um aber Stebers Gedankenwelt gerecht zu werden, muss man sein eindeutiges Bekenntnis zum demokratischen Staat hinzufügen: «Darum steht die katholische Jungmannschaft heute nicht für den Ständestaat und den Obrigkeitsstaat, am wenigsten für die aristokratische Monarchie ein. Sie glaubt im Gegenteil, heute im Zeitalter der kapitalistischen Wirtschafts- und Lebensgesinnung, dass die volksfreiheitliche, demokratische Staatsform die angemessene Verkörperung des Lebenswillens des Volkes ist»[55].

Eine gewisse weltfremde Romantik kann man der Jugendbewegung insgesamt nicht absprechen. Ihr jedoch eine Vorreiterrolle für das Hochkommen des Nationalsozialismus zuweisen zu wollen, entbehrt – von Ausnahmen abgesehen – jeder Grundlage. Tatsache ist, dass die Jugendbewegung von den Nazis usurpiert wurde, ihr schöpferisch reichhaltiges Jungbrauchtum zweckentfremdet und für die Aufzucht einer staatshörigen Jugend missbraucht wurde.

Karl Garg geht in der für das Verständnis der katholischen Jugendarbeit in der Vergangenheit so wichtigen wie gründlichen Dokumentation «Sie hielten stand» der Frage nach, was aus Franz Steber und der Sturmschar im Nachkriegsdeutschland geworden ist. (Ausführlich werde ich im zweiten Teil dieser Studie auf die Nachkriegsentwicklung der katholischen Jugendseelsorge und Verbandsstrukturen eingehen.) Soviel sei nur hier gesagt, dass der von der Haft schwer gezeichnete Steber in einem zerbrochenen Deutschland wohl einen Neuanfang versuchte, der aber ausser gelegentlichen Begegnungen der Ehemaligen für den Neuaufbruch in der Nachkriegsjugend deshalb versperrt war, weil sich Wolker von der bündischen Strukturform zugunsten des Pfarr- und Diözesanprinzips getrennt hatte, was aber auch bedeutete, dass für die Ideen Stebers in dieser Neuordnung kein Platz war. So trennten sich im Nachkriegsdeutschland die Wege des einst in katholischer Jugendarbeit so erfolgreich gewesenen Duo Wolker/Steger. Eine neue Zeit war angebrochen!

Sel. Karl Leisner (1915-1945)[56]

Aus der gewiss großen Zahl junger Katholiken, die der gott- und kirchenfeindlichen Ideologie des Hitlerismus tapfer die Stirn boten und dafür mannigfaltige Repressalien einstecken mussten, werden viele anonym bleiben. Doch einige sind uns in ihrem bis zum bitteren Ende des Martyriums durchlittenen Leidensweg bekannt, deren Andenken uns lieb und teuer sein muss, weil es uns selbst in dieser glaubenslosen und gottvergessenen Welt neuen Mut und Halt verleihen kann. Zu diesen leuchtenden Sternen in finsterer Nacht zählt der von Wandervogel und Sturmschar geprägte Karl Leisner.

Am 28. Februar 1915 in Rees am Niederrhein geboren, lebte er mit seinen Eltern und vier Geschwistern seit 1923 in dem naturhaft schön gelegenen Kleve, wo er das Gymnasium besuchte und durch seinen Religionslehrer Dr. Vinnenberg in die katholische Jugendbewegung eingeführt wurde. Eine Zeitlang gehörte er dem «Quickborn» an, dessen abstinenten Lebensstil Karl auch im späteren Leben beibehielt. Aber auch mit den «Wandervögeln» gewann er Kontakt, der sich später zur «Sturmschar» ausweitete, in der er in führender Position junge Menschen seiner Heimat in die Lebensart der «Wandervögel» einführte. Er war damals gerade zwölf Jahre alt, als ihm Dr. Vinnenberg vorschlug, eine Jugendgruppe zu gründen.

Mit dem Protokollieren seiner Heimstunden begann Karl Leisner seine Tagebuchaufzeichnungen 1927, die er bis zu seinem Tode fortsetzte, zusammen 27 Hefte, eine Fundgrube ersten Ranges, die denn auch René Lejeune benutzte, um die einzelnen Stationen des Lebens von Karl Leisner nach Möglichkeit mit dessen eigenen Aufzeichnungen zu belegen. So entstand das Lebensbild eines Menschen, das kaum authentischer ausfallen konnte.

Gewiss gehört zum Umgang mit Tagebüchern eine besondere Sensibilität, handelt es sich doch dabei um die keinem Unbefugten zustehende Kenntnisnahme vom Intimbereich eines Menschenlebens. Der respektvolle Umgang Lejeunes mit diesem kostbaren Vermächtnis rechtfertigt die Veröffentlichung in der vorliegenden Form. Er hat es verstanden, das Ringen eines jungen Menschen um seine Berufung und den Weg, den Gott ihn schließlich führt, in ergreifender Weise nachzuzeichnen.

Karl entwickelte sich zu einem lebensfrohen Jungmann, der tieffrommen Eltern die Geradlinigkeit seiner katholischen Gesinnung verdankte und der Wandererbewegung die Liebe zur Natur als großes Bilderbuch Gottes, in das er sich wandernd hineinlas. Zu Fuß oder auch mit dem Fahrrad, allein oder auch mit anderen, unternahm er kürzere oder auch längere Wanderungen in der näheren Heimat bis ins Ausland. Auf einer solchen Radtour in die Schweiz wäre sein Bruder Willi bei einem unglücklichen Sturz fast tödlich verunglückt.

Sein größtes Fahrtenerlebnis war sein Aufbruch mit zwei Freunden nach Rom 1936, wo sie von Pius XI. in Privataudienz empfangen wurden. Diese große Ehre verdankten die drei Sturmschärler aus Deutschland der Vermittlung durch den Jesuitenpater Noppel, dessen Bedeutung als geistlicher Führer der Sturmschar schon erwähnt wurde. Er gab ihnen einen Brief an den Privatsekretär Pius XI., Kardinal Caccias, mit, den Noppel als früherer Rektor des Germanicum gut kannte.

Der Papst, der im Vorjahr so beeindruckt gewesen war von der Romwallfahrt der Sturmschar, erkundigte sich bei ihnen über die Lage der Kirche in Deutschland, denn den Papst plagte eine tiefe Unruhe wegen der ständigen Verletzungen des Kirchenkonkordates von seiten des deutschen Faschismus, die sich dann in der Enzyklika «Mit brennender Sorge» 1937 entlud.

Damals hatte Karl Leisner bereits sein viertes Theologiesemester in seiner Heimatdiözese Münster vollendet. Im gleichen Jahr 1936 gab er seinen Posten als Diözesanjungscharführer, der ihm von seinem Bischof Clemens August von Galen 1934 verliehenen worden war, auf. Er tat dies wohl deshalb, weil er sich für Freiburg im Breisgau entschieden hatte, um dort seine «Freisemester» zu absolvieren.

Hier möchte ich die erste Konfrontation Karls mit dem Naziregime 1933 einblenden: als 18jähriger Gymnasiast stand er kurz vor dem Abitur, als auf Anordnung der Nazibehörden im Juli alle den katholischen Verbänden gehörenden Heime geschlossen und konfisziert wurden. Er selbst und vier seiner Freunde wurden zum Direktor gerufen, der sie aufforderte, eine Loyalitätserklärung gegenüber dem Hitlerstaat zu unterzeichnen als Vorbedingung für die Abiturzulassung. Es wurde also schon sehr früh eine Akte über ihn bei der Gestapo angelegt.

Die nächste, bereits «hautnahe» Erfahrung mit der gefürchteten Geheimpolizei machte der vom Reichsarbeitsdienst zurückgekehrte Student daheim, als es am 28. Oktober 1937 an der Haustür klingelte. Gestapomänner standen vor der Tür. Sie verhörten ihn, durchsuchten mehr als drei Stunden lang seine «Bude» und nahmen schließlich sein wertvollstes und persönlichstes mit: Hefte seines Tagebuches von 1928-1935. Karl war niedergeschlagen, wie sein Biograph schreibt. Eine solche staatliche Willkür war für ihn, den stets Aufrechten, unfassbar.

Die dritte Begegnung mit den Schergen Hitlers wurde ihm zum Verhängnis.

1939, als er bereits im Frühjahr die Diakonatsweihe durch seinen Bischof von Galen empfangen hatte, ergab eine ärztliche Untersuchung, dass beide Lungenflügel von der Tuberkulose befallen waren. Die sofortige Behandlung in einem Sanatorium war erforderlich. So wird er im Juni 1939 in das «Fürstabt-Gerbert-Haus» nach St. Blasien im Schwarzwald überwiesen. Am 9. November 1939 wird ein Attentat auf Hitler verübt, das allerdings misslang. Die Nachricht davon verbreitete sich schnell bis in die entlegensten Winkel des Reiches. Auch im Sanatorium diskutierte man erregt über das Geschehnis. Als ihm jemand die Botschaft überbrachte, reagierte Karl Leisner mit der ihm zum Verhängnis werdenden Bemerkung: «Schade, dass der Führer nicht dabei war.»

Der es vernommen hatte, war eigentlich ein Vertrauter Karls. Doch dieser gibt sein Wissen unglücklicherweise an einen Erznazi weiter, deren es auch unter den Patienten im Sanatorium gab. Der aber hatte nichts eiliger zu tun, als die Nazibehörden über den «Verräter» zu unterrichten. Es folgt die Festnahme von Karl Leisner und seine Überführung ins Freiburger Gefängnis. Der erste einer Kette von 2002 Tagen Haft hatte begonnen. Dort sitzt er monatelang, einsam und verlassen, bis man ihn am 16. März zur Einlieferung in das KZ Sachsenhausen abholt. Das alles geschieht ohne Gerichtsverhandlung! Der Neu-KZler erhielt nun die Nummer 17520. Seine Persönlichkeit, ja seine Menschenwürde werden ausgelöscht. Er wird zum rechtlosen Objekt der SS-Willkür. Es folgte 1940 die Überführung in das KZ Dachau, gerade zu der Zeit, als in Münster sein Kursus zum Priester geweiht wurde. Ein bitteres Gefühl für Karl, der sich so sehnsüchtig nach dem Priestersein gesehnt hatte. Nun aber sind ihm Fesseln angelegt, damit er selbst zur Opfergabe für Gott werde.

In Dachau erhält er die neue Nummer 22356 und wohnt in Block 28, Stube 1. «Wie Gold im Feuer geläutert wird, so muss auch er durch das Feuer der Prüfungen», schreibt sein Biograph zur Erläuterung der Titelwahl seiner Leisner-Vita[57].

Wie Leidensgefährten bezeugen, leuchtete schon etwas von dem Gold auf in der gelösten Art, wie der Häftling Karl Leisner sein bitteres Schicksal trug. Er behielt auch das innere Gleichgewicht, als sich sein altes Lungenleiden wieder bemerkbar machte, und das wahrscheinlich aufgrund der Tatsache, dass das Lager Dachau auf einem trockengelegten ehemaligen Sumpfgebiet aufgebaut wurde und aufgrund der himmelschreienden hygienischen Verhältnisse und brutalen Behandlung der Häftlinge. Er muss ins Revier, ein gefürchteter Platz wegen seiner Enge und unhygienischen Verhältnisse. Als dann im September 1944 der französische Bischof von Clermont-Ferrand, Msgr. Gabriel Piguet, ins KZ Dachau verlegt wird, kam dem ebenfalls inhaftierten Jesuit P. Pies, der den Diakon Karl Leisner besonders liebevoll betreute, eine kühne Idee, nämlich seinen Pflegling im KZ zum Priester weihen zu lassen, wo jetzt ein Bischof unter ihnen weilte. Wäre das nicht ein großartiger Sieg über das gottwidrige Nazisystem?

Der gefangene Bischof willigte unter der Bedingung ein, dass Heimat- und Ortsbischof des Kandidaten ihre Zustimmung geben und die Weihe würdig und vor allem gültig durchgeführt werden könne. So begannen im geheimen die Vorbereitungen auf eine einmalige Priesterweihe und Primiz in der Hölle eines KZ, die mit größter Vorsicht und Diskretion durchgeführt werden mussten. Fast wäre das kühne Unternehmen noch im letzten Augenblick vor der Verwirklichung geplatzt, da der Briefzensur das Wort «Primiz» aufgefallen war, das ein unvorsichtiger Schreiber benutzt hatte aus Freude über das großartige Ereignis, das er auch seinen Angehörigen mitteilen wollte. Der zum Lagerkommandanten zitierte Lagerdekan konnte diesen mit dem Hinweis, es handle sich dabei um eine «religiöse Praktik» zufrieden stellen.

Am 3. Adventssonntag, dem Sonntag «Gaudete», 1944 war es dann so weit. P. Pies holte den bereits vom Tod gezeichneten Weihekandidaten im Revier ab. Über seine gestreifte Kleidung legte er die Albe an, der Bischof die ins Lager geschmuggelten Paramente ebenfalls über seine Sträflingskleidung, und in der kleinen Lagerkapelle konnte die heilige Handlung beginnen. Karl überstand alles gut, sein Herz jubelte vor Freude über das ihm so unerwartet zuteil gewordene Geschenk der heiligen Priesterweihe. Es folgten noch bittere Wochen bis zur Befreiung durch vorrückende amerikanische Soldaten am 29. April 1945. Am 4. Mai gelingt es P. Pies und dem Pfarrer von Dachau, Karl Leisner aus dem wegen Typhus unter Quarantäne stehenden Lager wegzuholen. Man brachte ihn ins Sanatorium nach Planegg, wo ihn eine liebevolle Pflege von Schwestern und Ärzten erwartete. Der körperliche Verfall Leisners war aber schon so weit fortgeschritten, dass der Tod nur hinausgezögert werden konnte. Er feierte seine einzige Primizmesse im Krankenzimmer und durfte Vater, Mutter und seine Geschwister noch einmal sehen. Sein Leidensweg endete am 12. August 1945. Der Leichnam wurde in die Heimat überführt und später im Dom St. Viktor in Xanten beigesetzt.

Karl Leisners im Leid geläuterte Seele vermochte jenen Akt der Feindesliebe zu vollziehen in Nachahmung seines Meisters, aber auch eines Stephanus und einer Maria Goretti, mit dem er seine Tagebucheintragungen beschließt: «Segne auch, Höchster, meine Feinde!»

Die Sendung eines heiligmäßig vollendeten Lebens reicht über den Tod hinaus. Und das Leben eines Martyrers – und als solcher darf man Karl Leisner bezeichnen –, war immer schon eine kostbare Saat für das Wachstum der Kirche. Marianisch geprägt durch Exerzitien, die Karl 1933 in Schönstatt macht, findet er nicht nur den Weg zum Jugendapostolat, sondern auch zu einer ganz tiefen Beziehung zu Christus, was eine Tagebuchnotiz aus dem Jahr 1934 bezeugt: «Christus, du bist meine Leidenschaft. Heil!»

Sein Jugendapostolat führte ihn 1935 auch zur Begegnung mit Ludwig Wolker, dem er bescheinigt, ihm einen «großen, neuen Blick in die Zeit, in unser Jugendreich, für die Wegbereitung Christi hinein in unsere Zeit für unser deutsches Volk» vermittelt zu haben[58]. «Wir müssen dienen; Christus den Jungen künden»[59] ist sein Leitspruch. Und dann jene Bereitschaft, die Gott ihm abfordern wird: «Das Leben zu opfern muss ich bereit sein»[60].

In einer seiner letzten Tagebucheintragungen vom Juni 1945, in der wiedergewonnenen Freiheit, bringt Karl Leisner in einer Zukunftsvision die europäische Dimension seiner Sendung zum Ausdruck: «Nur eins! Du armes Europa, zurück zu deinem Herrn Jesus Christus! (Dort ist deine Quelle für das Schönste, was du trägst.) Zurück zu den frischen Quellen der göttlichen, wahren Kraft! Heiland, lass mich ein wenig dir dabei Instrument sein, oh, ich flehe dich an!»[61]

Sel. Marcel Callo (1921-1945)[62]

Der Europagedanke hat in der Jugendbewegung keine große Rolle gespielt. Das hing mit jenem verkrampften Nationalismus zusammen, der allem Ausländischen misstraute. Man wanderte im Inland, doch selten über die Landesgrenzen hinaus. Selbst das deutsche Pfadfindertum vermochte hierin keinen Wandel zu vollziehen.

Es bedurfte zweier Weltkriege mit all den furchtbaren Folgen von Tod und Zerstörung, um endlich und hoffentlich endgültig den Teufelskreis von Hass und Gewalt zu durchbrechen. Zu diesem Dienst der Völkerversöhnung in Europa gehört das Wachhalten des Gedenkens aller Opfer des Naziregimes, hier des jungen Franzosen und CAJler Marcel Callo, der im KZ Mauthausen in Österreich umkam.

Marcel Callo wurde 1921 im bretonischen Rennes als zweites von neun Kindern einer religiös vorbildlichen Arbeiterfamilie geboren. Aus dem fröhlichen, sportbegeisterten und unternehmungslustigen Jungen ging ein Ministrant und Pfadfinder hervor. Als dreizehnjähriger begann er die Druckerlehre, mit 15 Jahren wurde er Mitglied der J. O. C. (Jeunesse Ouvrière Chrétienne), der französischen CAJ.

1943 verpflichtete die deutsche Besatzungsmacht den 22jährigen Typographen zum Arbeitsdienst als Zwangsarbeiter im thüringischen Zella-Mehlis. Da den Zwangsarbeitern keine französischen Priester zur Verfügung standen, gab der damalige Kardinal Suhard von Paris der J. O. C. den Auftrag: «Die Kirche zählt auf eure Hilfe.» Marcel nahm den Auftrag, Laienapostel zu sein, so ernst, dass man ihn schon bald als «zu katholisch» ins KZ Flossenburg und später in die Hölle von Mauthausen deportierte. Dort starb der um seines Glaubens willen zu barbarischer Sklavenarbeit in einer unterirdischen Messerschmittfabrik Verurteilte, erst 24jährig, am 19. März 1945, an Erschöpfung.

«Ich gehe nicht als Arbeiter, sondern als Missionar»[63], verabschiedete sich Marcel Callo von seinen Angehörigen 1943. «In Reinheit, Frohsinn und in der Bereitschaft zum Kampf will ich die christliche Arbeiterjugend führen.

Mit einem Herzen, das sich in der Liebe zum Mitmenschen verzehrt, suche ich die jungen Christen zu gewinnen.»

Der selige Marcel Callo (1921-1945)
Marcel Callo, Mitglied der christlichen Arbeiterjugend Frankreichs, von der deutschen Besatzungsmacht deportiert, Arbeitssklave in einer unterirdischen Messerschmidtfabrik. Weil er nicht aufhörte, seine Arbeitskameraden für Christus zu begeistern, starb er als Märtyrer im österreichischen Konzentrationslager Mauthausen. Am 4. Oktober 1987 hat ihn Papst Johannes Paul II. seliggesprochen als Vorbild und Patron der europäischen Jugend.

Marcel war im guten Sinne Laienaktivist. Er opferte die letzte freie Minute für die ihm anvertraute Sektion der CAJ, aber nicht, um Freizeit zu gestalten als Selbstzweck, sondern um junge Menschen an die Quellen des Glaubens durch Einkehrtage, Exerzitien und Anbetungsstunden zu führen. Mit heiligem Eifer mühte er sich, die Mitglieder der CAJ zur Osterbeichte zu bewegen. Mit dem Motto «Freunde der J. O. C., wir müssen mit Christus verbunden sein, ihn und sein Evangelium ins Leben hineinstellen», überzeugte er seine Sektion zur Gründung einer sogenannten Kommunionkette, in der jeden Morgen einige Mitglieder für die anderen in der heiligen Eucharistie den Segen Gottes erflehten.

In der Zwangsarbeit setzte er dieses Apostolat mutig fort: er wachte neben dem Strohsack der Schwerkranken, organisierte den Gottesdienst und hielt in der Heiligen Messe anstelle des deutschen Pfarrers, der kein Französisch sprach, die religiöse Unterweisung. Ein Mitgefangener aus dem KZ Mauthausen berichtet: «Marcel hatte stets ein gutes Wort für jeden. Wie oft hat er, selbst nur noch ein Skelett, mir noch seine Suppe verschenkt!»

Marcel Callo schöpfte die Kraft für sein Martyrium aus drei Quellen: aus der hl. Messe und der hl. Kommunion, aus der Weihe an Christus den König, und aus jener Weihe an die Gottesmutter. Daher seine Übung, alle vierzehn Tage zu beichten und sich darauf in der täglichen Gewissenserforschung vorzubereiten; jeden Sonntag zu kommunizieren, oft auch werktags vor der Arbeit, als er noch in Freiheit lebte. «Kommunion, unermessliche Freude»[64], ist das letzte von ihm überlieferte Wort.

Eine weitere Kraftquelle war für Marcel der tägliche Rosenkranz. So reifte er zum Holocaust seines Lebens heran, zum Ganzopfer für Christus, wovon seine Worte Zeugnis geben: «Es ist das Leid, das uns formt. Im Kreuz allein baut man etwas Großes und Dauerhaftes auf. Ich danke dem Herrn, der mich auf den Weg der Deportation geführt hat. Was gibt es da für herrliche Tagwerke aufzuopfern! Wie ist es tröstlich und ermutigend zu leiden für jene, die man liebt!»

Marcel Callo wäre gern Pfadfinderführer geworden. Doch sein Jugendseelsorger überredete ihn, der damals noch jungen J. O. C. beizutreten, um sich der jungen Arbeiter anzunehmen.

Die «Weisse Rose»
und der ausserkirchliche Widerstand

Aus katholischen Bünden und Vereinen ging das Gros des Widerstandes gegen die atheistische und unmenschliche Hitlerdiktatur hervor. Deshalb traf auch sie die Überwachung und Verfolgung durch die Gestapo am härtesten. Auch die «Weisse Rose», das Losungswort einer Studentengruppe, die sich um das Geschwisterpaar Hans und Sophie Scholl aus Ulm bildete, ist ein Teil des Widerstandes gläubiger Jugend. Die katholischen Mädchenvereinigungen im süddeutschen Raum trugen als Erkennungszeichen eine weisse Rose, und ihre Verbandszeitschrift erschien ebenfalls unter dem Titel «Weisse Rose»[65].

Die evangelische Familie Scholl bezog die Zeitschrift der Sturmschar «Junge Front», die in ihrer antinationalsozialistischen Haltung hervortrat[66]. Vater Scholl, als Bürgermeister tätig, misstraute den Nazis von Anfang an und machte auch aus seiner Einstellung keinen Hehl. So fanden die Kinder daheim jenen Nährboden, der aus ihnen Kämpfer für Recht und Freiheit des deutschen Volkes formte. Jene unbeugsame Festigkeit, dem braunen Ungeist zu widerstehen, drückte Hans Scholl mit den Worten aus: «Reisst uns das Herz aus dem Leibe – und ihr werdet euch tödlich daran verbrennen»[67].

Der katholische Willi Graf, der aus Saarbrücken kam und an der Uni in München Medizin studierte, entstammte dem im Saarland gegründeten und stark politisch motivierten Freundeskreis «Grauer Orden», welcher der «Deutschmeister-Jungenschaft» (DMJ) verbunden war, die wiederum ein Zusammenschluss von «Quickborn-Jungenschaft», «Jungenschaft der Normannsteiner» und «Kreuzfahrer» war.

Am 18. Februar 1943 brach über das Geschwisterpaar Hans und Sophie Scholl das Verhängnis herein: Während sie Flugblätter in der Uni von München auslegten, beobachtete sie der Hausmeister, verschloss alle Türen der Universität und benachrichtigte die Gestapo. Das Verhängnis nahm nun seinen schnellen Lauf: Der Präsident des Volksgerichtshofs in Berlin, Dr. Freisler, eilte eigens herbei, um die Gerichtsverhandlung sofort einzuleiten. Mit ihnen stand der Student Christoph Probst vor Gericht, das bereits am 22. Februar die Todesstrafe über sie verhängte, die durch das Fallbeil ausgeführt wurde. Danach folgten noch weitere mit der «Weissen Rose» zusammenhängende Gerichtsverhandlungen mit Todesurteilen.

Mit Würde und Ergebenheit gingen diese jungen Deutschen in den Tod, getragen von der Überzeugung, eine Sendung für ihr Volk übernommen zu haben, aber auch aus der religiösen Überzeugung von einem Fortleben nach dem Tode, so dass sie selbst die Gestapo mit ihrer Haltung beeindruckten. Sie verdienen es, dass wir ihr Andenken lebendig erhalten, wie es schon bei der Namengebung vieler Schulen geschehen ist. Aber auch der ausserkonfessionelle Widerstand deutscher Jugend gegen das Unrecht-Regime soll nicht vergessen werden. Die Akten der Stapo in Düsseldorf haben 28 solcher «Piratengruppen» mit insgesamt 739 Jugendlichen nach dem Krieg an den Tag befördert. Sie nannten sich «Edelweisspiraten», «Kittelbachpiraten», «Nerother Wandervogel» und «Swing-Jugend».

Dennoch bleibt das Urteil von Arno Klönne, einem der bedeutendsten Erforscher der Jugendbewegung, bestehen: «Die sperrigste und hartnäckigste Barriere, auf die der Monopolanspruch der HJ im Feld der herkömmlichen Jugendverbände stiess, ergab sich aus der traditionellen Stärke und Fortführung katholischer Jugendbewegung und Jugendarbeit nach 1933» (Zitat, entnommen dem lesenswerten Buch «Jugend im Dritten Reich. Die Hitlerjugend und ihre Gegner»)[68].

Doch wäre die Wahrheit unvollständig, wenn man nicht auch von den Schwächen spräche, die zumal am Anfang des Regimes zu einer gewissen Appeasement-Haltung führten und – verleitet durch den Konkordatsabschluss – selbst einen «General» mit falschen Erwartungen erfüllten, so dass er später, einsichtig geworden, erklärte, «dass auch ein General sich mal im Gelände verirren könne»[69].

Viel peinlicher war schon der Ausrutscher, den sich der Generalsekretär des Kolpingwerkes, Dr. Nattermann[70], leistete, der Hitler zum «Ersten deutschen Gesellentag» im Juni 1933 nach München einlud. Hitler schickte seinen Vizekanzler von Papen. Dieses würdelose Anbiedern hat dem Kolpingswerk nur geschadet. Ähnliche Versuche der Annäherung an die Hitlerjugend unternahm Neudeutschland, um seinen Fortbestand zu sichern. Doch auch dieses Unternehmen scheiterte kläglich.

Adolf Hitler ist als «Saubermann» der Nation angetreten und als ihr Totengräber abgetreten. Wenn er versprach, eine «saubere Jugend» heranzubilden, so meinte er eine «kriegstüchtige» deutsche Jugend, die er zuletzt als «Kanonenfutter» auf den Schlachtfeldern des Zweiten Weltkrieges opferte, bevor er selbst den feigen Freitod wählte.[71]

Hans und Sophie Scholl und Christoph Probst (v.l.n.r.)

Weisse Rose
Der Widerstand gegen das antichristliche Hitlerregime hat auch die Christen einander nähergebracht. Unser Bild zeigt die evangelischen Geschwister Hans und Sophie Scholl (mit dem Erkennungszeichen der katholischen Mädchenvereinigungen, einer weissen Rose) und Christoph Probst vom Freundeskreis der «Weissen Rose» an der Universität München. Von Hans Scholl stammt das Wort: «Reisst uns das Herz aus dem Leibe – und Ihr werdet Euch tödlich daran verbrennen!» Am 22. Februar 1943 wurden Hans und Sophie Scholl und Christoph Probst durch das Fallbeil hingerichtet.

Der Umstand, dass es den Nationalsozialisten möglich war, unter friedensmäßigen Bedingungen, «nur» sechs Jahre lang – von 1933 bis 1939, das Volk zu indoktrinieren, hat wohl wesentlich dazu beigetragen, dass ihnen der entscheidende Durchbruch nicht gelang. Denn ein Volk lässt sich nicht einfach von Fanatikern übertölpeln, zumal wenn der Bildungsstand tiefe und gesunde Wurzeln in Religion und Kultur aufzuweisen hat. Was die Jugend betrifft, so erstreckt sich meine persönliche bewusste Erfahrung als Teenager auf die Kriegsjahre 1939-1944, also vom 13.-18. Lebensjahr. Meine Schulkameraden, die fast alle im katholischen Milieu aufwuchsen, fühlten sich – ohne dies ausdrücklich zu bekennen – als Gesinnungsgemeinschaft, die den hitlerischen Zwang zwar hinnahm, aber sich ihm gesinnungsmäßig nicht unterwarf.

Der Ansatz, einen Schlageter-Kult zu entwickeln, indem man versuchte, den als Saboteur von den Franzosen im Ruhrgebiet erschossenen deutschen Offizier der Jugend als Vorbild herauszustellen, fand ebenso wenig Begeisterung wie die Glorifizierung der Langemarckhelden, Regimenter junger Kriegsfreiwilliger, die 1914 bei diesem belgischen Ort in einem verfehlten Sturmangriff fielen. Wie stark dieser antinationalsozialistische interne Konsens war, zeigte sich daran, dass ich mich nicht erinnern kann, einen meiner Klassenkameraden jemals in Hitler-Jugend-Uniform gesehen zu haben.

Später, als wir Flakhelfer wurden, kamen wir schnell überein, die Hitlerjugendarmbinde, die wir am Ärmel unserer Flakuniform tragen sollten, nicht – wie befohlen – anzunähen, sondern mit Druckknöpfen zu versehen, so dass wir die Binde nach Verlassen der Flakstellung abstreifen und nach der Rückkehr wieder anlegen konnten. Nach einem kurzfristigen Aufenthalt 1944 in einem RAD-Lager (Reichs-Arbeits-Dienst) sangen wir nach unserer Entlassung in Zivil vor der Lagerschranke Spottlieder auf den Reichsarbeitsdienst. Kirchliche Gesinnung brachte mich schließlich in Konflikt mit der Gestapo, was mich aber nicht davon abbrachte, den geheimen Treff in der Wohnung eines Kaplans zu besuchen und als Luftwaffenhelfer in den Barackenräumen Kreuze aufzuhängen, bis die Einberufung zur Wehrmacht im Juli 1944, dem Monat des Offiziersputsches gegen Hitler, allen Aktivitäten ein vorläufiges Ende setzte.

1.4 Als Kripo und Gestapo uns auflauerten

Ein Stück Erlebnisbericht aus der Jugendzeit des Autors

Es war im Kriegsjahr 1942. Damals war ich Pennäler und sechzehn Jahre alt. Unter meinen Schulkameraden gab es nur wenige, die in Jungvolk oder Hitlerjugend aktiv mitmachten; die meisten erfüllten die sogenannte «freiwillige Pflicht», um nicht von der Schule zu fliegen. Ich selbst sperrte mich von Anfang an dem militärisch aufgezogenen Hitlerjugenddienst, der regelmäßig auf einen Wochentagnachmittag angesetzt war und manchmal auch an Sonntagen, um uns am Gottesdienstbesuch zu hindern.

Obwohl unentschuldigtes Fernbleiben vom «Dienst» zu einer Nachfrage bei den Eltern führte, drückte ich mich doch öfters vorm «Appell» und vertrieb mir die Zeit irgendwo in Wald und Feld, um nicht gesehen zu werden. Auch weigerte ich mich hartnäckig, eine Uniform zu tragen.

Damals lernte ich Jugendliche kennen, die so dachten wie ich und mit denen ich sogleich Freundschaft schloss. Es geschah in einem Schwesternhaus in Bonn, wo wir uns zu einem Einkehrtag, den ein Pater leitete, trafen. Ich blieb mit meinen neuen Freunden in Briefkontakt. Gleichzeitig suchte ich im Heimatort eine Gruppe Gleichgesinnter zu gründen. Ich tat dies durch Briefkontakte, denn ich wagte es nicht, Jugendliche direkt anzusprechen. Natürlich wählte ich nur solche aus, denen ich wegen ihrer katholischen Gesinnung trauen konnte, wobei als Kennzeichen das Elternhaus eine wichtige Rolle spielte.

Die Priester in unseren Gemeinden wussten davon. Sie mussten sich jedoch zurückhalten, weil eine direkte Mitwirkung sie leicht ins KZ hätte bringen können. Wir versammelten uns im Pfortenzimmer eines Klosters, in dem wir geduldet wurden.

Dort konnten wir frei unsere Gedanken austauschen; dort trafen wir uns auch mit Freunden von auswärts, die uns gelegentlich besuchten. Manchmal fühlten wir uns mächtig stark und ließen leichtsinnigerweise unserer Singlust freien Lauf. Keiner unter uns lernte noch die Jungschar oder einen anderen kath. Bund vor seiner Auflösung durch die Kripo kennen. Doch Liederbücher besaßen wir noch aus jener Zeit.

Der jährliche Höhepunkt war für uns der Bekenntnistag am Dreifaltigkeitssonntag. Das war wie eine Heerschau katholischer Jugend, die sich im Schutz der Kirchenmauern versammelte, um sich zu Christus und seiner Kirche zu bekennen und denen da «draussen» anzuzeigen: Wir sind noch da – und wir sind nicht unterzukriegen! Der Bekenntnistag war eine wichtige Stütze für uns alle. Das staatlich genehmigte «Kirchenlied» ließ uns die von seiten der staatlichen Textprüfer nicht erkannte Möglichkeit, unserer Gesinnung Ausdruck zu verleihen, wie der sehr kämpferisch verfasste Text:

> *Komm her, des Königs Aufgebot,*
> *die seine Fahne fassen,*
> *dass freudig wir in Drang und Not*
> *sein Lob erschallen lassen!*
> *Er hat uns seiner Wahrheit Schatz*
> *zu wahren anvertrauet.*
> *Für ihn wir treten auf den Platz;*
> *und wo's den Herzen grauet:*
> *zum König aufgeschauet!*
> *Ob auch der Feind mit großem Trutz*
> *und mancher List will stürmen,*
> *wir haben Ruh und sichern Schutz*
> *durch Seines Armes Schirmen...*

Aber auch andere Liedtexte hatten es in sich: «Uns rufet die Stunde» z.B. und «Das Banner ist dem Herrn geweiht». Wir haben sie an den Bekenntnistagen erst einüben müssen, weil es keine andere Möglichkeiten gab. Wir haben unsere «Kampf»-Lieder begeistert gesungen. Das waren eben unsere Überzeugungslieder und nicht das Liedgut der Nazijugend, dessen Absingen uns aufgezwungen wurde.

Was sich in unserem Innern mit einem solchen Fest verband, kann heute kaum jemand nachfühlen, der es nicht miterlebt hat.

Die Begeisterung und das prickelnde Gefühl, im Untergrund gegen den «Feind» kämpfen zu können, spornten zu weiteren Aktivitäten an. Auf dem Speicher meines Elternhauses entdeckte ich eines Tages eine alte, verstaubte und angerostete Schreibmaschine, die in Vorkriegszeiten einem Schäferhundverein gehörte, dem mein Vater vorstand. Ich besorgte mir Papier und begann mit einer Aufrufkampagne. Die vervielfältigten Texte steckte ich am Morgen im Gymnasium meinen Freunden durch die Ritzen der Schulbänke zu. Bei der Abfassung der Texte war ich nicht gerade behutsam. Kämpferische Texte aus «Kirchenlied» oder Heiliger Schrift setzte ich gern an den Anfang. Dazu eigneten sich vor allem solche wie aus dem 1. Petrusbrief 5,8: «Seid nüchtern und wachsam! Euer Widersacher, der Teufel, geht wie ein brüllender Löwe umher und sucht, wen er verschlingen kann. Leistet ihm Widerstand in der Kraft des Glaubens».

Heute weiss ich natürlich nicht mehr, wieviele solcher Aufrufe zur Verteilung kamen. Das Verhängnis aber war, dass eines von diesen Schreiben vermutlich in die Hände eines Studienrates geriet, der durch das Tragen des Parteiabzeichens auffiel und wohl auch von der Partei als Spitzel eingesetzt war, um den Schulbetrieb zu kontrollieren. Davon erfuhr ich aber erst nach dem Krieg.

Eines Tages, als wir wieder zusammengekommen waren und auch auswärtige Freunde unter uns weilten, war die Stimmung recht gut, ja zuweilen geradezu ausgelassen. Aus geöffneten Fenstern schallten unsere Kampflieder. Nachher räumte ich auf, verließ mit unseren Gästen als letzter den Raum, und wollte diese noch zum Bahnhof begleiten. Kaum waren wir draussen, da kamen uns von der gegenüberliegenden Straßenseite zwei Männer entgegen. Sie zeigten ihre Erkennungsmarken und sagten nur kurz: «Kriminalpolizei». Dann begannen sie, uns über unser Treffen auszufragen. Sie notierten sich alles und ließen uns schließlich wissen, dass wir noch von ihnen hören würden.

Da in den darauffolgenden Tagen nichts geschah, verflog die anfängliche Angst sehr schnell. Doch dann kam die Einladung ins Rathaus. Ich aber reagierte nicht darauf, sondern fuhr – wie geplant – in Ferien aufs Land.

Kurz nach Beginn des neuen Schuljahres wurde ich während des Unterrichtes vom Hausmeister aus der Klasse gerufen. Ich folgte ihm zum Direktorzimmer. Dort wartete ein Polizist, dem mich der Direktor übergab. Der uniformierte Ordnungshüter brachte mich aufs Rathaus. Man führte mich in ein Zimmer, wo zwei Gestapo-Leute auf mich warteten. Es wurde mir ein Platz zugewiesen, und dann begann das Verhör, das der eine Beamte auf und ab gehend vornahm, während ein anderer, der an einem Tisch saß, alles in eine Schreibmaschine tippte.

Jedesmal, wenn der untersuchende Beamte eine Frage an mich richtete, blieb er stehen und brüllte mich an. Dabei suchte er anhand des Schreibens, das er mir unter die Nase hielt, um es von mir als Autor bestätigt zu erhalten, Satz für Satz vorlesend meine Erklärung zu dessen Inhalt. Der aggressive Ton des Verhörers reizte mich schließlich zu einer Attacke: Der Staat habe das Konkordat mit der Kirche gebrochen und entferne die Kreuze aus den Schulen... Für einen Augenblick herrschte lähmende Stille. Dann das wütende «Hinaus!!», das die gespannte Atmosphäre entlud.

Es folgte die Überführung ins Gefängnis. Dort teilte ich die verlauste Zelle mit einem Polen. Schon am folgenden Morgen wurde ich von einem der Beamten wortlos abgeholt, zum Bahnhof gebracht und mit dem Zug in die Gestapozentrale gebracht, wo man mich in einen engen Kellerraum einsperrte. Es gab in diesem unterirdischen Raum nur eine Holzpritsche mit einer feuchten Wolldecke und Toiletteneimer. Da es schon Herbst war, litt ich unter der Kälte und fand keinen Schlaf. Nur den Rosenkranz und ein kleines Gebetbuch, das mir meine Mutter in einem kleinen Koffer hatte zukommen lassen, durfte ich behalten.

Aber schon nach wenigen Tagen wurde ich entlassen. Einen Grund dafür gab man mir nicht an. Vielleicht aber geschah es wegen der schlechten Kriegslage und der Angst vor Schäden an der «Heimatfront». Es fehlte aber nicht an Drohungen, die mich vor weiteren Aktionen warnen sollten. Dabei verwies man vor allem auf die Absicht, mich einer Zwangserziehung zu unterstellen, da meine Eltern mich falsch beeinflussen und nicht im Geiste des Nationalsozialismus erzögen. Man müsste mich eigentlich ihrem Einfluss entziehen!

Die Schlussphase des Krieges habe ich als Soldat und Kriegsgefangener erlebt. Nach meiner Rückkehr in die Heimat im Mai 1946 begann ich sogleich mit dem Neuaufbau katholischer Jugendarbeit in meiner Pfarrgemeinde. Es war damals ein schöner Neubeginn, so ganz aus dem Glauben und der Begeisterung für Christi Reich!

Verführte Jugend

Als bei dumpfem Trommelschlag
in gleichem Schritt und Tritt,
junguniformierte braune Hemden
den Standarten folgten mit frechem Blick:
Da hatte man sie zu Marionetten gemacht,
die einst gewandert und fröhlich gelacht.

Als sie das Heil dem Hitler schenkten,
Arme und Hände steif verrenkten
zum Gruß dem Dämon,
den sie Führer nannten:
Da sangen sie des Hasses Hymne,
dem Moloch und Mörder von Frauen und Kindern.

Dann, als der Terror sank ins Grab
und nur noch Kreuze ihre Namen trugen,
lagen Städte in Trümmern –
da waren die Lippen verstummt:
Und unsagbares Elend schlich auf den Straßen,
im müden Schritt und Tritt ohne Fanfaren!

Der Ungeist stirbt nicht,
er wandelt nur sein Gesicht,
wie die Jugend, die ihm heute verfällt,
jenem dämonischen Tanz:
musikverrückt, vom Irrsinn gedopt –
und was kommt dann,
wenn sie auch daran zerbricht?

II.
Neuanfang nach dem Zusammenbruch des Dritten Reiches bis zur Gründung des BDKJ in Hardehausen 1947

«Wehe den Völkern, wenn eines Tages in ihrer Jugend das Feuer des Glaubens, der Ideale, der Opferwilligkeit, der einsatzbereiten Hingabe erlischt» (Aus einer Ansprache Pius XII. 1947).
In seiner ersten Nachkriegsansprache an das Kardinal-Kollegium am 2. Juni 1945 sagte Pius XII.:
«In Europa ist der Krieg zu Ende; aber welche Wunden hat er geschlagen... Ihr seht die Hinterlassenschaft eines Staatsbegriffs und einer staatlichen Betätigung, die den heiligsten Gefühlen der Menschheit in keiner Weise Rechnung trägt und die unverletzlichen Grundsätze des christlichen Glaubens mit Füßen tritt. Entsetzt betrachtet heute die ganze Welt den Zusammenbruch, der daraus erwachsen ist.»

Der Papst kommt auch auf den Konkordatsabschluss mit dem Dritten Reich zu sprechen:

«Im Frühjahr 1933 ersuchte die deutsche Regierung den Heiligen Stuhl um den Abschluss eines Konkordates mit dem Reich. Der Gedanke fand die Zustimmung auch des Episkopates und wenigstens des größeren Teiles der deutschen Katholiken. Tatsächlich schienen weder die mit einzelnen Ländern bereits abgeschlossenen Sonderkonkordate noch die Weimarer Verfassung ihnen genügend Sicherung und Gewähr zu bieten für die Achtung ihrer Überzeugungen, ihres Glaubens, ihrer Rechte und ihrer Betätigungsfreiheit. Unter solchen Umständen konnten diese Sicherungen nur erreicht werden durch eine Abmachung mit der Reichsregierung in der feierlichen Form eines Konkordates. Da zudem sie selbst den Vorschlag gemacht hatte, wäre im Falle der Ablehnung die Verantwortung für alle üblen Folgen auf den Heiligen Stuhl zurückgefallen»[72].

Rom war wohl damals auch etwas in Bedrängnis geraten wegen dieser Abmachung, aber abgesehen davon, dass Hitler sie nicht eingehalten hat – deutliches Indiz seiner Betrugsbereitschaft – hat Rom ihm stets misstraut, was ja dann schließlich 1937 zur Abfassung der Antinazi-Enzyklika «Mit brennender Sorge» führte.

Das verwüstete und ausgeblutete Deutschland, in Zonen zerrissen, musste nach Kriegsende zunächst um sein Überleben kämpfen. Auch die Kirche stand vor Ruinen jeglicher Art, die zuerst beseitigt werden mussten, um mit dem Wiederaufbau beginnen zu können. Gewiss, sie konnte auf die Hilfe der treu gebliebenen recht zahlreichen Katholiken bauen, für die das Ende der Nazi-Herrschaft nicht weniger Befreiung bedeutete als für die unterdrückten Fremdvölker.

Der Aufbruch in der Jugendarbeit kam allerdings nur schleppend voran, was verschiedene Gründe hatte: zunächst die Angst vor der von den Nazis als letztes Kampfpotential deklarierte Formation des «Wehrwolf». Die Besatzungsmächte brachten ein von der eigenen Propaganda verzeichnetes Bild *der* deutschen Jugend mit nach Deutschland. Es gab für sie nur das «Nazi-Baby», und weil Militärs nun einmal geneigt sind, uniform zu denken, misstrauten sie anfangs allen Ansätzen zur Gruppen- und Verbandsbildung.

Den Bischöfen lag die Wiederaufnahme einer geordneten Allgemeinseelsorge näher als die Problematik der Wiederbelebung der Bünde, die sie eigentlich nie so recht in die Gesamtpastoral einzuordnen wussten. So genügte ihnen zunächst die Fortsetzung der durch die Nazis erzwungenen Beschränkungen der Jugendarbeit als seelsorgerische Betreuung.

Sie behielten so alles unter ihrer Kontrolle. Aus meinem eigenen Erleben heraus, das mich nach Entlassung aus der Kriegsgefangenschaft 1946 mit der Pfarrjugend meiner Heimatpfarrei zusammenführte und am Gruppenaufbau teilnehmen ließ, ist mir auch heute noch gut in Erinnerung, wie schwierig es war, nicht etwa Kinder und Jugendliche für eine Gruppenarbeit zu gewinnen, sondern das nötige Rüstzeug für die Jugendarbeit zu organisieren. Schon ein paar Tage Lager scheiterten fast an der Proviantfrage.

Die Kluft-Frage stellte sich wegen der ernsten Versorgungslage überhaupt nicht. Das Gefühl wiedergewonnener Freiheit erleichterte den Verzicht auf so manches bündische Erbe, das allerdings schon meine Generation nicht mehr in seiner ganzen Fülle und Buntheit kennengelernt hatte.

Der Wimpel war der Stolz der pfarrlich organisierten Jugendgruppe; eine Laute oder eine Klampfe, ein paar Liederbücher – mehr brauchte man nicht. Später kam noch das Bronzekreuzchen zum Anstecken für die Jüngeren und das Silberkreuzchen für die Älteren hinzu. So fing man wieder an! Was wir anfangs sehr vermissten, war eine inspirierende und richtungsweisende Zeitschrift, wie sie den Älteren unter uns noch aus der Nazizeit bekannt war, z.b. «Am Scheideweg». Wenn auch der «Fährmann» 1946 in der französischen Besatzungszone erscheinen durfte, dauerte das Wiedererscheinen von «Wacht» und «Michael» bis 1948, obwohl doch diese Blätter auf sauberer Distanz zum Hitlerismus verharrten und sich dafür eine Menge Schikanen einhandelten. Das zögerliche Verhalten der Besatzungsmächte bei der Lizenzvergabe hatte wohl auch etwas mit der Papierknappheit zu tun – weshalb die Auflagenhöhen niedrig angesetzt waren –, doch weit mehr mit der Sorge wegen der Verbreitung von Unmutsäusserungen, die bei der anfänglich schrecklichen Notlage gewiss nicht zu verhindern gewesen wären. Was aber erschien, wurde heisshungrig aufgenommen, auch wenn es auf schlechtem Papier gedruckt war.

Für die Nachkriegsentwicklung in der katholischen Jugendarbeit stehen mir zwei wichtige Quellen zur Verfügung, die schon öfter zitierte Buchveröffentlichung von Augustinus Reineke «Jugend zwischen Kreuz und Hakenkreuz», und die sich ausschließlich mit der Entwicklung in der Nachkriegszeit befassende Schrift von Martin Schwab «Kirchlich-Kritisch-Kämpferisch»[73]. Von beiden Autoren, von denen der eine (Reineke) Diözesanjugendpräses in Paderborn war und der andere (Schwab) Diözesanvorsitzender des BDKJ in Würzburg, favorisiere ich Reineke, was die Entwicklungsgeschichte des BDKJ betrifft, weil er in seiner Stellung als Hausherr und Gastgeber in der diözesanen Jugendbildungseinrichtung in Hardehausen an den Gründungssitzungen teilnahm und deshalb Erste-Hand-Mitteilungen veröffentlichen konnte. Seine glaubens- und kirchenzentrierte Einstellung, die für ihn als undiskutabler Bestandteil in kirchlicher Jugendarbeit nicht zur Disposition gestellt werden darf, hält ihn auf Distanz gegenüber allen bis heute anhaltenden Versuchen innerhalb und ausserhalb des BDKJ, mit dem harmlos klingenden Ausdruck «kritische

Distanz» die Jugend der Kirche zu entfremden und auf beständigen Kollisionskurs mit ihr zu trimmen.

Im Ringen um die Wiederherstellung katholischer Jugendarbeit in der wiedergewonnenen Freiheit gab es nach Schwab drei Möglichkeiten: «Wiederbelebung des Verbandswesens der Zeit vor 1933; Beibehaltung der Jugendarbeit aus der NS-Zeit; ein Kompromiss aus diesen beiden Möglichkeiten»[74].

Ein Trend, an dem maßgeblich Wolker, Neisinger und manch anderer Veteran aus der Kampfzeit beteiligt waren, zielte auf Beibehaltung der vom Hitlerstaat erzwungenen Zusammenführung in die Einheit der Bekenntnisgemeinschaft, die als «Sakristei-Christentum» wohl die Intensivierung und Konzentrierung auf das Wesentliche bedeutete, dennoch eine schmerzliche Verstümmelung des «Jugendreiches» beinhaltete. Sie ermöglichte zwar Elitebildung, war jedoch wenig geeignet, in das Gesamt der Jugend hineinzuwirken. Wolker, dem man keineswegs das Gespür für das Zeitgebotene absprechen kann, was ihn veranlasste, das Schwert des Michael und die Lanze von St. Jürg in den Mastbaum des Christophorus zu verwandeln, der Christus durch die reissende Flut der Zeit trägt als letzter Stützpunkt in dem Einkesselungsring staatlicher Verbote.

Ihm ist auch die Einrichtung der Bekenntnistage zu verdanken. Er glaubte, darin die Basis gefunden zu haben, die zumindest organisatorisch für die Nachkriegsentwicklung im Jugendbereich beibehalten werden müsse, womit er sowohl bei den meisten Bischöfen als auch diözesanen Führungskräften eine gute Resonanz fand, was allerdings nicht bedeutet, dass ihm alle auf diesem Weg zu folgen bereit waren. Widerstand kam vor allem aus den Reihen der wieder im Entstehen begriffenen Bünde wie Neudeutschland (ND), deren Gründer Pater Ludwig Esch SJ, vor allem aber sein Mitbruder P. Johannes Hirschmann SJ, energisch für die Beibehaltung des freien bündischen Zusammenschlusses plädierten[75].

Reineke kommentiert den Vorgang wie folgt: «P. Hirschmanns Argumentation wäre es wert gewesen, bei der Gründung des BDKJ mit bedacht zu werden»[76]. In diesem Zusammenhang «kam das böse Wort vom ‹Klerofaschismus› auf, nicht nur im Munde spitzzüngiger Jugendlicher», bemerkte Reineke[77].

Wenn es im Nachruf auf Ludwig Wolker heisst: «Mit letzter Kraft oft war er nach 1945 Wegweiser und Rufer zur Einheit der Katholischen Jugend Deutschlands. Der Bund der Deutschen Katholischen Jugend, 1947 in Hardehausen gegründet, wäre undenkbar ohne sein unermüdliches Planen, Überzeugen, Kämpfen und Schlichten»[78], so muss die Erreichung dieses Zieles ihm die «Ernte des Lebens» nach vielen mühevollen Jahren in der Jugendarbeit bedeutet haben. Doch fragt man sich – zumal aus heutiger Sicht – ob nicht die von Schwab angedeutete dritte Möglichkeit eines Kompromisses zwischen den Vertretern der Einheitsidee und der bündischen Vielfalt die bessere gewesen wäre.

Jedenfalls deutet der Vorwurf des «Klerofaschismus» in einer noch mit zahlreichen frischen Wunden vom Faschismus gezeichneten Gegenwart recht makaber auf den Wunsch und Willen hin, keine neue Einheit hinzunehmen, die von oben verordnet wird. Damals konnte man nicht wissen, dass es ein wichtiges Anliegen des Zweiten Vaticanum sein werde, die Stellung des Laien in der Kirche neu zu definieren und ihn nach Maßgabe des Rechtes aufgrund seiner Gliedschaft am Leib der Kirche zum verantwortungsvoll mitwirkenden Organ zu deklarieren[79].

Der sich im Laufe der Zeit in eine anmaßende Bürokratie der Funktionäre entwickelnde BDKJ hätte wohl kaum diese Entwicklung nehmen können, wenn ihm anstelle eines vergleichbaren Beamtenrechtes die freie Berufs- oder besser gesagt Berufungsausübung in seinen Führungskräften verblieben wäre, was dann auch bedeuten würde: Rückführung der Leitenden möglichst in die Ehrenamtlichkeit, denn diese war die Grundlage der Blüte des Jungmännerverbandes als auch des Jungfrauenverbandes!

Bei einer verfassungsmäßig frei organisierten Jugendarbeit wäre es auch nicht zu solch peinlichen wie ärgerlichen Blockaden gekommen, die neue und frei gegründete Bünde ständig dem Bannstrahl der BDKJ-Spitze aussetzten.

Gewisse Zitate sowohl bei Schwab, mehr noch bei Reineke lassen den Schluss zu, dass sie mit spürbarem Unbehagen die Entwicklung verfolgten. So schreibt Reineke: «Es ist zweifelsfrei: Wolker kam mit einem fertigen Konzept. Er erwies sich als der, der er immer war, als ‹der General›. Generalstabsmäßig ging er vor, Zug um Zug, griff an und nahm zurück. Leicht hatte er es nicht, aber in der ihm eigenen Art und mit dem ihm gegebenen Charme und Witz errang er die Zustimmung zu seinem Konzept... Eine große Rolle spielte auch die Zahl. ‹Wenn wir alle zusammenstehen, dann sind wir 750'000, der größte Jugendbund, den es in Deutschland gibt›, war ein beschwörendes Wort Wolkers. So gewann er die ‹Schlacht›, entstand der Bund der Deutschen Katholischen Jugend»[80].

Verwunderlich ist das Argument der «großen Zahl», wenn man bedenkt, dass Wolker 1946 in einer Rede nach einem Zitat bei Pahlke geäussert haben soll: «Lebendiges Christentum findet bei der Masse der Jugend keinen Boden mehr»[81]. Wie aber verträgt sich diese resignative Äusserung mit der optimistischen der großen Zahl? Hat sich hier der Nostalgiker gegen den sonst so nüchtern prognostizierenden Strategen durchgesetzt? Gewiss, in den ersten Jahren der Nachkriegszeit trug die Schockwirkung der durch die Nazis verursachten Katastrophe dazu bei, die Menschen wieder auf die wahren Werte des Lebens hinzulenken. Die Folgen des hochmütigen Aufstandes gegen Gott und die Kirche, gegen Recht und Sitte, hatten doch viele auch gerade unter den Verführten nachdenklich gemacht. Mit der Kirche war auch wieder die religiöse Erziehung der Jugend «in». So schien sich in den ersten Nachkriegsjahren die Prognose Wolkers zu erfüllen, eine wiedererwachende Begeisterung, die an die großen Verbandstage in Trier, Koblenz und Rom erinnerten und sich nun mit Städtenamen wie Dortmund, Stuttgart und Düsseldorf verbanden.

Zunächst ein kurzer Überblick über die Entwicklung, die 1945 mit der ersten Kontaktaufnahme von Bischöfen und beratenden Jugendseelsorgern begann, und mit der Gründung des BDKJ in Hardehausen 1947 die erste Etappe erreichte:

Es folgte eine längere Konferenz vom 6. bis 8. November 1945 in Bonn-Pützchen, auf der die Bischöfe der Kölner und Paderborner Kirchenprovinzen «Richtlinien für die kirchliche Jugendseelsorge und Jugendorganisation» aufstellten. Sie beginnen mit dem Hinweis: «Die kirchliche Jugendseelsorge soll gebaut und geführt werden nach den bischöflichen Richtlinien von 1936»[82]. Das bedeutet, was damals als kirchliche Forderungen an die kirchliche Jugendarbeit gestellt wurde, behält seine Gültigkeit: Das Erziehungsziel des vom Glauben geprägten Jungkatholiken. Danach folgt der entscheidende Grundsatz, um den später in Hardehausen 1947 so heftig gestritten und gerungen wurde: «Die ‹Katholische Jugend›, d.h. die Körperschaft der aktiven jungen Katholiken, soll aufgebaut und geführt werden als eine wohlgeordnete Einheit der Mannes- und Frauenjugend. Wir wünschen nicht ein Nebeneinander oder gar ein Gegeneinander verschiedener Verbände und Bünde. Es genügt auch nicht ein kartellmäßiger Zusammenschluss von in sich völlig selbständigen Verbänden und Bünden. Die Aufgabe der Kirche in der Gegenwart lässt vielmehr geboten erscheinen, die ‹Katholische Jugend› als eine organische Einheit und Körperschaft zu bilden, die dabei aber nach der Besonderheit der Aufgaben und aus der Freiheit des Gemeinschaftswillens der Jugend verschiedene eigenständige Gliederungen umfassen kann und soll.»

Die Forderung nach «Einheit» zieht sich als Leitgedanke durch die ganze Verlautbarung, der die «Vielfalt» unterzuordnen ist im Rahmen von Pfarrei und Diözese. Nun gab es aber früher schon Jugendgruppen, die sich einer Klostergemeinschaft anschlossen und von da aus auch spirituell betreut wurden. Sie galten auch im gewissen Sinne als Nachwuchsorganisationen, so wie der ND (Neudeutschland) von den Jesuiten als eine ihnen nahestehende Jugendorganisation betrachtet wurde, deren spirituelle Führung sie für sich beanspruchten. In meiner eigenen Jugend stand ich in Verbindung mit der «Franziskanischen Jugend», die meistens der jüngste Pater einer Franziskanerniederlassung leitete. Sie besaß eine bündische Struktur mit Kluft und Banner und galt als Vorstufe des Dritten (weltlichen) Ordens. Wenn auch Konkurrenz im Spiel war, so wird man hierbei wohl kaum von einem «unkatholischen» Nebeneinander oder gar Gegeneinander sprechen können. Ganz im Gegenteil, wo guter Geist die prägende Kraft ist, wirkt Vielfalt wie ein pfingstliches Sprachenwunder.

Andererseits kann forcierte Einheit den Aufbruch verhindern, wo erlahmende Begeisterung oder auch geistlose Routine sich ausbreiten. Eine Reformbewegung, die zu ihrer Ursprungsgründung auf Distanz gehen müsste, hätte hierbei keine Chance. So hatte sich die maßgebliche Kirchenleitung bereits auf ihrer Konferenz 1945 in Bonn-Pützchen in entscheidenden Punkten festgelegt, ohne dass eine bis in die Basis reichende gründliche Befragung und Abstimmung vorausgegangen wäre, und ohne ein ernsthaftes Suchen nach breitem Konsens, was der Bedeutung dieser wichtigen Weichenstellung entsprochen hätte.

Ein weiterer Schritt folgte 1946 mit Einberufung der Hauptkonferenz für katholische Jugendseelsorge und Jugendorganisation in Bad Soden-Salmünster. Wiederum sind nur Geistliche, Jugendseelsorger und Bischöfe geladen. Die Laienführerschaft fehlt. Es geht auf dieser Konferenz nur noch um die Durchführung der Richtlinien von Bonn-Pützchen. Wolker sprach von Schwierigkeiten, die er als «Klerikalismus in der Jugendführung, sowie Übersteigerung des kirchenorganischen Prinzips, aber auch des Bündischen»[83] bezeichnete. Er musste also zugeben, dass die auch von ihm geforderte Einheit nicht einfach verordnet und erzwungen werden konnte. Hatte man sich nicht gerade an einer verordneten Einheit gründlich die Finger verbrannt? Wollte die Kirche nun ihrerseits auf dem Weg der Verordnungen ihre neu gewonnene Macht ausspielen?

So oder ähnlich muss es wohl der Basis vorgekommen sein, die auf demokratische Spielregeln auch innerhalb der Kirche gehofft hatte, zumal sie hier angebracht gewesen wären. Vermutlich erkannten auch die Bischöfe ihre extreme Einheitserwartung als unerfüllbare Forderung. Schwab spricht von einem schrittweisen Rückzug. Dem folgt ein nicht gerade zukunftsträchtiges und verheissungsvolles Resumee: «In den ersten Jahren (nach 1947, der Verfasser) meinen viele, die Vertreter der Einheit hätten sich durchgesetzt. Das zeigen die erbitterten Gefechte um den als ‹Einheitskappe› bekämpften BDKJ.

Vom heutigen Standpunkt aus kann man sagen, dass es schon bei der Gründung strukturelle Brüche gab, die später zu Rissen im Bundesgedanken führen mussten. So gibt es die Spannung zwischen dem starken, eher einheitlich orientierten Stamm und den freiheitlich denkenden Gliederungen, sowie zwischen der engen Bindung an die kirchliche Leitung und dem traditionellen Autonomiegedanken der Gliederungen... Wer sind die Mütter und Väter des BDKJ? Die Jugendlichen selbst sind es nicht. Die älteren Laienführer wie Rommerskirchen scheinen auch nicht die entscheidende Rolle zu spielen. Die Väter des BDKJ sind die grossen, überdiözesan bekannten Jugendseelsorger aus der Zeit vor 1933 und aus der NS-Zeit: Wolker, Klens, Esch und einige profilierte Jugendseelsorger aus den Diözesen, die aber namentlich schon schwer zu bestimmen sind»[84].

Damit ein Hausbau gelingt, bedarf es der sorgfältigen Planung durch den Architekten. Ganz anders ist es damit bei der Gründung lebendiger Gemeinschaft: aus den Ideen der Mitglieder wächst die Planung zu einem Statut für die Gemeinschaft. So und nur so bringt sie sich selber ein und entdeckt sich wieder in dem, was sie als ihr Eigen aufgebaut hat. Der Geburtsfehler des BDKJ liegt eben darin, dass auf höchster Ebene und gewiss von kompetenter Seite, wozu vor allem Ludwig Wolker gehörte, ein Einheitsgebilde fabriziert wurde, das sich nicht aus einem organischen Zusammenschluss von unten her aufbaute und als solches heranreifte, sondern von oben her angeordnet wurde.

«Fast beschwörend», schreibt Augustinus Reineke, «habe ich nicht einmal, sondern immer wieder Wolker gesagt, dass wichtiger als ein Dach über allen Verbänden ein solides Fundament für den ‹Bau› eines Bundes sei, der Wurzelgrund einer wahrhaft katholischen, d.h. alle Jugendlichen umfassenden Gemeinschaft (Koinonia), in der das mutige Bekenntnis des Glaubens (Martyria), die frohe Feier des Glaubens (Leiturgia) und der tatkräftige Dienst aus dem Glauben (Diakonia) verankert seien.» Reineke arbeitete in Paderborn maßgeblich an der Entwicklung einer «Schar», deren Struktur er sich als «konzentrische Kreise» vorstellte, getragen von einem «Kern der Mitte». Es kam wegen des Paderborner Alleingangs zu Spannungen mit Wolker und seinem Stab in Altenberg, weil man die «Einheitlichkeit» verletzt sah, die aber damals schon wegen der Zonengrenzen kaum vollständig durchzuführen war. Schwer traf die Paderborner der Vorwurf: «Die Schar pendele nur zwischen Taufstein und Altar»[85]. Man empörte sich. Und das mit Recht! Denn die Vernachlässigung des gerade in der Verfolgungszeit gepflegten gemeinsamen Betens und liturgischen Feierns konnte sich niemand wünschen, und aus heutiger Sicht gesehen, wurde der Verlust der religiösen Dimension zum Stein des Anstoßes im gegenwärtigen BDKJ.

Als Wolker 1955 auf einer Italienfahrt plötzlich starb, gab es schon Erlahmungserscheinungen im BDKJ, doch von einer Erosion konnte noch nicht die Rede sein, die als Bruch mit der Vergangenheit mit Berufung auf Konzil und Synode einsetzte, so dass ihm diese schmerzhafte Erfahrung erspart blieb. Er hätte sie nicht verdient! Jedoch auch in ihm steckte jene deutsche Eigenschaft, alles durchorganisieren zu wollen, so dass für die Intuition des Kreativen nur wenig Platz bleibt. Dieses Bestreben wird mit Ordnungssinn in Verbindung gebracht, der allerdings zur Erstarrung führt, wenn kein Freiraum mehr für spontane Ideen und Lebensäusserungen vorhanden ist oder geduldet wird. Es wird immer ein Ringen um das Feste und Dynamische innerverbandlich möglich sein müssen, ein Ringen um den besseren und immer verbesserungswürdigen Weg.

Noch hielt die Not die Menschen von einer erneuten Gottvergessenheit ab. Aber das sollte sich schon bald ändern, als mit der ebenso sprichwörtlich deutschen Gründlichkeit die Wiederaufbauphase begann, und als die gesättigten Kinder des Wirtschafts«wunders» in der sozialen Marktwirtschaft ihren neuen «Brotkönig» zu feiern begannen, zwar ohne offensichtlichen ideologischen Beigeschmack wie zur Nazizeit, was aber dennoch in ein geistloses Besitzstandsstreben ausartete, wobei gleichzeitig versäumt wurde, der Jugend einen überzeugenden Lebenssinn zu vermitteln.

Joseph Teusch (1902-76), Domvikar in Köln, Leiter der Abwehrstelle gegen die NS-Weltanschauung. Seine «Studien zum Mythos des 20. Jahrhunderts» wurden in einer Auflage von über einer Million Exemplaren verteilt.

2.1 Der Bund der Deutschen Katholischen Jugend (BDKJ) 1948-1965

Aufbau – Glanzzeit – Stagnation[86]

Nachdem die Deutsche Bischofskonferenz die Gründung des BDKJ begrüßte und die Hauptversammlung des BDKJ etwas später, im November 1947, eine Bundesverfassung im Sinne der Beschlüsse von Hardehausen und Fürstenried in Walberberg bei Bonn beschlossen hatte, war der BDKJ endgültig gegründet.

Nun setzte ein Werbefeldzug ein. Die Bundesführung, an der Spitze Ludgera Kerstholt und Josef Rommerskirchen, die den weiblichen und männlichen Zweig vertraten, dessen völlige Trennung in Hardehausen aufgegeben wurde, reisten durchs Land, um nicht nur sich selbst, sondern auch Pläne und Ziele des neugegründeten BDKJ bekannt zu machen und eventuelle Widerstände auszuräumen.

1948 tritt die erste Bundesordnung in Kraft... «Heimgekehrt aus dem großen Sterben des Krieges und aus der Entwürdigung des Menschen durch Gewalt und Zwang, ist deutsche katholische Jugend im Glauben an die alles bezwingende Macht Jesu Christi des Gebotes der Stunde sich bewusst geworden», heisst es in der Präambel, und weiter: «Über alle Schranken hinweg haben sich die Gruppen und Gemeinschaften katholischer Mannes- und Frauenjugend aller Stämme und Stände zusammengeschlossen zum Bund der Deutschen Katholischen Jugend. Geeint in Stamm und Gliederung will der Bund in den Bistümern und im deutschen Raum nach der Vielfalt seiner Wege und Formen dem inneren Leben seiner Gemeinschaft ebenso dienen wie dem Ziel: Not zu wenden in opferbereiter Tat, Ordnung zu bauen in selbstlosem Dienst, Freiheit zu gewinnen in Recht und Bindung, Frieden zu wirken in der Gemeinschaft der Völker, Christus zu tragen in Volk und Zeit»[87].

In dieser gut formulierten Absichtserklärung, die innerlich durchaus dem Erbe der Vergangenheit angemessen ist, fehlt leider der Bezug auf den mutigen Kampf bündischer katholischer Jugend gegen das braune Unrechtsregime. Eine solche Würdigung wäre wohl angebracht gewesen, weil nur in der Kontinuität dieses Erbes sich verwirklichen lässt, was der Schlusssatz beinhaltet: «Christus zu tragen in Volk und Zeit». Die veränderten Umstände spielen dabei eine untergeordnete Rolle.

Dieses Erbe wirkte unabhängig vom neuen organisatorischen Bundesaufbau in einer *noch* vom Glauben geprägten Jugend fort, für deren Fortbestand nicht der Bund, sondern die Familie in erster Linie Garant sein konnte. Der Bund musste zunächst einmal den Beweis erbringen, dass er sich messen lassen kann an den Vorbildern der Vergangenheit, und da wird schon bald erkennbar, dass trotz der gut gemeinten Einteilung in Kreise von einem Kern bis zu den Randgruppen, es eben doch einer bündischen Gliederung bedarf, die jene «bündelt», die Gesinnungsgemeinschaft sein wollen und sich nicht mit einer karteimäßigen Erfassung nach Alter und Geschlecht – um des Pfarrprinzips wegen zu Gruppen formiert – abfinden.

Deshalb erfolgte auch schon bald die Wiederbelebung jener Bünde, die einst unabhängig vom Jungmännerverband bestanden, wobei Neudeutschland eine Vorreiterrolle spielte; es folgten DPSG und DJK, CAJ und andere. Kolping spielte immer schon eine Sonderrolle. Andere, wie die DPSG, wurden zunächst nicht von der Besatzungsmacht geduldet, nicht so sehr weil sie in paramilitärischer Schulung umfunktioniert werden könnte, sondern wegen der von Eisenhower befohlenen «Nonfraternisation», die bei Zulassung des deutschen Pfadfindertums durch die Eingliederung in den Weltbund durchbrochen worden wäre.

Der organische Aufbau des BDKJ litt vor allem am zu schnellen und zu häufigen Wechsel in den Spitzenämtern, was auch in der Folgezeit ein merkwürdiges Erscheinungsbild ergab. 1950 scheidet bereits Ludgera Kersholt aus ihrem Amt als Bundesvorsitzende aus, 1952 sind es Wolker, Klens und Josef Rommerskirchen, die abgelöst werden. Ein ungutes Gefühl löst dieser in Zukunft fortdauernde Schnellwechsel in den Schlüsselpositionen aus. Man fragt sich: Wer ist da mit wem nicht zufrieden und weshalb? Sind es Richtungskämpfe oder Eifersüchteleien um die einflussreichsten Posten, die den Verdrängungsmechanismus auslösen? Doch gerade in der Aufbauphase ist Konstanz angesagt. Wer etwas vom Stapel laufen lässt, muss auch fähig und bereit sein, die Jungfernfahrt anzutreten und möglichst zu vollenden. Geschieht das nicht, schwindet leicht die Glaubwürdigkeit an die «da oben», und es regt sich an der Basis der Verdacht, die Führung sei von ihrer eigenen Sache nicht überzeugt. Schwab spricht vom «Wasserkopf», der ins Gerede kommt, und von der «Angst, von einer anonymen Stelle bevormundet zu werden»[88].

2.1.1 Das erste Bundesfest des BDKJ in Dortmund vom 29. Juli bis 1. August 1954

Es wird zur größten Jugendkundgebung in Westdeutschland seit Ende des Krieges mit seinen rund 100'000 Teilnehmerinnen und Teilnehmern. Das Fest stand unter dem sinnigen Leitwort: «Den Herrn bekennen – die Wahrheit leben – die Freiheit wagen». Noch wird an den Anfang gestellt, was in der späteren Programmatik immer mehr ans Ende gerät: Christus als das A und O christlicher Lebensgestaltung zu bekennen, bedeutet zugleich aus der Wahrheit leben, in die alle Freiheit eingeordnet werden muss, die es zu wagen gilt. Noch standen Frauen und Männer an der Spitze des BDKJ, die die Prioritäten richtig zu setzen wussten, so dass die Feier der Heiligen Eucharistie zu den Höhepunkten des Bundesfestes gezählt wurde: «Die Eucharistie auf dem Hansaplatz ist geprägt von großer Andacht – trotz der Massen», schreibt Schwab[89]. Ob man sich heute noch bewusst ist, warum das so war? Noch hatten jene später auftretenden Pseudotheologen und -pädagogen nicht das Sagen, wie ein Hubert Halbfass, der 1964 erklärte: «dass Jugendseelsorger ihre Jugendführer überforderten durch zu hohe religiöse und apostolische Ansprüche»[90]. Als ob der Abbau religiösen Eifers einer echt katholischen Jugendführung und -erziehung dienlich sein könnte. Jugendliche bedürfen eines ständigen Ansporns zur Überwindung des religiösen Phlegma, das sich gerade in problematischen Entwicklungsstadien wie der Pubertät verstärkt.

Als weiteren programmatischen Höhepunkt bezeichnet Schwab die Rede des Bundesführers Heinrich Köppler, der von 1952-1956 Bundesführer war und später Bundestagsabgeordneter der CDU wurde, als auch das Bundesgelöbnis, das noch ganz in der spirituellen Tradition von Jungmännerverband und Sturmschar stand und lautete: «Wir jungen Christen wollen den BDKJ als Lebensschule nach

Christi Lehre und Beispiel; als Jugendgemeinschaft des Gottesreiches voll Gnade, Friede und Freiheit; als jungkatholische Bewegung zur Erneuerung der Welt in Christi Auftrag und des Heiligen Geistes Kraft... Wir bejahen den Bund als Gemeinschaft in Ordnung, als Gemeinschaft in Freiheit und Vielfalt, als Gemeinschaft aus Gliedern voll Eigenart... Wir sind im Bund die Jugend Christi und glauben an seinen Sieg! Wir sind im Bund die Jugend der Kirche und glauben ans wachsende Reich. Wir sind im Bund die Jugend des Volkes und glauben an Deutschlands Sendung.» Es folgen einige aktuelle Aufgabenstellungen gesellschaftlicher und politischer Art, darunter die Forderung nach der Einigung der Völker Europas, die mit dem Bekenntnis abschließen: «So lebt der Bund für Gottes Herrlichkeit in Gottes Liebe; für Gottes Herrschaft in Gottes Welt; für Christi Königtum in der Kraft des Kreuzes, für Christi Reich unter allen Völkern, für die Weltverwandlung durch Gottes Geist; für die Weltverklärung am Tage Christi... Brüder und Schwestern, es lebe Christus in deutscher Jugend! Es komme sein Reich voll Gnade und Wahrheit! Anbreche sein Tag, die wahrhaft neue Zeit!»[91].

Obwohl der Begriff «Reich» als unopportun verschwunden ist, sind die drei Reiche: Gottesreich, Jugendreich und Deutsches Reich, im neuen Sprachkleid inhaltlich erkennbar. Auch der zentrale Wahlspruch «Es lebe Christus in deutscher Jugend» besitzt noch einen Ordnungszusammenhang im Gefüge ganzheitlich gelebten Christseins im Gegensatz zu einem späteren Gebrauch, der auf der Schiene des Jesuanismus Christus auf den Jesus der Nächstenliebe und Armenoption reduziert.

2.1.2 Das zweite BDKJ-Bundesfest in Stuttgart Anfang August 1959

Überschwenglich bezeichnet Schwab das Bundesfest von Dortmund als die «Blütezeit des BDKJ»[92]. Andererseits hebt er hervor, dass es schon um diese Zeit an Unterstützung durch manche Jugendseelsorger fehlt und auch an religiöser Tiefe. Spaltungsversuche werden spürbar. Stamm und Gliederungen driften auseinander. «Beim zweiten Bundesfest 1959 in Stuttgart merkt man die Krise noch kaum, beim dritten Bundesfest 1965 in Düsseldorf ist sie unübersehbar: Die

Gliedgemeinschaften haben – mit Ausnahme von KFG (Kath. Frauenjugendgemeinschaft) und KJG (Kath. Jungmänner-Gemeinschaft) – das Bundesfest ignoriert»[93]. Es kommen dennoch rund 80'000 Teilnehmerinnen und Teilnehmern nach Stuttgart. Der Leitspruch: «Unser Zeugnis prägt die Zeit» war schon etwas blasser im Vergleich zum christlich-markanten «Den Herrn bekennen – die Wahrheit leben – die Freiheit wagen» des Dortmunder Treffens. Vor allem findet eine klare Aufwertung von Kultur, Sport und Politik statt und erstmalig – was einen offensichtlichen Wandel ankündigt – die Begrüßung der jugendlichen Teilnehmer durch eine Jugend-Revue mit Kabarett und Tanz. Gebetsstunden und Gottesdienste sind nicht mehr dominierende Höhepunkte, sondern mehr oder weniger Auch-Angebote. Es beginnt sich jener Trend Bahn zu brechen, die Kritik am kirchlichen und staatlichen Establishment schwerpunktmäßig in den Vordergrund zu schieben bei gleichzeitigem Rückgang spiritueller Interessen, als auch ursprünglich jugendbewegter wie christlich geprägter Lebensformen. Bei diesem offensichtlichen Niveau-Verlust mutet die Bemerkung von Martin Schwab recht merkwürdig an: «Das Bundesfest präsentiert den alten BDKJ in einem geschmackvollen neuen Kleid»[94].

Man sagt, dass man sich über «Geschmäcker» streiten könne. Doch hier scheint es mir der Zumutung zuviel zu sein, wenn Entwicklungen mit Lob bedacht werden, die der Zielvorgabe zuwiderlaufen. Eine merkwürdige Diskrepanz tritt bei Schwab wie bei anderen Autoren, die sich mit dem Thema Katholische Jugendarbeit auseinandersetzen, immer wieder zutage, einerseits die offene Kritik an Fehlentwicklungen und andererseits im Kontrast dazu eine positive Bilanz, die einfach nicht nachvollziehbar ist.

2.1.3 Das dritte Bundesfest des BDKJ in Düsseldorf vom 30. Juli bis 1. August 1965

Der Abbau traditioneller Formgebung zeigte sich bereits bei der Streichung eines programmatischen Leitwortes. Andere Programmpunkte wie Geselligkeit, Sport und vor allem Diskussionsforen und Kulturveranstaltungen prägten das Fest. Gottesdienste gehörten mehr oder weniger als Pflichtübungen dazu, doch die Beschäftigung mit dem Konzil, das im gleichen Jahr beendet wurde, lenkte mit seinen Beschlüssen das Hauptinteresse der Teilnehmerinnen und Teilnehmern auf sich.

«Auffallend ist die kritische und zum Teil sorgenvolle Bestandesaufnahme von Bundespräses Nettekoven beim Eröffnungsfestakt», schreibt Schwab. «Katastrophal ist – gemessen an der Vergangenheit – die niedrige Zahl von 30'000 Teilnehmerinnen und Teilnehmern»[95].

Nachdenklich stimmt auch, dass 80% der Besucher entweder von den Stammgliederungen KJG/KFG oder zu keiner Gliederung gehören. Warum die traditionellen Bünde ihre Teilnahme verweigerten, darüber gibt Schwab keine Auskunft. Doch seine Schlussfolgerung trifft wohl den Sachverhalt: «Der Bund ist kein Bund mehr, sondern nur noch eine lockere Gemeinschaft profilierter Gliedgemeinschaften...»[96].

So offenbart das dritte Bundesfest den fundamentalen Wandel im BDKJ, der ihm ein Image verschaffte, das weniger mit dem Zweiten Vatikanischen Konzil als mit der Jugendrevolte zu tun hatte, die besonders unter der Studentenschaft in den sechziger Jahren einen Feldzug gegen die bestehenden Ordnungen in Staat und Kirche entfesselte, was nachhaltig die Grundlagen des BDKJ erschütterte und seine in Glaube und Kirchlichkeit gründende Identität immer mehr in Frage stellte. Noch saß der BDKJ im Sattel der CDU und fühlte sich politisch in der christlich-sozialen Union beheimatet, was ihn bewog, die Linie der christlichen Parteien in Fragen der Bundeswehr und anderer jugendrelevanten Themen im Bundesjugendring, den er mitbegründete, zu vertreten. Später sattelte er vom CDU-Rappen auf den SPD-Fuchs um und nähert sich heute den Grünen, deren Positionen das «BDKJ-Journal» ungeschminkt auch gegen eindeutige Vorstellungen der Bischofskonferenz vertritt. Ich glaube, man sagt nicht zuviel, wenn man es als jugendpolitisches Sprachrohr der Grünen im innerkirchlichen Bereich bezeichnet.

Schönfärberei bringt nichts, wenn die Grundlage zu bröckeln beginnt, und die Grundlage katholischer Jugendarbeit war, ist und bleibt das Evangelium Jesu Christi und das daran orientierte Leben mit der Kirche. Antworten auf jede Art von Lebensfragen dulden keine Alternative aus dem Bereich nichtchristlicher oder gar antichristlicher

Gedankenquellen. Ein Gemisch aus beidem ergibt nicht eine neue Geschmacksrichtung, sondern geistiges Bauchweh.

Der BDKJ wäre gut beraten, auf die Stimme eines seiner Mitbegründer zu hören: «Wenn ich im Vorwort schrieb, man müsse aus den Tagen der Vergangenheit lernen und an die Jahre der Geschichte denken, dann meinte ich damit nicht die Art und Form der Jugendarbeit. Die muss nach Zeit und Ort variabel sein. Dafür gilt das Wort des Kohelet im Alten Testament: ‹Für alles gibt es eine Zeit, und alles Tun unter dem Himmel hat seine Stunde.› Aber Sinn und Ziel kirchlicher Jugendarbeit können in jeder Zeit nur gleich bleiben: Die Weitergabe des Glaubens an die kommende Generation»[97].

Warum dieser Wandel im BDKJ, und wie ist er zustande gekommen? Diesen Fragen nachzugehen, um plausible Antworten zu finden, ist eines der Schwerpunktanliegen meiner Studie. Sie will aber auch neuere Bewegungen vorstellen, deren Erneuerungskraft die Erosion in der kirchlichen Jugendarbeit bremsen, wenn nicht gar als neuer Wein, welcher der alten Behälter nicht mehr bedarf, durch neue Formgebung das brüchig gewordene ablösen könnte.

Im Juni 1933 fand zum letzten Mal ein Zeltlager der katholischen Jungschar in Quadrath-Ischendorf statt.

2.2 Der BDKJ 1966-1996

Rebellieren – Politisieren – Destabilisieren

Zwischen dem Zweiten Vatikanischen Konzil (1962-1965) und der Würzburger Synode (1971-1975) erlebte die junge Bundesrepublik politisch, aber auch kirchlich betrachtet unruhige Zeiten, ausgelöst durch Studentenunruhen an den Universitäten und ein innerkirchliches Gerangel um die Umsetzung erfüllter und nichterfüllter Hoffnungen und Wünsche der Progressisten durch das Konzil. In Anlehnung an das niederländische Pastoralkonzil (1968-1970) wurde auf dem Essener Katholikentag 1968 der Ruf nach einem deutschen «Nationalkonzil» laut, was dann als «Pastoralsynode» den kirchenrechtlich möglichen Rahmen erhielt, womit einer anmaßend mit dem Konzil konkurrierenden Rolle der Boden entzogen wurde.

Auch das BDKJ rühmt sich der Initiatorenrolle und bringt sich durch eigene Entschließungen in die Synodenvorbereitung ein, wobei neben politischen und ökumenischen Aspekten bereits die «Realisierung von Kirche in einer demokratisch geprägten Gesellschaft und Konsequenzen für ihre eigene Verfassung»[98] als Forderung erhoben wird. Das Konzil hat in seiner Erklärung über die christliche Erziehung «Gravissimum educationis» zwar Grundsätzliches erneut bewusst gemacht, aber es hat sich doch mehr oder weniger darin niedergeschlagen, was schon vorher die Päpste, besonders Pius XI. in seiner berühmten Enzyklika «Divini Illius Magistri», verkündete.

Es hebt vor allem jene Prioritätenordnung hervor, die in der Familie den Eltern das erstrangige Erziehungsrecht zuweist und belässt, wenn diese auch auf die subsidiäre Hilfe von seiten der Gesellschaft angewiesen sind: «Den Eltern obliegt es, die Familie derart zu einer Heimstätte der Frömmigkeit und Liebe zu Gott und den Menschen zu gestalten, dass die gesamte Erziehung der Kinder nach der persönlichen wie der gesellschaftlichen Seite hin davon getragen wird»[99]. Was die Eltern in diesem entscheidenden Punkt versäumen, ist auf gesellschaftlicher Basis kaum ersetzbar, so das Konzil.

In dem Zeitraum von Konzil und Synode hatte das, was als Währungsreform klein begonnen, sich zum sogenannten «Wirtschaftswunder» ausgeweitet und einen Konsumrausch entwickelt, der alles Maßhalten sprengte und das Leben in Arbeit und Freizeitgestaltung einteilte. In diese Sattheit brach ohne erkennbaren Grund der Aufstand der Studenten, aus der die APO (Ausserparlamentarische Opposition) und die wegen ihrer Militanz extrem gefährliche RAF (Rote-Armee-Fraktion) hervorgingen.

Die rebellierenden Jugendlichen und Studenten waren keineswegs in Not geratene Unterprivilegierte, sondern Kinder des gehobenen Mittelstandes, angesteckt von der antiautoritären Welle, die damals die Universitäten überschwemmte.

So schreibt denn auch Wolfgang Brezinka, einer der scharfsinnigsten Analytiker der «Neuen Linken»: «Die Neue Linke ist aus Überdruss an der liberalen Wohlstandsgesellschaft entstanden»[100]. «Das Eigenschaftswort ‹neu› in diesem Namen ist Ausdruck eines Widerspruchs zur ‹Alten Linken›. Es wird ein dritter Weg zwischen dem sozialen Liberalismus, der zur Ideologie der Sozialdemokratie geworden ist, und dem dogmatischen Marxismus-Leninismus der Kommunistischen Partei gesucht»[101].

Die geistige Leere des Genussmenschen führte zu der Fiktion oder Utopie, es ließe sich ein idealer Gesinnungsstaat schaffen, der in seiner undogmatischen und antiautoritären Struktur als Gefälligkeitsdemokratie den «neuen Menschen» einer «vollkommenen Gesellschaft» hervorbringe. Dieser Wahn hatte seine Wurzeln in den USA, deren «Neue Linke» Brezinka wie folgt interpretiert: «Die Neuen Linken in den USA sind keine Kommunisten, sondern enttäuschte liberale, radikal demokratische Romantiker... Sie (die Neue Linke, der Verfasser) ist ohne jede Sympathie für die ‹Diktatur des Proletariates›, sondern träumt von der ‹partizipatorischen Demokratie›, d.h. vom Rätesystem, in dem jeder Mensch an allen Entscheidungen gleichberechtigt beteiligt ist... Die amerikanische Neue Linke ist der Gegenwart gegenüber nihilistisch-anarchistisch, der Zukunft gegenüber romantisch-utopisch eingestellt»[102].

Deutsche Intellektuelle übernahmen das Gedankengut, «unter ihnen Angehörige der (zwischen Sozialdemokraten und Kommunisten stehenden) ‹heimatlosen Linken› aus der Weimarer Republik wie die Professoren Max Horkheimer und Theodor Adorno, kommunistische

Sektierer wie Prof. Wolfgang Abendroth, Linkskatholiken wie Walter Dirks und Eugen Kogon, pazifistische Protestanten wie Pastor Martin Niemöller und Prof. Hellmut Gollwitzer sowie die Schriftsteller der Gruppe 47...»[103].

Mit den «Deutschen Neuen Linken» verbindet sich die «Frankfurter Schule» und deren Hauptvertreter Max Horkheimer, Theodor Adorno, Herbert Markuse und Jürgen Habermas.

Als «re-education» proklamiert, strebten die Besatzungsmächte nach einer «Umerziehung» des deutschen Volkes, die die Vorgänge in der Vergangenheit unwiederholbar machen sollte. Diese an sich gute Zielsetzung glaubten die Vertreter der Neuen Linken dadurch verwirklichen zu können, indem sie jene Wertvorstellungen verbannen wollten, die die Deutschen nach ihrer Meinung in verhängnisvoller Weise prägten, wie Verantwortung, Selbstdisziplin, Treue, Fleiss, Gehorsam, Zucht, Autorität, Pflicht, Ordnung, Heimat, Vaterland, Nation und dergleichen[104].

Obwohl die besten Kräfte des Deutschen Volkes eine rechtsstaatlich fundierte und funktionierende Demokratie mit einer mustergültigen Verfassung schufen, machte sich die Neue Linke daran, nicht nur diesen Rechtsstaat, der im Gegensatz zur Weimarer Republik Stärke bewiesen hatte, sondern auch das eigene Volk herabzusetzen und «in Übereinstimmung mit der kommunistischen Propaganda das Gespenst einer erneuten ‹Gefahr von rechts› an die Wand»[105] zu malen.

Wolfgang Brezinka führt als Beispiel Neu-Linker Argumentation die Attacke des katholischen Theologen Halbfass gegen die Erziehung zum Gehorsam an: «Er wies darauf hin, dass Gehorsam das Grundverhalten des Kommandanten des Konzentrationslagers Auschwitz wie auch anderer Kriegsverbrecher gewesen sei. Allen ‹entmündigenden Systemen› liege das ‹Autoritäts-Gehorsams-Modell› zugrunde. Daraus wird abgeleitet, dass der Christ, der an die Autorität Gottes glaubt, eine Gefahr für die Demokratie sei»[106].

Man fasst sich ja doch an den Kopf, wenn man derartig Abstruses liest. Wo kämen wir hin, wenn der Missbrauch einer Sache zu deren Abschaffung zwänge?! Dann dürfte es z.B. keine Gerichte mehr geben, weil es immer wieder zu Unrechtsurteilen kommt. Bei der Frage des Gehorsams geht es nicht um autoritär oder antiautoritär, sondern um unrechtmäßig oder rechtmäßig. Und ein blinder Gehorsam ist ebenso unsittlich wie der blinde Ungehorsam! «Es ist schwer abzuschätzen, wie weit die Anhänger der Neuen Linken von ihrer eigenen Ideologie ehrlich überzeugt sind, und wieweit sie sie nur als Werkzeug zur Eroberung der Macht ansehen», schreibt Brezinka[107]. Er weist dann auf drei zentrale Methoden hin, deren sich die Neue Linke zur Erlangung der Macht bedient: 1. *Die Bewusstseinsverengung:* «Dazu gehört das Filtern aller Informationen durch das Sieb der Ideologie, so dass nur ideologiekonforme, politisch nutzbare Informationen weitergegeben werden»[108]. 2. *Moralische Überbietung:* Verheissung des vollkommeneren Menschen und einer besseren Gesellschaft durch die Forderung nach mehr Menschlichkeit, Freiheit, Gerechtigkeit und Gleichheit. 3. Durch *Inszenierung von Konflikten:* Aber auch schon bestehende Konflikte werden ausgeweitet. Das Schüren von Konflikten dient dem eigenen Machtzuwachs.

Im Vorwort zur 5. neu bearbeiteten Auflage seines Buches spricht Brezinka davon, dass seit der Erstauflage 1971 der Einfluss der radikalen Systemveränderer zurückgegangen sei und eine «Stagnationsphase» durchmache. Es dürften seine eigenen gründlichen Untersuchungen der Neuen Linken zu dieser Entwicklung beigetragen haben. Allerdings führt er weiter aus: «Der harte Kern der Neuen Linken ist geblieben und arbeitet weiter. Diesem Personenkreis ist immer klar gewesen, dass die Ziele ‹Systemüberwindung› und ‹antikapitalistische Strukturreform› nicht rasch und direkt, sondern (wenn überhaupt, dann) nur langfristig und auf indirektem Weg erreichbar sind. Dieser indirekte Weg führt über die ‹Bewusstseinsänderung› der Staatsbürger, insbesondere der Jugend, durch eine schleichende Kulturrevolution. Die Strategie der Neuen Linken lautet: durch Kulturrevolution zur Gesellschaftsrevolution! Die wichtigsten Mittel sind Propaganda und Erziehung»[109].

Mit der Parole: «Marsch durch die Institutionen» wurde ein langfristiger Eroberungsfeldzug angedeutet. Namhafte Politiker wie Herbert Karl Frahm, alias Willy Brandt, schürten noch den Aufstand der gesellschaftskritischen Utopisten mit Slogans[110] wie «Mehr Demokratie wagen» und «Chancengleichheit», was durch die «Quotenregelung» später noch ergänzt wurde, doch eindeutig die Züge der Neuen Linken trägt, die längst nicht mehr als ein bestimmtes Parteienmonopol gelten kann.

Dass einem Talent die Möglichkeit geboten werden sollte, eine entsprechende Ausbildung zu erlangen, bedarf keiner Frage; doch dass jedem die Möglichkeit geboten werden müsse, studieren zu können, wenn er dies möchte, führte zu einem Ansturm auf die Universitäten, der in bestimmten Fächern bald zur Quotenregelung Anlass gab, zum sog. «Numerus clausus». Humanwissenschaftliche Fächer wie Psychologie und Soziologie boten noch die besten Aussichten, bei einem verhältnismäßig kurzen Studium sein Diplom zu erlangen. Die Zahl der Diplomierten wuchs in einem Umfang, der das Gespenst des akademischen Proletariates aufkommen ließ.

In diese kritische Situation passte genau die konziliare Aufwertung der Laien zu aktiven Mitgestaltern des kirchlichen Lebens, zumal durch den wachsenden Priestermangel die von Priestern bisher verwalteten Posten eingeschränkt werden mussten. Hinzu kam die Möglichkeit neuer Stellenbesetzungen nach den finanziell aufwendigen Jahren der Kriegsschädenbereinigung, die auf der Würzburger Synode auch prompt von seiten des BDKJ für seinen Bedarf an Fachkräften für bestimmte gesellschaftsrelevante Ressorts eingefordert wurden. Nachdem kirchlicherseits dieser angeblichen Bedarfsdeckung entsprochen wurde, begann die von Schwab als «Wasserkopf» bezeichnete Zellenvermehrung von diplomierten Referenten, deren unerschöpflicher Bedarf sich in zahlreichen Anzeigen kirchlicher Blätter bis heute zu erkennen gibt.

Dem «Marsch» durch die Institution konnte man kaum einen besseren Erfolg wünschen. Heute ist die Vernetzung zwischen dieser und anderer kirchlichen Institutionen schon so weit fortgeschritten, dass die Bischöfe es anscheinend kaum noch wagen, durch personelle Veränderungen kirchliche Jugendarbeit in den ursprünglich vorrangig religiösen Auftrag zurückzuführen. Ein in diesem Sinne gesprochenes Bischofswort findet im amtlichen BDKJ-Journal noch gerade einen Platz auf den letzten Seiten, die Diözesanmitteilungen enthalten. Da macht man sich schon lieber in Karikaturen lustig über die «altmodische» Hirtensorge der Bischöfe, oder man spottet über einen gewissen Bischof wegen dessen «Ziergärtchen», d.h. einer BDKJ-unabhängigen Jugend, obwohl ihm dieses Ziergärtchen gewiss besser bekommt als ein Misthaufen, der ihm ins Haus stinkt. Das ist scharf formuliert; doch fühle ich mich zu dieser Art von Kontra berechtigt, wenn im BDKJ-Journal Karikaturen abgedruckt werden, die auch dem Nazi-Kirchenhetzblatt «Der Stürmer» entnommen sein könnten. Denn da stinkt wirklich was zum Himmel, was so nicht sein dürfte in einem Journal, das im Dienst einer offiziellen kirchlichen Jugendpflege steht, und dessen Aufgabe es nur sein kann, Jugendliche der Kirche zuzuführen und zu erhalten und nicht sie der Kirche zu entfremden; daran ändert auch der Hinweis nichts, dass das Journal «aus Mitteln des Bundesjugendplanes gefördert wird».

Vom übrigen Inhalt her beurteilt, der sich doch im großen und ganzen mit aktuellen Fragen der Politik und Gesellschaft aus «jugendlicher» Perspektive befasst, wäre der Titel «Magazin für politisch interessierte Jugend» wohl angemessener, als das mit seinem «K» irreführende Journal. Religiöse Fragen, ob sie mit Personen oder Glaubensthemen zu tun haben, werden meistens nicht von ihrer positiven Seite her beleuchtet, sondern in die Mangel der Kritik genommen und auf das hin untersucht, was man sich an Veränderung erträumt. Das aber ist genau das Anliegen der Neuen Linken durch «hemmungslose destruktive Kritik» (Brezinka) das geistige Klima dermaßen zu vergiften, dass das Umfeld für den Umsturz bereitet wird. Ideologien haben es immer auf die Indoktrination der Jugend abgesehen – das war bei Hitler so und ist bei der Neuen Linken nicht anders – weil diese viel leichter zu beeinflussen ist als Erwachsene, die ihre Erfahrung in ihr Urteil einbringen können.

Der Beschluss der BDKJ-Hauptversammlung vom 21.-24. April 1994[111] ist schon in der Überschrift «Macht teilen – Gleichheit anerkennen. Ein Demokratieförderplan für die Katholische Kirche in Deutschland» ein bezeichnendes Signal für die Absicht der Leitungskräfte im BDKJ, sich nicht an den in der Tradition der Kirche verwurzelten Leitbildern zu orientieren – das würde ja auch ein mühsames Studium erforderlich machen, das man sich allerdings als Wissen von kirchlich anerkannten Theologen verschaffen könnte, wenn man nur wollte –, nein, man nimmt lieber eine weitere Gefährdung der Einheit und Ausweitung der Kirchenverdrossenheit zumal in der Jugend in Kauf, als den auch für die Kirche als bindend angesehenen Mehrheitskonsens des wahren Gottesvolkes und seiner Hirten zu achten, der bisher die Kirche vor gravierendem Irrtum bewahrte.

Was sich der BDKJ in diesem Beschluss geleistet hat, das ist nicht mehr die Sprache der katholischen Kirche, darin offenbart sich vielmehr der Geist einer Antikirche[112], die vom Zeitgeist inspiriert ist. Wer die Beschlüsse des Zweiten Vaticanum aufmerksam studiert, erhält dort die authentischen Antworten der Kirche auf gegenwartsrelevante Probleme und das Ausmaß eines möglichen Strukturwandels innerhalb der katholischen Kirche. Das schließt eine weitere Entfaltung für später nicht aus; doch diese darf nicht im Widerspruch zum Vorhergehenden stehen, sondern nur in der Klärung und Vertiefung des von der Kirche behüteten geistigen Erbes. Bevor der BDKJ Forderungen an die Kirche stellt, sollten die antragstellenden Leitenden sich doch zunächst mal fragen, welches eigentlich die Wählerbasis ist, die sie dazu legitimiert.

Dasselbe gilt auch für andere überdiözesane Gremien, die sich anmaßen, im Namen des katholischen Volkes zu sprechen, obwohl sie nur eine beratende Funktion den Bischöfen gegenüber haben, jedoch kein Volksvertretungsmandat, wie es die Demokratie durch Wahlen ermittelt.

Es bleibt mir deshalb rätselhaft, wie Schwab – dessen Auskunft allerdings nur bis 1989 reicht – nach der Dreiteilung von Revolutio und Konflikte zuletzt von Stabilisierung sprechen kann. Das lässt sich nur rechtfertigen, wenn es dieses Papier vor Abschluss seiner Arbeit noch nicht gegeben hat. Ich habe deshalb die Einteilung Rebellieren – Politisieren – Destabilisieren vorgezogen, wobei die Jahreszahlen keine allzu große Rolle spielen. Jedenfalls sehe ich keinen Grund, der es erlauben würde, von einer Gesinnungswende in der BDKJ-Führung zu sprechen. Alles deutet eher auf eine Verschärfung der Konfrontation mit der Kirche und ihrer Leitung. Entschärfen könnte sich das Verhältnis von BDKJ-Verantwortlichen und der Bischofskonferenz nur dann, wenn sich die Verbände in die Kirche so einordnen, wie es der Leitungsstruktur der Kirche entspricht, d.h. ihre anmaßende Gleichstellung[113] mit den Bischöfen aufgeben!

Im dritten Teil seiner BDKJ-Studie verdichtet sich die Kritik Schwabs am Zustand des BDKJ. Da er selbst als Diözesanvorsitzender des BDKJ in Würzburg tätig war, vertraue ich dem Wahrheitsgehalt seiner Aussagen, auf die ich mich hauptsächlich berufe bei der Charakterisierung des neuzeitlichen BDKJ. Man wird mir also kein Anschwärzen des BDKJ vorwerfen können, denn sonst hätte das BDKJ-Journal Nr. 7 vom 10. Juli 1994 in einer dort abgedruckten Rezension die Anschuldigungen Schwabs zurückweisen müssen, was aber nicht geschieht, ganz im Gegenteil, der Rezensent sucht noch Kapital für eine positive Bewertung seiner Organisation herauszufiltern.

Deshalb stellt sich für mich die Frage: Wieweit ist der BDKJ bereits im Nebel seiner ideologischen Gedanken gefangen, so dass er nicht mehr fähig ist, sachlich und nüchtern seinen Zustand zu reflektieren und daraus die notwendigen Konsequenzen zu ziehen? Es würde zu viel Platz einnehmen, wollte ich alle kritischen Bemerkungen Schwabs zitieren. Ich beschränke mich mit einem zusammenfassenden Katalog: «Hauptvorwürfe sind: Jesuanismus, der die Göttlichkeit Jesu vernachlässigt; Tendenzen zur Selbsterlösung des Menschen durch Befreiung aus Unterdrückung; neomarxistische Gesellschaftsanalyse; Machbarkeitswahn; ein theologisch unausgegorener kritischer Amts- und Kirchenbegriff; einseitige Auswahl und Auslegung amtlicher Dokumente; Gruppenpädagogik und -dynamik als innerweltliche Heilslehren; Vernachlässigung von Gnade, Kreuzestheologie und Transzendenz; die immer noch ungenügende theologische Fundierung der pädagogischen Arbeit»[114].

Beim Studium der letzten Jahrgänge des BDKJ-Journals (1992-95) überkam mich jedesmal ein Unwohlgefühl, weil nur agiert, aber nicht argumentiert wird, ständig sich wiederholende Kritik mit dem gleichen Vokabular wiedergekäut wird, ein endloser Jammerkatalog von unerfüllten Forderungen Staat und Kirche gegenüber, die Arroganz der Besserwisserei und hinterlistige Wühlarbeit zur Unterminierung der Kirche in den Herzen der Jugend, die das Journal aber wohl Gott sei Dank nicht erreicht oder auch erreichen kann, jedenfalls nicht die Jüngeren[115]. Ein Meer von Fotos unbedarft lächelnder Autoren legt den Verdacht nahe, dass es sich hierbei mehr um das Familienalbum einer konspirativen Zelle als um die Führung eines katholischen Jugendverbandes handelt. Der Technokrat, Bürokrat und Ideologe müssen wieder wie zu Wolkers Zeiten durch solche Priester und Laien ersetzt werden, die durch ihre vorbildliche Gesinnung und Lebensweise wahre Helfer und Begleiter in einer von Glaubens- und Sittenverfall bedrohten Welt sein können; dazu ist niemand geeignet, der ein gestörtes Verhältnis zur Kirche hat.

Als zur damaligen Zeit das SJ-Trio Esch, Hirschmann und Noppel durch ihr Bekenntnis zu Christus und Kirche die Jugend zu begeistern wussten, gab es keine Sorgen um Gottesdienstbesuch und Priesternachwuchs; auch heute gibt es ein SJ-Trio im Wirkfeld des BDKJ: Hengsbach, Bleistein und Kügler, doch nicht nur ihre Sprache, ihre Gesinnung ist eine ganz andere. Es wäre also falsch, für das Erscheinungsbild des BDKJ nur Laien verantwortlich zu machen. Dafür liefert der Jesuit Friedhelm Hengsbach den kaum zu überbietenden Beweis: In seinem Beitrag zur Jubiläumsschrift «Jugendhaus Düsseldorf 1954-1994» gibt er folgende Anregungen: «Das Jugendhaus darf nicht nachlassen, den kirchlichen Amtsträgern aufzulauern und ihnen verständlich machen, dass die real existierende Kirche, die eine Selbstdemokratisierung, also die Kontrolle kirchlicher Macht und eine Gleichstellung der Frauen in den eigenen Wänden verweigert, heute nicht die Kirche Jesu Christi ist. Dass die Kirche Jesu Christi seufzt, in Geburtswehen liegt und sehnsüchtig auf ihre Demokratisierung, Feminisierung und Erotisierung wartet.»

Schwab macht sich im Schlusskapitel seines Buches Gedanken um den «BDKJ 2000». Seine Reformpläne klingen gut. Doch stellt sich die Frage: Ist der BDKJ überhaupt reformbereit oder reformwillig? Nimmt er nicht lieber seinen Untergang in Kauf als auch nur einen Artikel seines neomarxistischen, der Neuen Linken zuzurechnenden Glaubensbekenntnisses zu streichen? –

Eine neue «Jugend 2000» ist im Kommen, eine marianisch gesinnte Jugend, die gläubig, kirchlich und papsttreu sein will. Mag sie zunächst auch nur «Ziergartengröße» (R. P. Cremer) erreichen – selbst als Blumentopfpflanze wäre sie der Pflege wert. An diese neue Jugendbewegung, deren Existenz in Deutschland dem Papst wohl bekannt ist, dachte er gewiss, als er den deutschen Bischöfen bei ihrem

Ad-Limina-Besuch in Rom 1992 erklärte: «In der Pastoral haben wir den Jugendlichen die Erfahrung zu vermitteln, dass sie Glied am Leibe Christi sind. Sie brauchen das Gefühl, in der Gemeinschaft beheimatet zu sein. Sie brauchen ein geistliches Zuhause, einen Ort, wo sie für einige Zeit zusammenleben können und wo sie geistliche Führung erfahren. Dem jungen Menschen geht es heute nicht mehr in erster Linie um Interessenvertretung in kirchlichen Jugendverbänden. Deshalb ermuntere ich euch, neben der traditionellen Verbandsarbeit neue Wege zu gehen, die dem jungen Menschen Kirche als Heimat vermitteln, eine Kirche, die weltweit denkt und empfindet und konkret am Ort handelt, die bereit ist, die Liebe Christi erfahren zu lassen und ihr Raum zu geben, wie es in Eph 3,17b-19a[116] heisst»[117].

Der Papst weist mit diesen Worten sehr deutlich darauf hin, worauf es in der katholischen Jugendarbeit und Erziehung ankommt und was in früheren Zeiten einmal Selbstverständlichkeit war: Christus und die Kirche sind die beiden Pole, in deren Kraftfeld sich katholische Jugendarbeit vollziehen muss, Pole, die wie Plus und Minus den Gebenden und Empfangenden bezeichnen. Hier lässt sich weder eine wie auch immer beschaffene Autonomie, Emanzipation oder egoistische Selbstverwirklichung einordnen: Christus ist die Kraftquelle, aus der die Kirche lebt zu unserem Heil!

Im BDKJ hat sich eine schizophrene Situation ergeben: Unter seinem Dach glaubt er, es genüge, auch den Jugendbischof zu Wort kommen zu lassen, aber in unverbindlicher Weise, so dass seine Meinung den anderen Meinungen beigefügt wird.

Er hat also nur eine Stimme im erklärten Kirchen-Demokratieverständnis des BDKJ. So usurpiert er Kirche in einer Weise, die so nicht hingenommen werden darf, soll die Kirche in Deutschland in ihrem Sendungsauftrag nicht noch mehr gefährdet werden. Und es ist schon infam, wenn man der Kirche vorwirft, sie verlöre die Jugend und anderseits auf demagogischer Weise damit beschäftigt ist, diese der Kirche zu entfremden.

Wie weit Schwab in seinem Schlusswort Recht hat, überlasse ich dem Urteil der Verantwortlichen auf beiden Seiten: «Die Mehrheit der kirchlichen Hierarchie will ihr – öfters – ungeliebtes ‹Kind› BDKJ nicht verstoßen, sprich: ihm die finanziellen und personellen Mittel

sowie den Begriff ‹katholisch› entziehen. Sie fürchtet die Negativbilanz. Auch die Mehrheit im BDKJ will ihre – öfters – ungeliebte ‹Mutter› Kirche nicht verlassen. Sie fürchtet, dass der BDKJ ohne ihre Nähe, sprich, finanzielle und persönliche Unterstützung, in der Bedeutungslosigkeit verschwindet...»[118].
Auf beiden Seiten also fehlender Mut zur Konsequenz? Kann und darf es sein, dass materielle Vorteile beziehungsweise Nachteile Entscheidungen bestimmen, die auf einer ganz anderen Ebene gefällt werden müssten?

Wer wünscht, dass auch heute «Christus lebe in deutscher Jugend» kann sie guten Gewissens *diesem* BDKJ nicht mehr anvertrauen!

Unbeabsichtigt hat die Bundesvorsitzende des BDKJ, Karin Kortmann, in ihrem Beitrag zum Gedenken an die Grundsteinlegung des wiedererrichteten Jugendhauses in Düsseldorf vor 40 Jahren einen sinnbildhaften Satz formuliert: «Kaum jemand würde angesichts des abblätternden Verputzes und des grüngestrichenen Seitenflügels vermuten, dass die zuständige Baubehörde dieses Haus 1992 unter Denkmalschutz gestellt hat»[119]. Die symbolträchtige Hässlichkeit des Jugendhauses sollte nicht vergessen lassen, dass es der Nachfolgebau des 1944 durch Bomben zerstörten traditionsreichen Zentrums einer seit 1924 als Zentrale für eine wahrhaft katholische Jugendarbeit geltenden Baues ist.

Und wiederum erlaubt es einen tiefen Einblick in die Geisteshaltung des modernen BDKJ, wenn in seiner Rezension[120] Markus Lahrmann der ersten Bundesführerin Ludgera Kersholts «Flammende Sätze»: «Wir lehnen entrüstet jenes Zerrbild wahrer Menschengesittung und Geselligkeit ab, das uns heute auf den Tanzböden unserer Städte und weithin auch des Landes gezeigt wird. Wir empören uns gegen diese die Sinne umnebelnde obszöne Tanzmusik, gegen diesen schamlosen modernen Tanz, der nicht nur jedes sittliche Empfinden verletzt, sondern selbst dem primitiven Schönheitsgefühl Hohn spricht. Wir wollen, dass die Begegnung von Mann und Frau voll Zucht und Würde und Hoheit sei und damit wahrlich voller Kultur» wie folgt kommentiert: «Katholische Jugendarbeit nach Diktatur und Krieg hatte wahrlich andere Schwerpunkte als heute, vertrat Positionen, *die heute kurios oder sogar abstrus erscheinen*». Hier zeigt sich nicht nur bröckelnder Verputz, sondern schon gefährlicher Substanzverlust!

Essener Katholikentag und Würzburger Synode ereigneten sich inmitten der Studentenunruhen und sind – was vor allem die Einflussnahme auf das Synodenpapier «Ziele und Aufgaben kirchlicher Jugendarbeit» betrifft – ganz offensichtlich von deren Ideengut beeinflusst.

Als Vertreter einer «zeitanalytisch-kritischen Methode» haben sie sich ein Weltbild anstudiert, das nur noch in umwälzenden Reformen soziologischer, psychologischer und pädagogischer Erkenntnisse das Heil erwartet. Ihr eigenes Leben reflektierend, behaupten sie, alle Jugend leide an einem gestörten Verhältnis zu Familie, Kirche und Staat.

Die Schlussfolgerung: Wir müssen ihr ein neues Lebenskonzept offerieren, damit sie mit ihren Problemen fertig wird. Der Denkansatz für eine Lösung – wie es bei früheren Grundsatzerklärungen selbstverständlich das Evangelium war – wird nun durch die Erforschung gesellschaftlicher Bedingungen ersetzt. Und weil sich diese ständig wandeln nach dem «panta rhei» (alles ist im Fluss) der griechischen Philosophie, ist für dieses Denken nichts von Dauergültigkeit, sondern immer nur die augenblickliche Lösung, die im nächsten Moment von einer anderen abgelöst zu werden verlangt. Es gibt also nichts von Beständigkeit, so dass man alles Alte bedenkenlos verschrotten kann. – Als Christen wissen wir zwar auch um die Vergänglichkeit im menschlichen Leben; trotzdem hat uns Gott in seinem Sohn das dauerhaft Gültige zu erkennen gegeben, dem wir uns immer wieder zuwenden müssen, um nicht im Wandel der Zeit Gefahr zu laufen, die Orientierung zu verlieren.

Jesus allein offenbart uns eine positive Lebenserfahrung, die bei allen Widerwärtigkeiten des Lebens jene frohe und beglückende Begeisterung hervorbringt, die Mitglieder bündischer Jugend unter dem Christusbanner auszeichnete.

Der Synodenbeschluss wirkte auf Ehemalige wie Augustinus Reineke wie eine Fremdsprache: «Mir war in Inhalt und Form vieles fremd darin... So wusste ich mit der ‹reflektierten Gruppe› nichts anzufangen, aber nicht nur mit ihr... Nach der Verabschiedung fanden sich im Vorraum der Synodenaula einige frühere Diözesanjugendseelsorger spontan zusammen... und stimmten alle zu, als einer kopfschüttelnd sagte: ‹Davon verstehen wir Ehemaligen nichts mehr›»[121]. Schade, dass sie ihr Verständnis nicht einbringen konnten, muss man heute rückblickend sagen. Der Jugendarbeit wäre dadurch mancher Irrweg erspart geblieben.

Der Synodenbeschluss über die Jugendarbeit in der Kirche zeigt ähnliche Schwächen wie so manche Auslegung von Konzilsbeschlüssen, wo es an Klarheit fehlt, hervorgerufen durch Kompromisse, auf deren gutwillige Auslegung man zu hoffen wagte, was dann doch schließlich zu dem heute herrschenden Meinungschaos führte, oder gar zur gänzlichen Missachtung des Textes. Beim Synodenbeschluss Kirchliche Jugendarbeit fand man sich mit dem «als im Ansatz richtig» ab, obwohl es äusserst fragwürdig ist, ob die Mehrzahl der Synodalen den Fachjargon, der sich aus Pädagogik, Soziologie und Psychologie in den Text eingeschlichen hat, überhaupt verstanden hat, zumal Bleistein in seiner Rückschau bemerkt: «Trotzdem ließ sich nicht ganz verhindern, dass der Text den ‹Endverbraucher›, also den Jugendlichen und den Gruppenleiter, aus dem Blick verlor und in Sprache und Argumentation eher die damals in die kirchliche Jugendarbeit eintretenden hauptamtlichen Sozialarbeiter und Jugendpfleger ansprach»[122].

Der BDKJ beharrt denn auch heute auf *seine* Auslegung des Textes laut BDKJ Journal: «Mehrfach hat der BDKJ-Bundesvorstand in den letzten Monaten vor dem Hintergrund des Konflikts mit der Deutschen Bischofskonferenz an den Synodenbeschluss ‹Ziele und Aufgaben kirchlicher Jugendarbeit› erinnert. Dies geschah aus Sorge, dass jenes kirchliche Fundament der Arbeit des BDKJ und seiner Mitgliedsverbände schleichend und unausgesprochen immer mehr in Frage gestellt wird»[123].

Man kann daran nur die Forderung anschließen, dass man endlich zu einer Sprachkultur zurückkehrt, die nicht des Fachidioten bedarf, um verstanden zu werden, sondern die merkwürdige Sprachblüten in eine allgemein verständliche Sprache zurückverwandelt, denn es geht ja in der Jugendarbeit nicht darum zu fachsimpeln, sondern jungen Menschen eine solide Lebensorientierung zu geben.

Und hier nun die Stationen des rasanten Abstiegs des BDKJ seit 1971 nach Schwab:

1971: Die Bischöfe verweigern zum ersten Mal in der Geschichte des BDKJ die notwendige Zustimmung zu einer Bundesordnung.

1973 lehnt die Deutsche Bischofskonferenz die Kandidatur des Bamberger Diözesanjugendseelsorgers Alois Albrecht für das Amt des Bundespräses ab.

1976 tritt ein Bundesleiter des KJG auf bischöflichen Druck zurück, weil er zur Zeit seiner Wahl mit seiner späteren Frau zusammengelebt hat.

1978 fordert die Bischofskonferenz die KJG auf, eine neue Bundesleitung zu wählen, andernfalls drohe der Entzug der Anerkennung als katholischer Verband.

1984 erneuter Konflikt des KJG mit der DBK wegen eines Songbuches sozialistischen und unmoralischen Inhaltes.

Ebenfalls 1984 Kürzung der kirchlichen Gelder für das Jugendhaus Düsseldorf um einen Drittel.

1988 nimmt der gewählte Bundesvorsitzende des BDKJ die Wahl nicht an, weil ihm der Stimmenanteil zu knapp ist.

1989 veranstaltet der BDKJ ein Solidaritätsfest in Fulda mit 4'500 Teilnehmern aus Protest gegen die Entmachtung des BDKJ in Fulda durch Erzbischof Dyba.

Hier enden die Aufzeichnungen von Martin Schwab, obwohl es weitere gravierende Schwierigkeiten zwischen BDKJ und Episkopat in den folgenden Jahren gab[124]. Es handelt sich dabei vor allem um die laszive Einstellung des BDKJ in Fragen der Sexualmoral (siehe Zeittafel, Tabelle C)

BDKJ

Jetzt sind Plakate unserer Fahnen
und Demos die Bekenntnistage.
Und die Parolen, die wir tragen,
sind die Gebete unserer Tage!

Übt euch im Kritisch-Hinterfragen,
sollt niemals Ja noch Amen sagen.
Und schafft der Linken freie Bahnen,
dann wird die Welt bald Frieden haben.

Reisst mit uns die Strukturen auf,
die neue Zukunft uns verbauen,
und uns auf unserem Lebenslauf
die Macht der Selbstbestimmung rauben.

Ob Staat, ob Kirche – einerlei,
verweigert euch, – das macht euch frei.
Fragt nicht, was die «von oben» denken,
wir werden sie «von unten» lenken. –

Es war einmal das hehre Ziel,
dass Christus leb' in deutscher Jugend.
Doch heute gilt der Bund nicht mehr
und auch des Namens Treu und Ehr'!

(Eine Parodie auf Georg Thurmairs
«Nun sind Gesichter unsere Fahnen und Leiber unser Schaft»)

2.3 Die Entwicklung katholischer Jugendarbeit in der sowjetischen Besatzungszone, der späteren DDR, bis zur deutschen Wiedervereinigung 1989

Die Darstellung katholischer Jugendarbeit im Nachkriegsdeutschland wäre unvollständig ohne die Einbeziehung ihrer Entwicklung im sowjetischen Machtbereich der Ostzone.

Die Ablösung einer Diktatur durch eine andere, der braunen durch die rote, hatte zur Folge, dass nur die Wachmannschaft wechselte, doch die Menschen den gleichen Schikanen ausgesetzt waren wir vorher. Die erhoffte Freiheit wurde den Menschen in der Sowjetzone vorenthalten. Zunächst sah es so aus, als wollten die Russen dem Westen gegenüber sich verhandlungsbereit zeigen, um die Einheit Deutschlands zu wahren. Deshalb ließen sie ausser der kommunistischen auch andere Parteien zu, und die Kirche erhielt die Möglichkeit, Gruppenarbeit zu organisieren, obwohl diese von Anfang an auf den religiösen Bereich beschränkt wurde. Dies bezog sich vor allem auf die Jugendarbeit; der Kirche wurde zugestanden, in ihren Räumen die Jugend religiös zu unterweisen, so wie das zuletzt auch von den Nazis geduldet worden war.

Auf kommunaler Ebene wurde die FDJ (Freie Deutsche Jugend) [125] gegründet, die als Staatsjugend in der 1949 gegründeten DDR wie bei der Hitlerjugend das Erziehungsmonopol erhielt. Dem Muster des «Komsomol», der kommunistischen Jugendorganisation der Sowjetunion folgend, wurde 1948 auf Beschluss des Zentralrates der FDJ der «Verband der Jungen Pioniere» gegründet, dem man 1952 den Namen «Ernst Thälmann» verlieh, wobei die 6-10jährigen «Jungpioniere» hießen und die 10-14jährigen «Thälmannpioniere»[126].

Die FDJ, die anfangs in allen Besatzungszonen ihre Tätigkeit entfaltete, besaß zunächst konfessionelle Offenheit, bevor sie «Kampforgan für den Aufbau des Sozialismus» wurde. Sie duldete nicht nur religiöse Bindungen ihrer Mitglieder, sondern stand im regen Kontakt mit konfessionellen Vereinigungen. Dahinter stand allerdings weniger der Wille zu einer echten Partnerschaft, die auf Gleichberechtigung für alle Überzeugungen gerichtet wäre, sondern das hegemoniale Bestreben der Sowjets und ihrer Marionetten nach Machterweiterung. Diese geschickt getarnte Ausdehnungstendenz in die westlichen Zonen hinein hatte man wohl bald durchschaut, und so stellte man weitere Kontakte mit der FDJ in die Abhängigkeit von vier zu erfüllenden Bedingungen:

«Freilassung aller aus politischen Gründen inhaftierten Jugendlichen in der Sowjetzone;

Verzicht der FDJ auf ihr Privileg als Staatsjugend;

Zulassung der demokratischen Jugendverbände in der Sowjetzone;

freier Vertrieb der westdeutschen Jugendzeitschriften in der Sowjetzone.»[127]

Dass solche Forderungen von seiten der FDJ nicht erfüllt werden konnten, lag insofern nahe, als diese der verlängerte Arm der kommunistischen Zonenregierung war, die nicht bereit war, auf ihr Machtmonopol zu verzichten. Dass die FDJ 1951 in der Bundesrepublik verboten wurde, ist aus der Entwicklung dieser Staatsjugend zum Instrument der Agententätigkeit für die SED gut verständlich. Es war von Segen für die wirklich freien Jugendverbände, dass sie auf Distanz gingen und blieben zu einer staatsparteilich gesteuerten Jugend, die nur eins im Sinne hatten, nämlich mit Schalmeien die Jugend in ihr Netz der Unfreiheit zu locken wie vormals die HJ.

Wenn man bedenkt, dass im Jahre 1946 etwa 12% der Menschen in der sowjetisch besetzten Zone katholisch waren, was gegenüber 1939 schon eine Verdoppelung besonders durch den Flüchtlingszustrom bedeutete, so heisst das dennoch im Vergleich zur Gesamtbevölkerung von rund 17 Millionen Einwohnern, eine zahlenmäßig unbedeutende Minderheit zu sein, wenn das gleiche auch für ihre Ausstrahlung nicht galt.

Die größere Staatshörigkeit des evangelischen Bevölkerungsteils, in dem der bekennende Teil eine weitere Minderheit bildete, machte es kaum möglich, eine wirksame gemeinsame Front zur Durchsetzung kirchlicher Belange zu bilden. Da kam der katholischen Kirche schon eher ihre Einbindung in die Weltkirche zugute, worauf das Regime um des eigenen Prestiges willen Rücksicht nehmen musste. Die katholische Jugend der DDR war gezwungen, ein Doppelleben zu führen, ein solches in Familie und Kirche, und ein zweites in Schule und Öffentlichkeit.

Das Urteil über diese Jugend, die wie Christen im Islam als minderwertig abgestuft wurde und ständig unter gesellschaftlichem Druck stand, liegt im Titel des Buches, das über sie geschrieben wurde: «Die Kraft wuchs im Verborgenen», eine Gegenkraft, die sich der Unterdrückung widersetzte, weil sie eine lebendige Beziehung zu Christus und seiner Kirche lebte, so wie solche Kraft auch einmal Jungmännerverband und Sturmschar gegen den Hitlerungeist immunisierte. Man sagte nicht, was man dachte und dachte nicht, was man sagte, sobald man mit der Öffentlichkeit in Kontakt kam oder verhört wurde. Wenn eben möglich, lebte man ganz zurückgezogen: «Dieses ‹Eingekapselte› in der DDR-Zeit bewirkte, dass wir viele Strömungen aus dem Westen nicht übernommen haben.

So gelten die Christen hier als konservativ. Die Jugend machte da keine Ausnahme: Was der Pfarrer oder der Bischof sagte, das wurde geglaubt, was der Parteigenosse oder der Lehrer sagte, wurde grundsätzlich erst einmal angezweifelt. Ja, katholische Jugend identifizierte sich ganz mit der Kirche. Papst, Bischöfe, Priester... gehörten alle in diese konkrete Kirche hinein. Vor der ‹Wende› hätte doch kein Jugendlicher vor Nichtchristen den Bischof kritisiert, im Gegenteil: er wurde in Schutz genommen. Innerhalb der eigenen Kirchenräume wurde jeder Satz der Bischöfe in Hirtenbriefen, der Kritik am Staat zum Ausdruck brachte, bejubelt und beklatscht.»[128]

Blicken wir auf die Jugend im Westen und ihren modernen Lebensstil, so zeigt sich, dass nur wenige fähig sind, gegen den Trend der Zeit ihre christliche Berufung allein aus dem Bewusstsein, den Anforderungen, ein Leben in christlicher Verantwortung zu erfüllen, gerecht zu werden. So betrüblich auch eine Verfolgung der Kirche ist, im Sturm sind ihre besten Früchte gereift; die Heiligen, Bekenner und Blutzeugen. Im Hinblick auf die Wiedervereinigung stellt sich aber auch die Frage: Muss der Ideentransfer, der auch aus dem kirchlichen Bereich nun ungehindert den Osten überschwemmen kann, nicht dort eine große Verunsicherung hervorrufen, den guten Geist bei denen löschen, die als junge Menschen ihre Berufschancen aufs Spiel setzten, weil ihnen die Treue zu Christus und seiner Kirche wichtiger war?

Werden die Führenden und Leitenden in unseren Verbänden die Demut aufbringen, sich vom Widerstandsgeist einer gläubigen ehemaligen DDR-Jugend anstecken zu lassen und nicht umgekehrt diese Jugend in den Sog der Kritiksucht, Gleichgültigkeit und Beliebigkeit hineinziehen? Dann hätte die Kirche durch die Wiedervereinigung eher verloren als gewonnen! Umgekehrt aber muss sich auch die katholische Jugend in den ostdeutschen Bistümern bewusst werden, dass ihr eine missionarische Aufgabe zugewachsen ist, die gewiss zunächst ihr Umfeld betrifft, aber auch im Sinne einer Mitträgerschaft an der christlichen Erneuerung unserer gesamten deutschen Jugend besteht.

Anlässlich der Gründung der «Don-Bosco-Jugend Görlitz» am 26.1.1991 hat Bischof Huhn seinen jungen Christen folgende Wegweisung ins Stammbuch geschrieben, die in der gesamtdeutschen Jugendarbeit zur Grundregel werden muss: *«Bewährtes soll bewahrt werden.* Vor 45 Jahren haben nach den Schrecken des Krieges in schwerer Zeit Männer der Kirche wieder mit Jugendarbeit im Gebiet unserer Apostolischen Administratur begonnen... Diese Jugendarbeit musste unter den Bedingungen einer kommunistischen Diktatur geleistet werden. Vieles war verboten und konnte sich nicht entfalten. Damit waren aber auch Seelsorger und junge Christen zugleich gezwungen, sich auf das Wesentliche zu besinnen, auf den festen Grund aller Seelsorge: Jesus Christus ist der Grundstein, das Fundament seiner Kirche, unseres Lebens.

Er ist caput et fons, Haupt und Quelle, Mitte, Anfang, Ende, Alpha und Omega, Weg, Wahrheit und Leben. Darum war das Herzstück unserer Jugendarbeit in der Notzeit der letzten vier Jahrzehnte die Begegnung mit Jesus Christus in der Feier der hl. Eucharistie, im Hören auf sein Wort, im Empfang der hl. Sakramente, in seiner Nachfolge, in der Liebe zu seiner Kirche, in der *Er* fortlebt unter uns, im Zeugnis vor der Welt, deren einziges Heil *Er* ist. Bewährtes muss bewahrt werden. Ich gebe es der Don-Bosco-Jugend Görlitz am Tag ihrer Gründung mit auf den Weg: Jesus Christus muss Grund und Fundament eures Verbandes sein und bleiben, sonst steht ihr auf wackligen Füßen... Gründung aber heisst... auch: Neues wagen! Jede Gründung ist auf Zukunft angelegt. Eine neue Zeit erfordert neue Formen. Wie kann der alte Glaube neu ausgesagt werden? Wie kann das christliche Zeugnis in die neuen Freiräume unserer Gesellschaft vorstoßen?... Wie kann eine gesunde Kritik junger Menschen der Kirche und der Gesellschaft dienen?... Bewahren und wagen sind keine Gegensätze. Wenn wir einen Berg besteigen, muss der eine Fuß immer festen Grund haben, der andere kann einen neuen Felsvorsprung suchen. Wer keinen neuen Schritt wagt, kommt nicht voran, wer ins Ungewisse springt, stürzt ab... Johannes Don Bosco, der in seiner Zeit aus der Kraft des alten Glaubens neue Wege ging, kann euch zeigen, was es heisst: Bewährtes bewahren und neue Wege wagen!» [129]

«Eine Aufgabe gibt es, der alle Jugendlichen entgegenstreben müssen, welches auch immer ihre besondere Berufung ist. Die Stunde der Gegenwart ist in Wahrheit die Stunde des Evangeliums, nachdem die Systeme und Lehren, die Gott entbehren zu können meinen, gescheitert oder am Scheitern sind. Wir brauchen deshalb junge Menschen von kompromissloser Gläubigkeit, mit der Bereitschaft, auf Mittelmäßigkeit zu verzichten und der Zweideutigkeit zu entsagen. Die Jugend wird die Stütze der kommenden Zeit sein, und sie hat es daher unbedingt nötig, körperlich und seelisch gesund heranzuwachsen, damit man nicht nachher ein Geschlecht habe, das belastet ist mit den Keimen des Siechtums und Lasters. Katholische Jugend heisst: gläubige, lebendige, heilige Jugend.» (Pius XII.)

Bundeskanzeler Dr. Konrad Adenauer bei Papst Pius XII.

III.
Aufbruch zur Erneuerung katholischer Jugendarbeit durch Befreiung von ideologischer Verfälschung

«Erntet man etwa von Dornen Trauben oder von Disteln Feigen?» (Mt 7,16)

Die Aufgabe der kommenden Jahre – über die Schwelle des Jahres 2000 hinaus – wird es sein, der herrschenden Linkssteuerung in die Untergangsgesellschaft mit den kirchlichen Begleiterscheinungen der Gottvergessenheit eine neue Aufbruchsstimmung aus den verbliebenen Reserven katholischer Jugend entgegenzusetzen, so wie es Kardinal Meisner in seiner Silvesterbotschaft 1994 zum Ausdruck brachte: «Die Erneuerung der religiösen Substanz durch nonkonformistische Rückkehr zur gesunden Lehre des Evangeliums ist das Gebot der Stunde in Deutschland»[130].

Er spricht von «zeitgeistsynchronisierter Kirchlichkeit» und verlangt den «unverschämten Glauben» und mahnt einen neuen Überzeugungsstolz an: «Im Grunde jedoch müsste man stolz sein können, fundamental zu denken. Jeder, der ein Haus baut, ist ein ‹Fundamentalist›, indem er selbstverständlich für ein solides Fundament Sorge trägt. Wer käme auf die Idee, zu sagen, man brauche für die vier Grundmauern eines Hauses kein festes und sicheres Fundament? Treffen wir dagegen eine Grundaussage über Gott, indem wir unseren Glauben auf ein festes Fundament stellen, fällt dies heute unter das Verdikt basisdemokratisch unerlaubter Denkweisen[131].

Von der Intellektuellenrevolte von 1989 zur basisbetonten «Wir sind Kirche»-Rebellion zieht sich eine Linie des Aufruhrs, der eine bis dahin unvorstellbare Kirchenaustrittsbewegung hervorgerufen und die Jugend in die religiöse Gleichgültigkeit hineingetrieben hat, wobei ihr die verführerische Religionsmündigkeit mit 14 Jahren staatlicherseits die Trennung von der Kirche erleichtert.

Zu keiner Zeit hat es wohl in der Kirche eine solche Informationsflut gegeben, wie sie sich aus verschiedenen Kanälen in die Pfarrhäuser ergießt, zum Leidwesen so manchen Pfarrers, der bei der Verwaltung mehrerer Pfarreien den «Segen» gleich doppelt oder dreifach empfängt.

Dies offenbart eine zwar effiziente Verwaltung, die sich brüsten kann, mit dem Computerzeitalter Schritt halten zu können; doch wird deshalb keine Seele mehr gerettet. Auch die so zäh gegen Sparmaßnahmen verteidigten Stellenbesetzungen sind kein Attribut kirchlicher Effizienz; sie zeugen höchstens von einer gewissen Finanzpotenz, deren sich Kirche und Verbände immer noch erfreuen. Sie können sogar kontraproduktive Auswirkungen haben, wenn Trägerinnen und Träger kirchlicher Ämter ihre Positionen missbrauchen, um aus kritischer Distanz zur Kirche ihr reflektiertes Glaubensdefizit pädagogisch zu vermarkten.

Dies aber ist der Stein des Anstoßes, der in katholischer Jugendarbeit Erneuerung verhindert, getragen von einer starken innerkirchlichen Lobby, die – wie im Marxismus selbst – in der Zerstörung von Familie und Moral die besten Voraussetzungen für den Sieg der Ideologie glaubt gefunden zu haben. Natürlich fehlt es nicht an gelegentlichen journalistischen «Kniebeugen», um die Irritation zu schwächen, doch wer gerade im Bereich der Jugendliteratur sich sorgfältig orientiert, wird bald aus den oft schwer verständlichen Satzformulierungen den Leitgedanken erkennen, obwohl ich ernsthaft zweifle, ob selbst besser gebildete Jugendliche den ideologisch-esoterischen Sprachstil verstehen.

Unsere Kirche in Deutschland bedarf einer dringenden Kurskorrektur, die den Oppositionsgeist gegen die von Rom vertretene Weltkirche ablegt und sich wieder dem Glaubenserbe unserer Vorfahren zuwendet. Den Leichtsinn, mit dem Altbewährtes veränderlichen Zeitanschauungen geopfert wurde und wird, muss die Hinwendung zum Erbe unserer Vorfahren, wozu auch die vorbildliche Jugendführung der früheren Jugendverbände gehört, ablösen. An ihrem Beispiel muss sich eine neue *bekennende* katholische Jugend orientieren.

Diesen Zusammenhang will dieses Buch herstellen; es will aufmuntern, an die Stelle einer Hobby- und Freizeitverbandsarbeit die Priorität des Glaubenszeugnisses zu setzten, sich zu einem *BKDJ*, d.h. zu einer *Bekennenden-Katholischen-Deutschen Jugend* zu verpflichten, die sich nicht in Negation und Kritik gegen alles Institutionelle abschottet, sondern ihre Augen weitet für eine positive Sicht des Lebens und der Umwelt. Unsere Bischöfe aber wollen wir an ihren Nachkriegsschwur erinnern, an ihr erstes Wort nach dem Krieg vom 23. August 1945: «Wir wollen neu aufbauen und sind dankbar für jede Hilfe, die uns zuteil wird bei unserer religiösen Sendung. Wir hoffen, dass katholischen Eltern wieder die Möglichkeit gegeben wird, ihre Kinder in katholische Schulen zu schicken.

Es gibt keine bessere Bürgschaft für die Gesundung der geistigen Lage als eine wahrhaft religiöse Erziehung, die in der Bekenntnisschule gesichert ist. Darum bestehen wir in Einmütigkeit und Übereinstimmung mit den Weisungen Papst Pius' XI. in seiner herrlichen Erziehungsenzyklika auf der katholischen Schule für die katholischen Kinder.

Wo keine Möglichkeit einer öffentlichen katholischen Schule gegeben ist, muss der Kirche die Freiheit bleiben, private katholische Volksschulen zu errichten... Wir erwarten von allen Gläubigen, dass sie unsere Bemühungen um die echt katholische Erziehung der Kinder nach Kräften unterstützen»[132].

Wie steht es mit dem zuletzt geäusserten Wunsch heute? Wird nicht denen, die in unseren Tagen bemüht sind, aus Eigenverantwortung als Eltern und Erzieher schädliche Einflüsse von unserer Jugend fernzuhalten – wobei sie manchmal gezwungen sind, die eigenen Kinder dem Religionsunterricht zu entziehen, um sie der Kirche zu erhalten – Schwierigkeiten bereitet, und denen gerade noch ein «Mauerblümchen-Dasein» gewährleistet, die sich abseits vom BDKJ zu Gruppen formieren?

Ist es nicht geradezu ein Gebot der Stunde, jene nach Kräften zu unterstützen, die kein Opfer scheuen, um Gebets- und Apostolatsgemeinschaften als lebendige Zellen zu bilden, und auch Kinder und Jugendliche in ihre Kreise einbeziehen? Sie müssten selbst gegen den Widerstand konkurrenzscheuer innerkirchlicher Instanzen gefördert werden, weil ihr Schicksal die Zukunft der Kirche sein wird.

Wenn Nietzsche urteilt, die Deutschen seien entweder von «vorgestern oder von übermorgen»[133], so drückt er damit eine deutsche Charaktereigenschaft aus, die zu extremen, sich widersprechenden

Positionen neigt. Es ist aber so, dass nur die Fähigkeit des klugen Abwägens verschiedener Auffassungen den Standpunkt ermitteln kann, der für die Gegenwart bestimmt und geeignet ist.

Als Ratgeber sollten wir uns keineswegs der öffentlichen Meinung anvertrauen, die sich uns mit flüchtigen Parolen aufdrängt, die oft schon morgen ihre Gültigkeit verloren haben. Wer zuverlässige Orientierung sucht, findet sie im Wort Gottes, das sowohl vorgestern als auch übermorgen seine Gültigkeit behält.

Seit Würzburg und dem dort erarbeiteten Synodenpapier über die Jugendarbeit bedarf es einer sorgfältigen Analyse gleichgearteter Leitlinien, weil mit der gewandelten Ausdrucksweise sich ein geänderter Sinn verbindet, der sich nicht als Fortschreibung früherer Bildungs- und Erziehungsgrundsätze versteht. Fortschreibungen können und sollten auch eine sinngemäße Weiterführung des einmal als gültig Festgelegten bedeuten, so dass die Identitätswahrung gewährleistet ist; sind sie es nicht, so kann unter dem gleichen Verbandsetikett etwas ganz anderes entstehen, das sich zwar als «zeitgemäß» ausgibt, doch dies nur als Begründung für einen ideologischen Wandlungsprozess vortäuscht.

Äussere Lebensveränderungen, die durch technischen und zivilisatorischen Fortschritt unvermeidbar sind, rechtfertigen keine «Kernreaktion», die das dato Gültige zersprengt. Sowohl vom Erscheinungsbild her als auch von den veränderten Satzungen aus stellt sich die berechtigte Frage, ob die unter dem Dach des BDKJ zusammengefassten Verbände noch ihr Selbstverständnis in dem der Kirche treu ergebenen Jugendbündnis sehen, wie dies für den Mitbegründer Ludwig Wolker völlig indiskutabel gewesen wäre. Es besteht wohl kein Zweifel, dass er die sogenannte «kritische Distanz zur Kirche» energisch und mit Entrüstung zurückgewiesen hätte.

Es wird heutzutage von der «grassierenden Multioptionalität» geredet, für die alle Dinge wichtig oder auch insgesamt unwichtig sind. «Konsequenz dieser Multioptionalität ist eine subjektive Sinnkonstruktion in eigener Entscheidung und Verantwortung; die ‹Bastelbiographie› und die ‹Patchwork-Identität› sind ihr Resultat»[134].

«Pluralität» ist einer der am meisten gebrauchten Begriffe im kirchlichen Jugendschrifttum, der sich auch in den Abwandlungen von

«Multi» und «Pluralismus» findet. Konturlosigkeit und Unverbindlichkeit können die Folgen sein, Gleichgültigkeit und Egozentrismus. Der Schwarm für die «multikulturelle Gesellschaft» verbindet sich mit einem «synkretistischen Ökumenismus», der mit allen Spielarten des religiösen Spektrums sympathisiert. Toleranz gegenüber Andersdenkenden ist ein sinnvolles Postulat auch aus christlicher Gesinnung. Doch Multioption, die im Verzicht auf eigene Sinn- und Wertsuche besteht, führt nicht zur reifen Menschwerdung, sondern birgt die Gefahr in sich, Opfer des stärkeren spirituellen oder kulturellen Sogs zu werden, wovon alle ideologischen Systeme, besonders die extremen, profitieren.

Kirchliche Jugendarbeit erfüllt nur dann ihren Auftrag, wenn sie dem Jugendlichen die Option für das Christliche verständlich macht, seinen Glauben an Christus stärkt und seine Einbindung in die Kirche fördert. Die ständige Ausflucht in das Gerede von der nicht mehr Ansprechbarkeit der Jugend für Glaube und Kirche dient weitgehend als Alibifunktion für das eigene religiöse Versagen der Führenden oder Leitenden. «Welche Zukunft bieten wir den heranwachsenden Jugendlichen, wenn wir sie in ihrer Unreife ihren Instinkten überlassen?», fragt Johannes Paul II. und fährt fort: «Haben wir nicht die Pflicht, ihnen über den Schaden und das Leid, das durch moralisch verantwortungsloses Sexualverhalten verursacht werden kann, die Augen zu öffnen? Ist es nicht unsere Aufgabe, sie mit einer anspruchsvollen Ethik herauszufordern, die ihre Würde voll und ganz achtet und sie zu jener Selbstbeherrschung hinführt, die für die Konfrontation mit zahlreichen Forderungen des Lebens notwendig ist?»[135]

Damit kommt auch schon das leidige Thema zur Sprache, die Infizierung des BDKJ durch den sexuellen Libertinismus. Wegen der ihm kirchlich zugewiesenen und immer noch aufrecht erhaltenen Schlüsselstellung in kirchlicher Jugendarbeit, die die Jugendseelsorge einschließen sollte, ist dieser Umstand ein Skandal sondergleichen. Hierbei könnte höchstens ein Defizit an theologischer Bildung als mildernder Umstand geltend gemacht werden, das auch in anderen Bereichen wie im sogenannten «Demokratieförderplan» erschreckend deutlich wird, was man nicht anders als «versimpelnde Vulgärtheologie» bezeichnen kann. Schon seit Jahren mehren sich die Stimmen, die ein weiteres Dulden dieser Vorgänge von seiten der Diözesanleitungen nicht mehr länger dulden wollen, und von denen viele als Väter und Mütter ihrer Kirche den berechtigten Vorwurf machen, ihre Kinder der Gefährdung im Glaubens- und Sittenbereich auszusetzen. Andererseits werden Priester und Eltern, die initiativ tätig werden wollen, ihre Kinder einer ihrer Überzeugung gemäßen Jugendarbeit zuzuführen, massiv behindert.[136] Und das ist das zweite Skandal!

Ein Übel, das bereits das Ausmaß einer Epidemie angenommen hat, ist natürlich schwer zu bekämpfen, zumal dann, wenn – wie mir scheint – es dazu an Hilfskräften fehlt. Aber man sollte doch um Gottes willen nicht auch noch jene behindern, die der Ansteckungsgefahr vorbeugen wollen.

Wie etwas zum Flächenbrand wird, wenn man den Einzelherd nicht genügend bekämpft, verdeutlicht das Kirchenvolksbegehren. Es hätte gewiss nicht so viele irregeleitete Unterzeichner gegeben, wenn rechtzeitig zu allen Punkten des Forderungskatalogs ein eindeutiges Wort der Bischöfe Stellung bezogen hätte. Alle diese sich immer mehr zuspitzenden Forderungen an die Kirche treiben letztendlich in die Spaltung, denn sie gründen in einer «populistischen Theologie», die nur das von der Lehre der Kirche gelten lässt, das eigenes Denken, Begreifen und Wollen unterstützt.

Damit wird sie zur selektiven Theologie, die dem Menschen freistellt, das zu glauben und so zu handeln, wie er glauben und handeln möchte. Was sich seiner Einsicht entzieht, besitzt höchstens symbolischen Charakter und wenn überhaupt einen Wert, dann allein in der sozialen und zwischenmenschlichen Ausdeutung. Für das eigentliche Mysterium ist hier kein Platz, weshalb auch die Liturgie die moderne Agape-Form einer gehobenen Fete annimmt. In diesem Zusammenhang muss man die angestrebten oder auch das bereits durchgeführte Volksbegehren ansiedeln, das auf demokratischer Basis Entscheidungen in Lehrfragen herbeiführen möchte, die in die Kompetenz des Lehramtes fallen, dessen Autorität allein in der göttlichen Einsetzung und Berufung begründet ist.

Unverblümt gibt das durch die Aktion wohl profitierende «Publik-Forum» in seiner 2. Ausgabe 1996 zu verstehen: «Die fünf Punkte des KVB bleiben auf der Tagesordnung. Werden die heissen Eisen nicht angefasst, spitzt sich die Krise dramatisch zu. Den vielen Diskussions- und Aktionsgruppen, die sich an mehr als tausend Orten gebildet haben, geht es nicht mehr um das Ob, sondern um das Wie von konkreten schrittweisen Umsetzungen der Kirchenreform»[137]. Deutlicher kann die Drohung nicht ausgesprochen werden. Wird mit diesen 1000 Orten der Kern einer neu-katholischen Kirche angesagt? Etwas anderes kann es wohl nicht sein!

Eine Beschwichtigungspolitik (Appeasement), wie sie von einzelnen Bischöfen immer noch befürwortet wird, indem sie «Gesprächsbereitschaft signalisieren», wird das erhoffte Einlenken nicht bewirken, ganz im Gegenteil: es ermuntert nur zur Fortsetzung der Konfrontation, weil Erfolgschancen als aussichtsreich erscheinen. *Es müsste dagegen eine energische Entideologisierungskampagne aus der Defensive in die Offensive überleiten, die klarstellt, dass Familie, Schule, Staat und Kirche nicht dem utopischen Gedankenspiel konfuser Weltverbesserer überlassen werden, sondern der an Werten, Normen und Ordnungen gebundene gesunde Menschenverstand das Heft noch fest in der Hand hat.*

Die Pseudowissenschaftlichkeit der auf Schlagworten basierenden sog. «wissenschaftlichen Erkenntnisse» gilt es zu entlarven, wie dies Brezinka tut: «An wissenschaftlichen Maßstäben gemessen ist die Politische Pädagogik der Neuen Linken bis jetzt nicht mehr als ein dürftiges System von Schlagworten und deren Interpretation»[138]. Sie greift gezielt Reizworte auf wie «Mündigkeit», die nicht nur im Politischen[139], sondern auch im kirchlichen Bereich mit Berufung auf Konzilstexte hochgespielt werden.

Auch hier wird die Kritik an allem das «Reifezeugnis» des emanzipierten Katholiken, der sich vom «Joch» der Obrigkeitskirche durch eine «geschwisterliche» befreien möchte. Es dient nicht nur dem Eigenschutz der Kirche, wenn sie sich gegen die ideologische Unterwanderung wehrt, sondern auch den ihr verbundenen staatstragenden Einrichtungen von Familie und Schule. Denn der Angriff auf die Kirche und ihre Verfassung verbindet sich mit der Ablehnung ihrer Lehre und ihren Erziehungsprinzipien. Wie wenig die Familie im erzieherischen Konzept kirchlicher Erziehungseinrichtungen bedeutet, zeigt ihre Beurteilung als etwas, «auf das der Jugendliche auf Distanz geht». Im revolutionären Jargon ist sie «ein Mikrokosmos der autoritären Gesellschaft, die die in ihr Lebenden vom Kindesalter an zur Anpassung an autoritäre Verhältnisse zwinge. Sie hindere Kinder, Jugendliche und Erwachsene an der freien Entfaltung ihrer Genialität. Sie mache aus den Kindern Objekte der sexuellen Unterdrückung»[140], Gedanken«gut», das in die modernistische «Bibel» neuzeitlicher Kirchenkritiker und -reformer eingegangen ist. Der Negativkatalog, auf die Schule angewandt, sieht dann so aus: «Schulen ‹kerkern› die Kinder ein; sie sind ‹zwangsmäßige Wissensvermittler›; sie ‹versklaven› die Schüler; die Lehrer tragen zur ‹Verkümmerung› der Kinder bei...»[141].

Ein verhängnisvoller Freiheitsbegriff hat sich auch in die katholische Auffassung von der Erziehung bestimmter Kreise eingeschlichen: es sind Ungebundenheit und Selbstverwirklichung, über die der Nichttheologe Brezinka urteilt: «Die Aufgabe, Gott zu dienen, ist durch die Idee der ‹Selbstverwirklichung› ersetzt worden»[142]. Und wie beschämend müssten auf manchen Linkstheologen die Worte Senecas[143] wirken: «Frei ist, wer seiner eigenen Knechtschaft ledig wurde».

Man kann sie nur als Knechte des Antichristen bezeichnen, die in christlicher Bemäntelung die Zerstörung kirchlicher und gesellschaftlicher Ordnungen betreiben und ihre Mitmenschen an ihren Irrsinn ketten wollen. Sie richten sich selbst durch dasjenige, was sie hervorbringen: «Triebhaftigkeit, Egoismus, Primitivität und Gewalttätigkeit, arroganter Individualismus, sentimentales Mitleid mit sich selbst, Auflehnung gegen jede Autorität, Verhöhnung aller Tugenden...

Es ist die Welt des Wahnsinns, der Verbrechen, der sexuellen Perversitäten, der totalen Lieblosigkeit, der Grausamkeit, der Verzweiflung, des Selbstmordes. Es ist eine Welt ohne Schönheit, ohne Ordnung, ohne Würde und ohne Liebe.

Die extrem negativen Erfahrungen von Aussenseitern der Gesellschaft, die hasserfüllten Phantasiegebilde der Gescheiterten, die Wahnvorstellungen von Geisteskranken werden den Zeitgenossen als Zerrbilder zur Deutung des Menschen geboten. Das Niedrigste wird zur Norm erhoben, das Edle geleugnet und das Streben danach lächerlich gemacht»[144].

3.1 Das marianische Profil einer Bekennenden Katholischen Deutschen Jugend (BKDJ): gläubig, kirchlich, papsttreu

Dies herausfordernde Projekt katholischer Jugendarbeit mag dem Leser zunächst als deplaciert erscheinen. Denn alle Erfahrung mit jungen Menschen in unserer Zeit, auch wenn die Beziehung zur Kirche noch nicht ganz abgerissen ist, spricht gegen die Ermöglichung eines solch anspruchsvollen Programms.

Es gibt aber Gott sei Dank hoffnungsvolle Ansätze dieser Art, die leider von einer modernistisch besetzten Jugendpastoral nicht zur Kenntnis genommen, statt dessen verschwiegen und verdrängt und als spaltungsverdächtig gebrandmarkt werden. Wenn dem Geist Gottes die Kraft einer wirksamen Erneuerung aberkannt wird, weil solches nicht in das rationalistische Menschenbild von moderner Psychologie und Soziologie passt, so kann das Ergebnis, das uns heute in dem «Gerippe» BDKJ begegnet, nicht mehr verwundern. Auf dem «Schwachsinn» von Materialismus und Rationalismus lässt sich eben keine lebendige jungkatholische Kirche gründen und erbauen! Dafür bedarf es nicht großartiger Gedankensysteme einer sich fortschrittlich gebenden Sozialpädagogik, sondern des schlichten Glaubens, aus dessen Baustein sich der frühere Bau katholischer Jugendverbände zusammensetzte.

Rückblickend bemerkt Hans Schroer in seinem Beitrag zur Sturmschargeschichte: «Die aus dem Laienstande aufbrechenden jungen Christen waren so etwas wie Rohdiamanten, von Schule und Universität nicht besonders gebildet, aber auch – zu ihrem Vorteil – nicht verbildet. Pädagogik und Psychologie waren für die meisten – dem Herrn sei Dank! – unbekannte Begriffe. Die ganze sich heute breit machende akademische Terminologie um Gruppenprozesse, Curriculae und Konfliktbewältigung hätte als schillerndes Fachchinesisch bei uns nur abweisendes Schulterzucken verursacht. Der Versuchung überflüssiger Verwissenschaftlichung sind wir auch später nicht erlegen. Was diese erste Garnitur von jungen Führern auszeichnete, waren ihr fester Charakter, Verantwortungsbereitschaft, ein überdurchschnittlicher Bildungswille und die Offenheit für den manchmal sicher erschreckenden Anruf Gottes»[145].

Die Versuchung ist groß, sich mit dem Hinweis auf die Klagen antiker Schriftsteller über die Jugend ihrer Zeit, wie wir sie beim Philosophen Sokrates († 399 v. Chr.)[146], finden, zu beruhigen, «denn es war ja doch schon immer so».

Jeder Generation stellt sich die gleiche Aufgabe der Jugenderziehung durch Belehrung und Vorleben. In dem Maße wie eine Generation diese Aufgabe erfüllt, trägt sie zu einem geordneten Gesellschaftsleben bei. Dies gilt auch für die Kirche und die Erfüllung ihres spezifischen Erziehungsauftrags, der sich von ihrer Sendung ableiten lässt, wie ihn das Zweite Vaticanum in einer Erklärung zur Erziehung (Gravissimum Educationis) herausstellt: «Ein ganz besonderer Erziehungsauftrag ist der Kirche zu eigen, nicht nur weil auch sie als eine zur Erziehung fähige menschliche Gemeinschaft anzuerkennen ist, sondern vor allem deshalb, weil sie die Aufgabe hat, allen Menschen den Heilsweg zu verkünden, den Gläubigen das Leben Christi mitzuteilen und ihnen mit unablässiger Sorge zu helfen, dass sie zur Fülle dieses Lebens gelangen können»[147].

Soweit Jugendarbeit in die Kirche einbezogen ist und von ihr getragen wird, hat sie die Kriterien zu erfüllen, die das Konzil als unabdingbar anzeigt und als gewichtig (gravis) noch einmal mit einer feierlichen Einführung hervorhebt: «Ebenso erklärt die Heilige Synode: Die Kinder und Heranwachsenden haben ein Recht darauf, angeleitet zu werden, die sittlichen Werte mit richtigem Gewissen zu schätzen und sie in personaler Bindung zu erfassen und Gott immer vollkommener zu erkennen und zu lieben»[148].

Gemessen an diesen konziliaren Richtlinien bietet sich uns ein recht tristes Bild katholischer Erziehungsarbeit in den Jugendverbänden. Religiöse Bildungsarbeit ist auf ein Minimum geschrumpft und tritt als Anhängsel eines ansonsten mit Freizeitangeboten vollgestopften Programms in Erscheinung. Die Erwartungen des Konzils zielen jedenfalls in eine andere Richtung. So heisst es im Dekret über das Laienapostolat (Apostolicam Actuositatem), nachdem der Jugend vom Konzil eine besonders Gewichtigkeit in der heutigen Gesellschaft zuerkannt wird: «Diese ihre gesteigerte Gewichtigkeit in der Gesellschaft fordert von ihnen ein ähnlich gesteigertes apostolisches Wirken. Ihre eigene natürliche Art macht sie dazu ja auch geeignet. Im wachsenden Bewusstsein der eigenen Persönlichkeit, getrieben von vitaler Begeisterung und überschäumendem Tatendrang, übernehmen sie eigene Verantwortung, begehren sie ihren Anteil am sozialen und kulturellen Leben: Wenn dieser Eifer vom Geist Christi, von Gehorsam und Liebe gegenüber den Hirten der Kirche erfüllt ist, kann man davon überreiche Frucht erhoffen.

Junge Menschen selbst müssen die ersten und unmittelbaren Apostel der Jugend werden und in eigener Verantwortung unter ihresgleichen apostolisch wirken, immer unter Berücksichtigung des sozialen Milieus, in dem sie leben»[149]. Diesen letzten Satz erklärt das Dekret etwas später wie folgt: «Das Apostolat im sozialen Milieu, nämlich das Bemühen, Mentalität und Sitte, Gesetz und Strukturen der Gemeinschaft, in der jemand lebt, im Geist Christi zu gestalten, ist so sehr Aufgabe und Pflicht der Laien, dass sie durch andere niemals entsprechend erfüllt werden kann»[150].

Man gewinnt bei Durchsicht neuerer Literatur über die Jugendbewegung und Jugendarbeit der Kirche in den zwanziger und dreissiger Jahren den Eindruck, als handle es sich damals um eine zeitbedingt milieu- und mentalitätsgebundene einmalige Erscheinung, die für die Gestaltung gegenwärtiger Jugendarbeit der Kirche unbedeutend sei. Doch hat die archivalische Leistung der Vergangenheitsdarstellung nur wirklichen Sinn, wenn aus ihr Erkenntnisse für die kirchliche Jugendarbeit von heute und morgen gewonnen werden. Die Autoren – was auch immer für Gründe damit verbunden sind – beschränken sich, soweit sie der jüngeren Generation zuzurechnen sind, auf die Aneinanderreihung einer Vielzahl von Zitaten, die sie nur selten bewerten, und wenn sie es tun, dann häufig mit einem negativen Unterton.

Es drängt die Zeit, sich loszureissen von einer Kirchenkritik, die 2000 Jahre Kirchengeschichte annullieren möchte, um ihr eigenes Kirchenprojekt verwirklichen zu können[151]. Wer die Absicht hat, die Jugend von der kirchlichen Tradition zu lösen und der Gegenwartskirche zu entfremden, indem alles Verbindliche in Liturgie und Lehre verworfen wird, baut nicht am Reich Gottes, sondern am Weltreich seines Widersachers; er wird zum «blinden Blindenführer» (Lk 6,39).

Ihre Untauglichkeit, Miterbauer am Jugendreich Gottes zu sein, beweist der Niedergang katholischer Jugendarbeit seit der verhängnisvollen Demontage gültiger Werte und Normen, wie sie die Richtlinien der Bischöfe für die kirchliche Jugendarbeit in den zwanziger und dreissiger Jahren aufweisen (siehe Anlage I), und die auch noch nach dem Krieg in den vierziger und fünfziger Jahren ihre Bestätigung fanden. Erst in den verhängnisvollen sechziger Jahren schlitterte die katholische Jugendarbeit in die Orientierungslosigkeit.

Wenden wir uns nun der Frage nach einer gegenwartsbezogenen und traditionsverbundenen katholischen Jugendarbeit zu. Es überrascht vielleicht der Hinweis auf das «marianische Profil» einer solchen neuzeitlichen Jugendarbeit. Zunächst darf nicht übersehen werden, dass die frühere katholische Jugendarbeit in ihrer Christusbezogenheit auch marianische Züge aufweist. So war das Bundesgebet «Der Engel des Herrn» und der Altenberger Dom mit seiner herrlichen Madonna zentrales Marienheiligtum im Bewusstsein katholischer Jugend. Bemerkenswert ist allerdings, dass es Wolker abgelehnt haben soll, die Anregung eines Bischofs aufzunehmen, der Jugend anstelle vielfältiger Aktionen das Rosenkranzgebet beizubringen.

Von daher gesehen gab es damals wohl eine etwas übertriebene Christozentrik in der religiösen Ausrichtung, die in der Muttergottesverehrung die Gefahr der Beeinträchtigung des Königtums Christi sah. Heute aber müssen wir erkennen, dass es die Gottesmutter selbst ist, die in den letzten beiden Jahrhunderten an verschiedenen Orten gerade die Jugend zu ihren Boten und engsten Vertrauten erwählte. So das Mädchen Bernadette Soubirous, Kind einer armen französischen Familie in Lourdes, der die Gottesmutter das erste Mal am 11. Februar 1858 beim Holzsuchen erschien. Wen wundert es, dass ihr Bericht von der Erscheinung der «schönen Dame» nicht ernst genommen wurde und man ihr von allen Seiten zusetzte, um ihr die angebliche «Einbildung» auszutreiben?

1917 sind es abermals Kinder, der die Gottesmutter in Fatima erscheint und Botschaften hinterlässt. Der Reigen lässt sich bis in die Neuzeit fortsetzen. Fast immer sind es Kinder, die Maria zu ihren Werkzeugen erwählt. Daraus muss man schließen, dass die marianische Ausrichtung unserer heutigen katholischen Jugendarbeit im Sinne des «Totus tuus» des Heiligen Vaters Johannes Paul II. Gottes und seiner Mutter Wille ist. Ich möchte sie auf den Nenner bringen: Jesusnachfolge unter Anleitung der Gottesmutter und ihrer Botschaften! So erging denn auch die erste Beauftragung an die Seherkinder in La Salette, Lourdes, Fatima, Marienfried und Medjugorje den Rosenkranz täglich zu beten. Was aber die Gottesmutter persönlich Kindern zugemutet hat, dürfen wir nicht als unzumutbar erklären. Ein «marianisches Profil» erlangen, bedeutet selbstverständlich mehr als nur eine Gebetsverpflichtung erfüllen, mehr auch als durch Gesang eine «Liebfrauenminne» zu pflegen, wie man sich in der alten Jugendbewegung in Anlehnung an mittelalterliches Sprachgut ausdrückte, sondern Dienstbereitschaft in einer Anspruchsgesellschaft, in der Hingabe, Bescheidenheit und Verzicht Fremdworte geworden sind.

Nachahmung der Gottesmutter, die sich auch mit einem Gelöbnis oder einer Marienweihe verbinden lässt, verlangt echten und ganzen Glauben, wie er an Maria durch Elisabet gepriesen wird: «Selig ist die, die geglaubt hat, dass sich erfüllt, was der Herr ihr sagen ließ» (Lk 1,45).

Maria hat nicht emanzipatorisch ihr Recht auf Selbstbestimmung über ihren Leib geltend gemacht, sondern nur nach dem «Wie» der Berufungserfüllung gefragt: So zeigt sich auch bei uns wahre Kirchlichkeit nicht im Wunscherfüllungsanspruch, sondern in der Bereitschaft, Gottes Willen zu erfüllen, ob gelegen oder ungelegen.

Damit verbindet sich Papsttreue als Ausdruck der Bereitschaft, den von Gott berufenen Hirten zu gehorchen, auch wenn sie nicht in allem unsere Erwartungen erfüllen sollten.

Im Erscheinungsbild des BDKJ treten ganz erhebliche Defizite in diesen drei Grundvoraussetzungen für eine katholische Haltung auf, was die Frage aufwirft, ob er seinem Erziehungsauftrag noch voll und ganz gerecht wird.

In seiner Ansprache an die deutschen Bischöfe bei ihrem Ad-Limina-Besuch in Rom 1989 scheint Papst Johannes Paul II. ihnen diese Erkenntnis nahebringen zu wollen, um ihnen zugleich «spontane Aufbrüche» zu empfehlen: «Was zum Beispiel einmal inspirierende Jugendbewegung gewesen ist, droht zu einer selbstgenügsamen Institution zu werden, die weniger aus der Begeisterung lebendigen Aufbruchs von unten lebt, sondern auf finanziell gut ausgestatteten Strukturen beruht, hinter denen sich wenig wirklich fruchtbares Leben verbirgt – ganz im Gegenteil zur Dynamik wirklicher junger Bewegungen in anderen europäischen Ländern. Institutionen, die nur weiterbestehen, weil sie von aussen finanzielle Mittel erhalten, können – genauer besehen – nicht wirklich existenzfähig und existenzwürdig sein. – Spontane Aufbrüche werden immer ihre Schwierigkeiten und ihre Probleme haben; aber die Misslichkeiten, die dabei entstehen, können es nicht rechtfertigen, den Geist auszulöschen, wo er vielleicht aufbrechen will. ‹Löscht den Geist nicht aus›, sagt der Apostel. ‹Prüft alles, das Gute behaltet› (1 Thess 5,19). Das gilt auch heute. Wagt diese mutige Offenheit!»

Den Vorwurf, «den Geist auszulöschen», könnten sich die Verantwortlichen in unserer Kirche in Deutschland zuziehen, wenn sie ungeachtet der alarmierenden Folgen einer gegen das Lehramt gerichteten Glaubens- und Sittenverbildung keine durchgreifenden Maßnahmen vornehmen, um vor allem unsere Jugend vor weiteren Schäden zu bewahren und «ungeprüft» auf jene «Mitarbeiter» zu hören, deren Absicht es ist, alles zu verhindern, was nicht «ihres Geistes» ist.

Spontane Aufbrüche sind systemstörend, was der Papst wohl mit «Misslichkeiten» andeutet, die in Kauf genommen werden müssen. Das «semper reformanda» der Kirche im Sinne des Konzils besteht nur aus solchen Aufbrüchen, die vor Erstarrung, Erosion und Verbildung bewahren, nicht aber alles der Wandelbarkeit ausliefern; denn der Glaube ist das Rückgrat christlichen Lebens, und ohne Orthodoxie kann es keine Orthopraxie geben. Jesu Leben wäre vergeblich, wenn die Wahrheit wandelbar wäre, denn wer könnte uns dann die Gewähr geben, dass der Jesus von gestern der gleiche ist von heute und morgen?

Und was würde geschehen, wenn man von heute auf morgen den Verkehrszeichen eine neue Bedeutung verleihen würde? Nicht wahr, es entstünde ein Riesenchaos! Verlässlichkeit ist für unser Leben von größter Bedeutung. Anderseits ist ebenso wahr, dass die *Verbalisierung* des Glaubens nur immer neue Abhandlungen und Entwürfe hervorbringt, und dass erst die *Verleiblichung* der göttlichen Lehre – wie sie uns Jesus selbst vorgelebt hat – dem Glauben Kraft und

Überzeugungsfähigkeit verleiht. Und fügen wir hinzu: Wer seinen Glauben aufgibt, hat zuvor die Herzensehe mit Gott gebrochen.

Die große Verantwortung, die uns in einer Gott vergessenen und Gott verneinenden (atheistischen) Welt auferlegt ist, gibt uns das Konzil in «Gaudium et Spes» zu verstehen: «Deshalb können an dieser Entstehung des Atheismus die Gläubigen einen erheblichen Anteil haben, insofern man sagen muss, dass sie durch Vernachlässigung der Glaubenserziehung, durch missverständliche Darstellung der Lehre oder auch durch die Mängel ihres religiösen, sittlichen und gesellschaftlichen Lebens das wahre Antlitz Gottes und der Religion eher verhüllen als offenbaren»[152].

Vom Zeugnis des Glaubens an Christus aber gilt: dieses ist nicht zeitgebunden, so dass es dafür zwar ein Gestern, aber kein Heute gäbe; nur die Form, nicht der Inhalt, nur die Art, nicht aber die Verpflichtung des Zeugnisgebens unterliegt dem Wechsel der Zeit.

Wenn hin und wieder in der kirchlichen Presse der Hinweis erscheint, dass ein kirchlicher Jugendverband den von der kirchlichen Behörde vorgeschlagenen Kandidaten für die geistliche Führung abgelehnt hat, so liegt der Verdacht nahe, dass die Kriterien für die Ablehnung keineswegs in der fehlenden Qualität des Abgelehnten zu suchen sind, sondern viel mehr als Folge einer wachsenden Dekadenz in den Verbänden angesehen werden muss.

Und wem als Priester ein Posten in einem Verband angeboten wird, sollte sich ernsthaft prüfen, was ihm die Gunst kirchenkritischer Laien verschafft, und ob er nicht seine eigene priesterliche Haltung überdenken muss, wie weit sie dem eigentlichen Maßstab priesterlicher Qualifikation gerecht wird, den der Herr durch sein Beispiel selbst gesetzt hat.

Es dient ja wohl niemandem, wenn ein Verband zwar bestrebt ist, satzungsgemäß den Posten des geistlichen Leiters besetzt zu halten, aber nicht gewillt ist, die damit verbundenen Verpflichtungen eines glaubenswürdig gelebten katholischen Vereinslebens zu gewährleisten. Was aber die «spontanen Aufbrüche» betrifft, so haben sie ein Anrecht darauf, einen solchen Priester als geistlichen Leiter zu erhalten, der ihrer Spiritualität entspricht. Sollte der zuständige Bischof nicht in der Lage sein, einen Priester zu benennen, der die gerechtfertigten

Ansprüche einer Gemeinschaft erfüllt, so muss es ihr gestattet werden, in eigener Regie den passenden Geistlichen zu suchen.

Einer Jugend Orientierung geben bedeutet nicht, ihr Scheuklappen anzulegen, auch nicht die Totalabstinenz vom neuzeitlichen Lebensstil, soweit dieser mit christlicher Berufung verträglich ist. Leben ist ein ständiger Lernvorgang, dem aber in der Jugendzeit eine besondere Weichenstellung zukommt. Deshalb ist Sorgfalt geboten bei allem, zu dem man der Jugend rät oder auch abrät. Seit Urzeit der Christenheit besteht alternatives Leben in der Absage und Widersage all dessen, was den Menschen in heidnischer Zeit zur Lebensgewohnheit geworden war und was wieder speziell im Sexualverhalten der Menschen von heute auflebt, weshalb man ja auch vom Neuheidentum spricht: Triebbefriedigung ohne Zucht und Maß.

Dass sich die Aufweichung sittlicher Normen einen immer noch wachsenden Umfang in der katholischen Jugendverbandsarbeit errungen hat, beweist der Verlust des Sinnes für Reinheit und Keuschheit, der bis zur Lächerlichmachung reicht. Was müssen aber das für Jugendamtsleiter und Führungskräfte sein, die sogar von der Kirche die Änderung ihrer aus der Hl. Schrift begründeten und begründbaren Sittenordnung verlangen? (siehe Anlage II)

Man sprach früher vom «Wüstling», um den zügellosen Triebmenschen zu charakterisieren; er ist einer, der «Wüste» bewirkt, und das bedeutet die Zerstörung ernsthafter und dauerhafter Bindungen, den Zerfall von Ehe und Familie und schließlich die Auflösung der Gesellschaft. Die Banalität und Verwerflichkeit «wilder» Beziehungen enthüllt folgendes Zitat: «Es ist wie bei der Pferdedressur. Erst muss einer das Tier einreiten, dann steht es allen zur Verfügung. Erst ist es Liebe oder so etwas Ähnliches, nachher nur noch Lust. Der Trick ist denkbar einfach: Man macht ein Mädchen verliebt, schläft mit ihr und markiert nach einer Weile den Enttäuschten oder Desinteressierten. Dann überlässt man sie der Aufmerksamkeit der anderen, und das Ding ist gelaufen»[153].

Es erfordert viel pädagogische Klugheit und Feinfühligkeit, um dem jungen Menschen vor allem in der Zeit der Geschlechtsreifung wirklich behilflich zu sein, wie es dem Philosophen Josef Pieper in seinem Büchlein «Zucht und Maß» vortrefflich gelungen ist. «Was Pieper im

Gefolge von Thomas von Aquin zu ‹Zucht und Maß› zu sagen wusste, über Keuschheit und Unkeuschheit, über das Gut der Geschlechtskraft, über die zerstörerische Macht der Unkeuschheit... über die Freude der Sinne am Schönen, das war etwas in Form und Inhalt, was auf die Jugendlichen befreiend wirkte und wodurch nicht wenige auch zur Freiheit der Kinder Gottes kamen»[154]. Neben Pieper sollte man unserer Jugend auch Schriften von Christa Meves «Ich will leben. Briefe an Martina» und Joachim Illies «Auf dem Wege, Briefe an Thomas», beide im Verlag Weisses Kreuz, Kassel, empfehlen.

Augustinus Reineke bemängelt nicht ganz zu Unrecht eine frühere Schieflage in der kirchlichen Sexualpädagogik, aber beklagt dann auch die Enthemmung auf diesem Gebiet heute: «Heute ist das Pendel von früherer Angst und Not, Prüderie und Enge, falschem Schweigen und bedrückender Sündenangst ins Gegenteil umgeschlagen, in einen Sexismus, der im Reden und Tun, in Wort und Bild, in Gesinnung und Tat keinerlei Grenzen mehr zu kennen scheint. Wer versteht heute noch das Ringen und Kämpfen der Generationen der Jugend und Seelsorger vor 50 und 40 Jahren?»[155].

Um diesem Thema einen breiteren Raum zu widmen, fehlt hier der Platz. Dennoch sollte ein Wort zur Problematik der «Koedukation» nicht fehlen. Diese Art der Erziehung, die heute auf der ganzen Breite Zugang gefunden hat in die Erziehungseinrichtungen der Kirche, obwohl sich hier und da Ansätze für eine erneute Infragestellung zeigen, ist in einer doppelten Hinsicht bedenklich: sie behindert zum einen die geschlechtsspezifische Entfaltung von Jungen und Mädchen, und zum anderen führt sie gerade in der Gruppenarbeit, zu der Fahrten und Lager gehören, zu Gefährdungen durch intime Kontakte[156]. Ganz falsch wäre zweifelsohne eine hermetische Abschottung, wie sie tatsächlich früher gefordert wurde. Es muss der natürliche Umgang miteinander möglich sein, besonders in den Bereichen, die ihn erforderlich machen.

Es gilt für uns heute: Das Gute der Vergangenheit zu erhalten und Fehler von früher zu meiden. Einer besseren Erkenntnis sollte sich niemand verschließen, doch gilt es zu untersuchen, ob es sich wirklich um eine richtige Erkenntnis handelt oder doch eher um eine Unkenntnis, die sich als Erkenntnis ausgibt.

Die Bekennende Jugend der «neuen Aufbrüche» trägt eine große Verantwortung für die Jugend unserer Zeit, denen die neuen Medien eine Scheinwelt der Superlative vorgaukelt, deren Suggestivkraft sie leicht erliegt, da sie die Inhalte noch nicht kritisch zu durchschauen vermag. Diese sogenannte Suggestopädie setzt an die Stelle des normalen Lernens die Einwirkung von Suggestion und Hypnose[157]. Sie ist das Einfallstor Satans, der es wie bei Jesus nach seinem Wüstenfasten auf die Schwächung des Menschen abgesehen hat. Der Einfallsreichtum Satans, um die Menschen zu verführen und zu beherrschen, ist unbegrenzt. Wer seinen Schlichen nicht erliegen will, darf sich nicht benebeln durch Drogen, Okkultismus, Sex und Satansrock. Es ist eine böse Unterstellung, die Kirche verliere die Jugend wegen Reformmangels. Ihre Standfestigkeit in der Wahrheit ist die einzige Gewähr dafür, dass sie den Einbruch Satans abwehren kann. «Ihr könnt nicht Gott dienen und dem Mammon», sagt Jesus (Mt 6,24).

Wer dem Satan dient, geht der Kirche verloren. In der katholischen Jugendarbeit muss es heute darum gehen, jungen Menschen zu helfen, sich von den «Fesseln Satans» zu befreien. Und wenn wir ihnen dabei eine glaubensfrohe Kirche präsentieren können, bin ich gewiss, dass viele junge Menschen zur Kirche zurückfinden. Vor dem «Bekennen» steht das «Was» des Bekennens. Das aber vermittelt uns ausschließlich die Kirche mit ihrem von Gott bestellten Hirten- und Lehramt.

Wir lassen uns nicht einreden, dass das andere besser wissen, weil sie vielleicht Fachleute auf diesem oder jenem theologischen Gebiet sind. Solange sie sich in dienender Funktion sehen und die höhere Lehrautorität der Kirche anerkennen, sind sie uns als Helfer im Glaubensverständnis willkommen. Maßen sie sich jedoch an, ihr eigenes abweichendes Verständnis der Lehre über das des Lehramtes zu stellen, müssen wir ihnen die Gefolgschaft verweigern. –

Wir wollen bekennen, was uns die Kirche lehrt – nichts anderes – und wenn man es uns mit Engelszungen beibringen möchte (vgl. Gal 1,8). Dies ist der erste und wichtigste Grundsatz für ein Bekenntnis aus dem Glauben: annehmen, was die Kirche lehrt, auch dann, wenn uns das Geheimnis (Mysterium) die letzte Einsicht verwehrt. Denn die Offenbarung bringt zwar die Geheimnisse ans Licht, aber das heisst nicht, dass sie uns voll enthüllt werden, ja enthüllt werden können. Zum Glaubensbekenntnis führen drei Schritte oder Stufen, die ich als dreifaches «L»: «Lernen, Lieben und Leben» bezeichnen möchte. An erster Stelle steht das *Lernen*. Es geht dabei um das Kennenlernen des Glaubens. Dazu bedienen wir uns eines soliden Katechismus, der alles enthält, was in die *Dreierordnung* einer Unterweisung in den katholischen Glauben gehört: das *Glaubensbekenntnis*, die *Sakramentenlehre* und die *Sittenlehre* der Kirche, die mit den Zehn Geboten verknüpft ist. Ausserdem sollte jeder, der mit Erstkommunion und Firmung eine gewisse Reife im Christsein erreicht hat, die *Hauptgebete* wie das Glaubensbekenntnis, das Vaterunser und das Gegrüßet seist du, Maria, kennen.

Wer zur «Bekennenden Jugend» gehören will, *muss* diese Schulung im Glauben erfolgreich durchstehen und vollenden. Dabei werden nicht wenige Jugendliche entdecken, wie lückenhaft ihr Glaubenswissen ist, was nicht immer ihre Schuld sein muss. Eine Schuldzuweisung können wir uns ersparen, weil sie uns nicht weiterführt.

Notwendig ist allerdings die Einsicht, dass wir ohne gründliches Glaubenswissen unfähig sind, aus dem Glauben zu leben. Deshalb die große Zahl an Jugendlichen, die in die Fänge der Sektenprediger gelangen und sich ohne nennenswerten Widerstand abwerben lassen. Wie soll auch einer, der von seinem Glauben nichts weiss, den geschulten Sektenpredigern Rede und Antwort geben können, indem er seinen Glauben verteidigt? Übrigens ist es besser, sich erst gar nicht auf einen solchen Disput einzulassen.

Wenn auch Wissen die Voraussetzung ist für ein Bekenntnis des Glaubens, so wäre das bei weitem zu wenig. Es muss also ein zweiter Schritt oder eine zweite Stufe folgen. Sie heisst: *Lieben*. Was ich über Gott weiss, soll mich zur Gottesliebe bewegen. Die Botschaft von Gott soll die Liebe zu Gott entzünden. Weil Gottesglaube und Gottesliebe übernatürliche Tugenden sind, bedürfen wir der zuvorkommenden Gnade Gottes, um glauben und lieben zu können. Deshalb bitten wir beim Glauben um Mehrung unseres Glaubens und bei der Liebe, dass Gott sie in uns entzünden wolle.

Je mehr und tiefer wir Gott und sein Werk lieben, umso stärker regt sich in uns das Bedürfnis, diesem Gott mit Leib und Seele anzuhangen. Liebe macht uns stark für das, was wir den Kampf um Beständigkeit und Treue und den Willen für Zucht und Reinheit bezeichnen. Wer Gott wahrhaft liebt, wird ihn nicht beleidigen wollen, ganz im Gegenteil, er wird sich jede Mühe geben, sein Wohlgefallen zu finden und seine Ehre zu wahren. Deshalb hat Liebe auch mit Ehrfurcht zu tun; diese ist sogar die Frucht wahrer Liebe. Solche Ehrfurcht bestätigt sich in der Art, wie wir das Heilige Messopfer mitfeiern, die Heilige Kommunion empfangen, wie wir überhaupt an einer heiligen Handlung mitwirken. Unsere Haltung beim Beten als auch die Geste des Kniens sind Bestandteile einer solchen Gottes(ehr)furcht.

Lernen und Lieben gipfeln in der dritten Stufe: *Leben*. Unser ganzes Leben muss ein Glaubens- und Liebesbekenntnis sein! Nur der gelebte Glaube und die praktizierte Liebe nach dem Beispiel und im Auftrag unseres göttlichen Meisters Jesus Christus, überzeugen von der Wahrhaftigkeit unseres Bekenntnisses.

Es darf also keine Kluft zwischen dem mündlichen Bekennen und unserer Lebensweise bestehen; eine solche Unstimmigkeit würde unser Bekenntnis als Lippenbekenntnis entwerten. Deutlich genug untersagt uns Jesus eine solche Zwiespältigkeit: «Nicht jeder, der zu mir sagt: Herr! Herr!, wird ins Himmelreich kommen, sondern nur, wer den Willen meines Vaters im Himmel erfüllt» (Mt 7,21).

Das Leben als Ganzes muss also ein Zeugnis für unsere Zugehörigkeit zu Christus und seiner Kirche sein; hierbei darf es keine Reservate für den Widersacher Gottes und seinen Anhang geben. Mein ganzes Leben gehört Gott; da gibt es keinen Platz für den Teufel, da verbietet sich jedes Zugeständnis an den gottwidrigen Zeitgeist. Bedenken wir, was im Jakobusbrief steht: «Wer also ein Freund der Welt sein will, der wird zum Feind Gottes. Oder meint ihr, die Schrift sage ohne Grund:

Eifersüchtig sehnt er sich nach dem Geist, den er in uns wohnen ließ. Doch es gibt noch größere Gnade; darum heisst es auch: Gott tritt den Stolzen entgegen, den Demütigen aber schenkt er seine Gnade. Ordnet euch also Gott unter, leistet dem Teufel Widerstand; dann wird er vor euch fliehen» (Jak 4,4-7). Was wir bekennen, das wollen wir ganz bekennen, ohne wenn und aber. Denn nur das berechtigt zur Mitgliedschaft bei der «Bekennenden Jugend».

Die Kraft zum Zeugnis für Christus und seine Kirche wird genährt durch den Empfang der Sakramente, der regelmäßig, aber auch würdevoll sein soll.

Fangen wir also an, denn es gibt viel zu tun für Gott und sein Reich, wodurch allein die Welt besser werden kann.

Im Jahre 1939, als die Willkür des Staates katholische Jugend in ein neuzeitliches Katakombendasein abdrängte, erschien ein Handbuch mit dem Titel «Christofer», das Dr. Klemens Tilmann und Msgr. Ludwig Wolker verfasst haben, und das den Untertitel trägt: «Vom Diakonat junger Christen in der Gemeinde.» Das Handbuch konzentriert sich notgedrungen auf die religiöse Bildung zur Schaffung von «Kerngemeinschaften» nach den «Bischöflichen Richtlinien» vom April 1936 (siehe Anhang).

Heute drängt uns die kirchliche Notlage ebenfalls zur Konzentration auf das Wesentliche unseres Christseins. Mutatis mutandis (veränderten Umständen entsprechend) könnte dieses Handbuch auch für uns nach einer Überarbeitung sehr nützlich sein, weshalb eine überarbeitete Neuauflage wünschenswert wäre.

Jungsein ist Ruf, Gabe, Start:
Jetzt musst du beginnen.
Jungsein heisst Lernzeit, Wollen, Ringen:
Jetzt musst du gewinnen.
Jungsein will Glaube, Hoffnung, Beten:
So wird es gelingen.
Denn wie im Saatkorn ruht
die Hoffnung der Ernte,
so im Jungsein die Hoffnung
des Lebens.

3.2 Kult- und Kulturpflege in katholischer Jugendarbeit ist Erbe und Auftrag zugleich

Zunächst eine Feststellung: Wir lassen uns nicht Traditionalismus und Fundamentalismus anschminken. Weil die «ismen» das Anliegen verzerren, das wir vertreten und vertreten müssen, wollen wir katholisch sein und bleiben und nicht – wie so viele – die Schwelle zum Protestantismus und Neuheidentum überschreiten.

Weder das «K» noch das «D» in der Namensgebung «Bekennender Jugend» lassen wir uns als «überholt» ausreden. Das «K» besagt, dass *die* Kirche nicht erst seit dem Zweiten Vaticanum existiert, sondern nun bald ihren 2000. Geburtstag feiert, und so wie Kind und Erwachsener dieselbe Person ausmachen, so bewahrt auch die Kirche ihre Identität zu allen Zeiten.

Auch das «D» beginnt nicht erst mit der Bundesrepublik, sondern hat eine lange Vor-Geschichte mit vielen positiven Zeichen. «Unter dem Schlagwort ‹Bewältigung der Vergangenheit› wurde der Jugend ein einseitig negatives Geschichtsbild vermittelt, das ihr wenig Möglichkeit ließ, nationales Selbstbewusstsein, Verständnis für die politische Wirklichkeit und Verteidigungsbereitschaft zu erwerben», schreibt Brezinka[158]. Der Staatsvergötzung folgte die Staatsverteufelung, auf den Heldenkult des Nationalsozialismus ein radikaler Pazifismus, dessen gefährliche Naivität sich in unseren Tagen im Bosnienkrieg erwiesen hat, wo Uno-Truppen für einen Friedensdienst eingesetzt wurden, der sie zu tatenlosen Zuschauern eines schrecklichen Gemetzels werden ließ.

Das «D» in der Verbandsbestimmung muss uns mehr wert sein als rein geographische Ortsbestimmung, die unseren Wohnort angibt. Es verpflichtet uns zu einer aufrichtigen Vaterlandsliebe, die sich nicht einreden lässt, alles was mit Emblemen (Hoheitszeichen) des Staates zu tun hat, Fahne und Hymne, sei faschistoid, was in Verbänden, die wie die Pfadfinderschaft stark verbandssymbolisch geprägt sind, zu einer Abschaffungshysterie von Kluft, Versprechen, Rangordnung und dergleichen geführt hat. Um eine Rechtfertigung für diese Vorgänge zu finden, sucht man immer wieder Gesinnung und Lebensstil der alten Jugendbewegung mit einer Vorreiterrolle beim Entstehen der

Hitlerjugend zu belasten, was ebenso unsinnig ist wie die Behauptung, man dürfe keine Tracht tragen, weil aus ihr die Uniform entstanden sei. Ein gesundes Verhältnis zum Volkstum löst vom Krampf der Ideologie. Es ist das beste Mittel zur Verhütung von Anarchismus, wie er sich in Extremgruppen von Punks, Skinheads und anderen autonomen Gruppen darstellt, als auch vom Nationalismus hitlerischer Prägung, wie er hier und da wieder aufgetaucht ist. Mehr als die Überwachung durch das Bundesverfassungsgericht sind unsere Politiker und Pädagogen gefordert, einen Staat und eine Gesellschaft zu präsentieren, die den Wert der Demokratie glaubhaft erscheinen lassen und sie nicht in den Verruf einer schwächlichen Gefälligkeitsdemokratie bringen, in der Moral Privatsache ist. Denn das praktizieren auch die Jungextremen. Die Kulturpflege ist die eine Seite unseres Auftrages, der in die Jugendarbeit eingebracht werden muss; Kultur, die diesen Namen verdient, weil sie das Erbe des Volkes bereichert, das aber so auch wert ist, von jeder neuen Generation aufgegriffen zu werden, weil sich die Seele des Volkes darin ausspricht. Dazu gehören Musik, Volkstanz und Literatur.

Kulturpflege ist die andere Seite, die das liturgische Erbe der Kirche ausmacht. Aus ihrem Erbe baut sich die Kirche in jeder Zeit neu auf, dass heisst, Erbe ist etwas Lebendiges in diesem Sinne, kein toter Gegenstand, der von Generation zu Generation weitergereicht wird, wenn auch Kardinal Höffner einmal aus dem Sport den Stafettenlauf herausgreift, um die Weitergabe des Glaubens an die nächste Generation zu verbildlichen. Es dient aber noch viel weniger dem Verständnis kirchlicher Tradition. Dazu sagt Kardinal Suenens: «Die Zeit ist vorbei für das traditionelle Christentum. Wir können nicht mehr durch Erbschaft Christen sein, sondern nur durch persönliches Engagement.» Gewiss, Traditionschristentum war zu keiner Zeit das Ideal der Kirche und kann es nicht sein, weil es als Gewohnheitschristentum das persönliche Engagement vermissen lässt. Dennoch ist die Tradition ein Erbe, das wir uns nicht selbst geben, sondern in der Überlieferung geschenkweise erhalten.

Schon Paul VI. erkannte die Gefahr der Dominanz nichtkatholischen Denkens in der Kirche seiner Zeit: «Das, was mich beunruhigt, wenn ich mir die katholische Welt anschaue, ist, dass es ab und zu so scheint, als herrsche innerhalb des Katholizismus ein nichtkatholisches Denken vor. Und es kann geschehen, dass dieses nichtkatholische Denken innerhalb des Katholizismus von morgen das einflussreichste sein wird. Aber es wird nie das Denken der Kirche darstellen.»

In seiner «Abhandlung über die neuen Verderbnisse des Wortes Gottes» zeichnet der als zweiter Apostel Deutschlands nach Bonifatius für die Erhaltung des katholischen Glaubens in der Reformationszeit eingetretene Petrus Canisius († 1597) ein recht trauriges Bild, das verblüffende Ähnlichkeit mit dem Bild der Kirche im Deutschland von heute hat: «Warum so viele Irrlehren, so viele Spaltungen?», fragt er. «Warum so vielfältiges Schisma? ... Wann war einmal solche Unordnung der kirchlichen Disziplin? Welche Unordnung in den Rats- und Parlamentshäusern, in den Schulen, Kirchen, Städten, Provinzen und Reichen. Jeder glaubt, ihm sei alles gestattet, was man über Religion denken und vortragen kann. Alles wird verachtet und verlacht und mit Füßen getreten.»

Am Beispiel des heiligen Petrus Canisius erkennen wir, was ein Einzelkämpfer vollbringen kann, denn ihm ist es zu verdanken, dass damals große Teile Deutschlands den katholischen Glauben bewahrten. Ein wichtiges Werkzeug war für ihn dabei jener Katechismus, den er selbst verfasste und der bis in die Gegenwart für die Glaubensunterweisung der Jugend benutzt wurde.

Wir können uns keinen besseren Schutzpatron für die Reevangelisierung unseres Volkes und seiner Jugend erwählen als ihn! Heute spricht man von religiösem Pluralismus, der die Wahrheitsfrage relativiert und als Feigenblatt dem Unglauben dient. Auch das Plädoyer für die interkulturelle Gesellschaft soll nicht nur jedem Andersgläubigen die freie Ausübung seiner Religion ermöglichen, sondern jede missionarische Tätigkeit unterbinden, indem man nach Gemeinsamkeiten sucht.

Für die Ökumene sind strenge Maßregeln erforderlich, damit sie nicht in einer allgemeinen religiösen Gleichgültigkeit endet, oder auch den islamischen Fundamentalisten den Boden bereitet. So wichtig auch Toleranz für die zwischenmenschlichen Beziehungen ist, so darf sie doch nicht dazu verleiten, sich unkritisch dem Standpunkt des anderen anzupassen. «Prüfet alles und behaltet das Gute. Meidet das Böse in jeder Gestalt», ist der kluge Ratschlag des heiligen Paulus (1 Thess 5,21-22). Katholische Jugendarbeit muss sich vor allem vom Geist der Verneinung befreien! Karl Adam schreibt in seinem Buch «Vom Wesen des Katholizismus» (S. 22): «Von der Verneinung allein kann man nicht leben». Übertragen auf die Existenzfähigkeit der Jugendbünde: Von Kirchen- und Gesellschaftskritik allein lässt sich keine Jugend begeistern!

Katholische Jugendarbeit halte sich an die kluge Weisung des heiligen Paulus, die er seinem Schüler Timotheus gab: «Timotheus, bewahre, was dir anvertraut ist. Halte dich fern von dem gottlosen Geschwätz und den falschen Lehren der sogenannten ‹Erkenntnis›! Nicht wenige, die sich darauf eingelassen haben, sind vom Weg des Glaubens abgekommen» (1 Tim 6,20). Mit «Erkenntnis» ist jene Gnosis oder Esoterik gemeint, die auch heute wieder Menschen vorgaukelt, es sei möglich, den Menschen durch höhere Erkenntnisse zur Selbsterlösung zu führen.

Jugend braucht klare Luft zum Atmen und fühlt sich nicht wohl im Mief der Stänkerer. Das heisst auch, dass wir nicht alles kritiklos schlucken dürfen, was uns an umwelt- und kirchenzerstörerischen Einflüssen vorgesetzt wird.

Der in der früheren Jugendbewegung als «feiner Kerl» und «sauberes Mädchen» bezeichnete Jugendtyp gehört nicht in Madame Tussauds Wachsfigurenkabinett, sondern als Grundmodell eines christlich geprägten Jugendstils zur Herausforderung der «neuen Aufbrüche». Sie sollen den Macker und Softi, den Popper und Punk, ablösen. Bewegungen wie «True Love Waits» (Wahre Liebe wartet) weisen in diese Richtung.

Der Jugendstil wird zu jeder Zeit unterschiedlich sein, von der Kleidung bis zum Haarschnitt, in Gesang, Tanz und Freizeithobbies. Nur sollte schon etwas Geschmack dabei sein und es sollte nicht jeder Auftritt abstoßend hässlich und provokativ sein. Was sich als Anti-Kultur versteht, muss entschieden abgelehnt werden, weil das «Anti» auf Zerstörung angelegt ist, die Jugend aber auch in ihrer Andersartigkeit darauf achten muss, dass sie nicht einer chronischen Protesthaltung verfällt, die dem selbstzerstörerischen Wahn erliegt, erst müsse alles anders werden, bevor eine bessere Zukunft zu erwarten sei. Wer sein eigenes Leben nicht in Ordnung halten kann und will, hat kein Anrecht, sich über Missstände in Kirche und Staat zu beklagen.

Ein Wort zur Sprachkultur möchte ich noch hinzufügen: Jugendliche, die in ihrem «Sprachschatz» fast ausschließlich Wortbildungen aus dem Sexualbereich kennen und gebrauchen, um ihrer Stimmungslage Ausdruck zu verleihen, leiden an bedenklicher Sprachverengung. Der banale Fäkalienspucker mit dem ständigen «Scheisse» auf den Lippen hat sich sprachschöpferisch ins Abseits gestellt. Jugendsprache darf schon urig sein – so war sie es früher auch –, aber immer mit einem gewissen Feingefühl für das, was gehaltvoll und geschmackvoll ist. Früher sprach man davon, dass man den inneren «Saukerl» loswerden müsse, heute ist für manche alles «dufte», auch wenn es nach faulen Eiern stinkt. Ein bisschen mehr Geschmackssinn in der Wortwahl dürfte sein, weil nur jene Kommunikation bereichert, bei der die Gedanken den rechten Ausdruck gefunden haben.

Gute Literatur ist auch heute noch ein unersetzliches Mittel für Bildung und Kultur. In dem bereits erwähnten «Christofer» findet sich eine Liste von Jugendliteratur (S. 37), die der Jugend auch in unserer Zeit Wegweiser sein könnte und ihr durch überarbeitete Neuauflagen zugänglich gemacht werden sollte, wie z.B. Zu Elz «Franz Xaver, der tapfere Mann»; Franz Weiser «Das Licht der Berge»; Tilmann «Per» und «Todesverächter»; Hünermann «Priester der Verbannten»; Dörfler «Bubenkönig» und ich füge hinzu: die neuere Don-Bosco-Biographie von Wolfgang Goderski «Ein fantastisches Leben»; Gerbert «Der Geist des Felix» und «Der Sieg des Felix»; Franken «Die Fahrt der Treuen» und Thurmair/Rick «Das Helle Segel» und «Siebengestirn» und noch viele andere Jugendbücher aus alter und neuerer Zeit, die mit Zeugnissen lebendigen Christseins Jugendliche zu begeistern vermochten.

Da ihre Arbeit den Medien kaum eine Zeile wert ist oder höchstens eine kritischen, möchte ich drei in der Jugendarbeit tätige Bewegungen vorstellen, die als Neuaufbrüche im Sinne des Heiligen Vater Johannes Paul II., den man als den Papst der Jugend bezeichnen kann, katholische Jugend heranbilden. Sie geben katholischen Eltern die Gewähr, dass sie ihnen nicht ihre Kinder entfremden, aber auch nicht der Kirche und ihren Hirten. Dass sie als «Störfaktor» betrachtet werden, beweist ihre Notwendigkeit, denn was sich heute in unserer Kirche mit den Mitteln von Verleumdung und Unterdrückung abzusichern sucht, kann nicht von gutem Geist sein und verstößt gegen die Grundregel vom fairen Wettbewerb, der in der Kirche zu allen Zeiten eine wichtige Rolle bei der Erneuerung durch Neugründungen gespielt hat.

*Hl. Petrus Canisius (1521-1597),
Apostel Deutschlands und Kirchenlehrer*

3.3 Die Neuaufbrüche als verheissungsvoller Neuanfang

Neuaufbrüche dieser Art sind:
1. DIE JUGEND 2000
2. DIE KATHOLISCHE PFADFINDERSCHAFT EUROPAS (KPE)
3. DIE CHRISTKÖNIGSJUGEND (CKJ)

Irgendwie gehören sie alle zur MARIANISCHEN JUGENDBEWEGUNG, durch den marianischen Papst, aber auch durch die Gottesmutter selbst zu ihrer Denk- und Lebensweise inspiriert. In dieser Darstellung stütze ich mich hauptsächlich auf eigene Veröffentlichungen der Gruppierungen.

1. Die Jugend 2000

Was ist die Jugend 2000?

Als Frucht der von Johannes Paul II. initiierten Weltjugendtage ging in vielen Ländern eine Bewegung von Jugendlichen, jungen Erwachsenen und Priestern hervor, die sich besonders an den Botschaften des Heiligen Vaters zu den Weltjugendtagen orientierten. Im deutschsprachigen Raum arbeiten seit 1990 junge Leute in der «Int. Arbeitsgemeinschaft JUGEND 2000» zusammen, um auch andere junge Menschen für die Weltjugendtage und die damit verbundene Neuevangelisierung der Welt zu begeistern.

Was ist der Weltjugendtag?

Die Zeit bis zum Jahr 2000 hat Papst Johannes Paul II. unter das Programm der «Neuevangelisierung der Welt» gestellt. In besonderer Weise setzt der Hl. Vater auf die Jugend. Im «Jahr der Jugend», das die Vereinten Nationen für 1985 ausgerufen hatten, regte Johannes Paul II. eine Zusammenkunft junger Menschen in Rom an. Es waren 250'000 Jugendliche, die dem Aufruf folgten. Das ermutigte den Papst zu weiteren Schritten: 1987 zum ersten Weltjugendtag in Buenos Aires (Argentinien) mit mehr als einer Million Teilnehmerinnen und Teilnehmern. Danach folgten weitere Welttreffen der Jugend mit dem Papst: 1989 in Santiago de Compostella (Spanien) 600'000; 1991 in Tschenstochau (Polen) 1.5 Millionen; 1993 im amerikanischen Denver 700'000; 1995 in Manila (Philippinen) vier bis fünf Millionen und in Paris 1997 waren es gegen eine Million Jugendliche, die gekommen waren. Das Erlebnis der Glaubensgemeinschaft untereinander und mit Petrus begeisterte die teilnehmenden Jugendlichen zum Zeugnis für Christus, dem der Papst in seinen Ansprachen zeitnahe und konkrete Inhalte verlieh. Johannes Paul II. stellte die Weltjugendtage bewusst unter den Schutz Mariens, der er sein ganzes Wirken als Oberhaupt der Kirche anvertraut.

Der jetzige Präsident des Päpstlichen Rates für die Laien, Erzbischof Paul Josef Cordes, der mit der Organisation der Weltjugendtage vom Papst beauftragt wurde, geht in einem Artikel der Frage nach: «Was begründet die Kraft des Papstes, die jungen Menschen zu rufen?» Und er kommt zu folgendem Ergebnis: «Nur ein Grund soll in diesem Zusammenhang angesprochen werden: Der Wunsch der Jugend nach verlässlicher Orientierung. Jugendliche suchen den Weg zu einer Erfüllung, die von Dauer ist. Sie sehnen sich nach dem Vertrauen erweckenden Führer. Dazu die Äusserung einer jungen Deutschen, 24 Jahre alt: ‹Die Jugendlichen lernen den Papst als Bruder zu sehen, aber auch als einen Vater, der alle Jugendlichen der Welt im Herzen trägt›»[159].

Jugend 2000

Zwei Domtürme unter dem Kreuz. Marianischer Sternenkranz aus der Apokalypse (Offb 12,1).
Motto: Baut auf, was euch aufbaut!

Zielvorstellungen der JUGEND 2000

- den Glauben der Jugendlichen in Christus stärken;
- die Aufmerksamkeit der Kirche und der Welt auf die Jugend zu richten;
- die Jugend zu ermutigen, ihre Generation und die Welt zu evangelisieren;
- den Jugendlichen zu helfen, ein besseres Verständnis für die verschiedenen Kulturen zu entwickeln;
- Begegnungen junger Menschen zu ermöglichen, damit sie am Aufbau einer neuen Zivilisation der Liebe, der Gerechtigkeit und des Friedens zusammenarbeiten;
- in jugendlicher Einheit die Botschaft des Glaubens, der Hoffnung und der Liebe zu bezeugen.

Kontaktadresse für die JUGEND 2000, Erzdiözese Köln: D-53127 Bonn, Hubert-Maurer-Str. 11a; Tel. +49 228/9190960; Fax +49 228/9190962
Quartalsschrift: «J. A. C. K. – Jugend im Aufbruch für Christus und Kirche», Zeitschrift der Jugend 2000 in der Erzdiözese Köln
Internationale Arbeitsgemeinschaft Jugend 2000, D-89284 Beuren, Raingasse 5; Tel. +49 7302/4948; Fax +49 7302/4984.

2. Die katholische Pfadfinderschaft Europas (KPE)

Was ist die KPE wirklich?

Die KPE ist eine Reformbewegung katholischen Pfadfindertums auf europäischer Ebene. «Beim Krankendienst einer Offenbacher Pfadfindergruppe im Sommer 1975 in Lourdes lernte deren Gruppenführer Studiendirektor Günther Walter eine durch ihr vorbildliches religiöses und pfadfinderisches Auftreten einen sehr guten Eindruck erweckende Gruppe der ‹Scout d'Europe› kennen... So kam es, dass Günther Walter zusammen mit P. Andreas Hönisch SJ die Idee eines reformintendierten neuen katholischen Pfadfinderverbandes für Deutschland ausarbeitete, der sich am Vorbild der französischen ‹Scout d'Europe› orientieren und die Tradition der DPSG (Deutsche Pfadfinderschaft St. Georg) vor ihrer Kehrtwende fortführen sollte. Mit der Gründung der KPE wurde dieses Vorhaben am 11. Februar 1976 in die Tat umgesetzt. Im Oktober 1977 wurde die KPE in die ‹Union internationale des Guides et Scoutes d'Europe›, den Dachverband des europäischen Pfadfindertums, aufgenommen, der 1980 vom Europarat in Straßburg als regierungsunabhängige internationale Jugendorganisation anerkannt wurde»[160].

Ziele und Methoden der KPE

«Die pfadfinderischen und religiösen Ziele und Methoden der KPE sind festgelegt im Pfadfindergesetz Baden-Powells, den Prinzipien, der Charta und den religiösen Richtlinien der ‹Union internationale des Guides et Scouts d'Europe›, welche sich die KPE für ihren Wirkungsbereich zu eigen gemacht hat, sowie im daran anknüpfenden Grundsatzprogramm.

*Katholische Pfadfinderschaft Europas
In der Union Internationale des Guides et Scouts d'Europe, anerkannt vom Europarat in Strassburg.
Malteser Kreuz mit Lilie. Unser Ziel: Verantwortungsvolle christliche Persönlichkeiten.*

‹Das Pfadfindertum ist eine Erziehungsmethode› (Grundsatzprogramm). Mit Hilfe pfadfinderischer Mittel versucht die KPE, ‹den Sinn für Verantwortung... und das Ausüben und Empfangen von Autorität nach Maßgabe der individuellen Fähigkeiten›, ‹Urteilskraft und De-

Katholische Pfadfinderschaft Europas 1992

Titelbild des Pfadfinderkalenders

mut›, ‹den Geist der Armut, verbunden mit dem Bewusstsein, in der Sendung Gottes zu stehen›, ‹missionarische Tätigkeit ebenso wie die tätige Solidarität mit den Armen› sowie ‹Bereitschaft zur... gestaltenden Mitarbeit in Kirche und Staat› bei den ihr anvertrauten Kindern und Jugendlichen anzuregen und zu vermitteln» (ebd.) 161.

Prinzipien kath. Pfadfindertums in der KPE

Die Pflicht des Pfadfinders beginnt zu Hause.

Verantwortungsbewusst gegenüber seinem Land, tritt der Pfadfinder für ein freies und brüderliches Europa ein. Als Sohn der Kirche ist der Pfadfinder stolz auf seinen Glauben. Er arbeitet daran, das Reich Christi in seinem eigenen Leben und in der Welt, die ihn umgibt, zu errichten[162]. (Die KPE) «ist organisatorisch mit keinem nationalen oder internationalen Pfadfinderverband verbunden, der in seinen Reihen nichtchristliche Gruppierungen zulässt oder sogar die Koedukation von Jungen und Mädchen im selben Trupp praktiziert»[163].

Das Pfadfindergesetz

1. Auf das Wort eines Pfadfinders ist immer Verlass.
2. Der Pfadfinder ist treu und setzt sich ein für sein Land, seine Eltern, seine Feldmeister und für alle, die ihm anvertraut sind.
3. Der Pfadfinder dient seinem Nächsten und begleitet ihn auf dem Weg zu Gott.
4. Der Pfadfinder ist Freund aller Menschen und Bruder aller Pfadfinder.
5. Der Pfadfinder ist höflich und ritterlich.
6. Der Pfadfinder sieht in der Natur das Werk Gottes: er liebt Pflanzen und Tiere.
7. Der Pfadfinder gehorcht aus freiem Willen und macht nichts halb.
8. Der Pfadfinder behält seine schlechte Laune für sich.
9. Der Pfadfinder ist sparsam und einfach und behandelt fremdes Gut sorgfältig.
10. Der Pfadfinder ist rein in Gedanken, Worten und Werken[164].

Kontaktadresse: Bundessekretariat der KPE, Im Ginsterbusch 21, D-63225 Langen, Tel. +49 6103/79140

Schrifttum: Quartalszeitung «Pfadfinder Mariens» und «Die Spur».

Christkönigsjugend auf der Wallfahrt nach Chartres

3. Die Christkönigsjugend (CKJ)

Wer ist die Christkönigsjugend?

Die Christkönigsjugend ist eine Gemeinschaft junger Menschen in der katholischen Kirche, die sich als gerufene Jugend versteht. Ihr Engagement ist eine Antwort auf den Ruf des Christkönigs. Von etwa dreissig jungen Menschen am 2. September 1989 in Wigratzbad im Allgäu gegründet, nimmt sie Jungen und Mädchen in ihre Reihen auf, die vom Ruf Christi getroffen, sich großherzig in den Dienst des Königtums Christi stellen wollen. «Er aber muss herrschen» (1 Kor 15,25).

Die Spiritualität der Christkönigsjugend (CKJ)

Sie ist 1. *christozentrisch*. «Ich bin der Weg, die Wahrheit und das Leben» (Joh 14,6). Die Beziehung zur Person Jesu Christi ist die Mitte jeden Christseins. In keinem anderen Namen ist Heil. Als von Christus Erlöste wollen wir die beglückende Erfahrung seiner Liebe anderen weitergeben und sein Licht in diese Welt hineinleuchten lassen.

Sie ist 2. *eucharistisch*. Christus hat uns nicht nur die Erlösung und das Licht geschenkt, sondern sich selbst in der Eucharistie. Sie ist die Hochzeitsgabe des Herrn an seine Braut. Diese göttliche Speise ist eine Frucht des Opfers. Wir bekennen uns zur ungeschmälerten Lehre der katholischen Kirche über das Heilige Messopfer.

Sie ist 3. *kirchlich*. Wir sind kirchlich gesinnt, weil wir glauben, dass die katholische Kirche die Braut Christi ist, der Er alles anvertraut hat, dessen wir für das Heil bedürfen. Wir wollen sie lieben, wie Christus seine Braut geliebt hat. Wir stehen in Treue zum Glauben,

Christkönigsjugend CJK

Symbolisiert durch die Christkönigskrone und den marianischen Sternenkranz aus der Apokalypse (Offb 12,1).

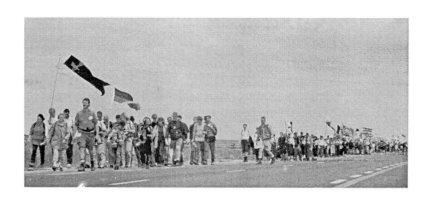

Christkönigsjugend –
die deutschen Mitglieder auf dem Weg nach Chartres.

Christkönigsjugend – Aussetzung des Allerheiligsten
auf dem Zeltplatz Raun, wo die Nachtanbetung stattfand.

wie ihn das kirchliche Lehramt vorlegt. In Dankbarkeit empfangen wir aus den Sakramenten das übernatürliche Gnadenleben. Schließlich stehen wir auch in Ehrfurcht den Ortsbischöfen zum Dienst bereit, wenn diese die CKJ rufen, im Rahmen ihres Charismas kirchliche Verantwortung wahrzunehmen.

Sie ist 4. *missionarisch*. Die kirchliche Gesinnung schließt jenen Seeleneifer ein, von dem der Apostel erfüllt war, als er sprach: «Die Liebe Christi drängt uns» (2 Kor 5,14). Die Formen des Apostolates ergeben sich aus den Möglichkeiten, die jedem Einzelnen nach seinen Talenten und an seinem Platz von Gott eröffnet sind.

Sie ist 5. *marianisch*. Weil die CKJ christozentrisch, eucharistisch, kirchlich und missionarisch ist, deshalb ist sie zutiefst marianisch. Denn niemand kann Christus nachfolgen, der nicht auch seine glühende Kindesliebe zu Maria teilt. Er selbst hat sie uns zur geistlichen Mutter gegeben und wünscht, dass wir sie mit zarter, inniger und aufrichtiger Liebe ehren, uns ihr hingeben und anvertrauen. Die CKJ sieht deshalb ihre Sendung in einer Linie mit der des hl. Ludwig Maria Grignion von Montfort, des ehrwürdigen Dieners Gottes Wilhelm Chaminade, des hl. Vinzenz Pallotti, des hl. Maximilian Kolbe. Sie stellt sich ganz den Plänen Mariens zur Verfügung, indem sie die vollkommene Weihe an Maria vollzieht, wie sie im Goldenen Buch des hl. Ludwig Maria Grignion von Montfort beschrieben wird. Christus ist unser König, Maria unsere Königin!

Wahlspruch und Ziele der CKJ

«Oportet autem illum regnare» (1 Kor 15,25): Ihm gebührt die Herrschaft!

Das Christkönigtum, das wir anstreben, umfasst ein Dreifaches: Christus soll herrschen

1. in den Seelen, 2. in Seiner Kirche, 3. in der Gesellschaft.

Wege der CKJ

1. Wege zur persönlichen Heiligung durch die Liebe zur Wahrheit und die persönliche Beziehung zum Herrn in vertrauter Zwiesprache mit ihm im inneren Gebet.

2. Wege zur Glaubenserneuerung der Kirche. Als Gebetsgruppen wollen wir Atemzellen der Kirche sein, suchen Glaubensvertiefung

und verfolgen darüber hinaus auch ein missionarisches Ziel: Wir wollen auch fremde Jugendliche einladen, um sie für den Glauben zu interessieren und vielleicht sogar für unsere Ideale und Ziele zu begeistern.

Zeitschrift des CKJ: «Rundbrief»

Der innerkirchliche Umgang mit den «neuen Aufbrüchen» muss als Nagelprobe angesehen werden, wieweit Formulierungen wie «versöhnte Verschiedenheit» redlich gemeint sind. Denn wer könnte noch überzeugt sein von der Duldung des «Andersartigen» in einer wiedervereinigten Kirche, sollte es in der Kirche selbst nicht möglich sein, Traditionelles als das schon immer zur Kirche Gehörende zu bewahren.

Das aber ist das Anliegen der «neuen Aufbrüche», das Aufgegebene oder auch Vergessene der Kirche zu erhalten, das lautlose Sterben der Gemeinden, die zwar noch Kinder taufen lassen, aber nicht mehr christlich erziehen, aus denen ein Teil noch den Weg zur Kirche findet, doch davon nur noch einzelne Verlangen haben nach dem Sakramentenempfang, aufzuhalten, indem sich junge Menschen zur Erneuerung ihres Christseins verbünden.

«Wenn jemand in Christus ist, so ist er eine neue Schöpfung; das Alte ist vergangen, siehe, ein ganz neues Bewusstsein ist geworden» (2 Kor 5,17).

Kontaktadressen der CKJ: Claudia Bremshey, Postfach 1263, D-33042 Paderborn, Tel. +49 5251/408315
Bernhard Kaufmann, Jennen 2, A-6850 Dornbirn, Tel. +43 5572/23453

IV.
Die katholische Jugendbewegung in der Schweiz

Von Pfarrer Emil Hobi

Der Schweizerische Sturmscharbund

Der Sturmscharbund ging auf eine jugendliche Wandergruppe zurück, die sich in Basel an der Kirche St. Clara gebildet hatte. Diese Wandergruppe wuchs 1929 aus dem dortigen Jünglingsverein heraus und bestand selbstverständlich nur aus männlichen Mitgliedern. 1930 benannte sich die Gruppe nach den Sturmscharen des deutschen katholischen Jungmännerverbandes. Auch das Sturmschargesetz der Deutschen führten die Basler bei sich ein. Die Sturmschärler bemühten sich, dem totalitären Zeitgeist des Nationalsozialismus und des Kommunismus den offensiven Glauben entgegenzusetzen. An die Stelle des Führer- oder Stalinkultes setzten sie die Anbetung von Christus, dem König des Universums. Der martialisch klingende Name «Sturmschar» leitete sich ab von der reinigenden und belebenden Sturmkraft des Heiligen Geistes. Ebenfalls 1930 wurde an der Pfarrei Herz-Jesu in Zürich die zweite Sturmschar gegründet. In der Folgezeit entstanden schon bald – meist in städtischer Umgebung – innerhalb anderer katholischer Jungmannschaften und männlicher Jugendgruppen solche Sturmscharen, etwa in Luzern und in der Ostschweiz.

1932 vereinigten sich die einzelnen Sturmscharen in Zug zu einer eigenen Arbeitsgemeinschaft innerhalb des Schweizerischen Katholischen Jungmannschaftsverbandes (SKJV). Gleichzeitig einigten sich die dort versammelten Sturmscharverantwortlichen auf ein Gesetz, ein Versprechen und auf wesentliche Leitlinien in der Pädagogik. Ein echter Sturmschärler war von einer tiefen Liebe zu Christus und seiner Kirche beseelt. Er enthielt sich vielfach der alkoholischen Getränke und des Rauchens. Er liebte das einfache und gesunde Leben beim

Zelten und beim Wandern in der freien Natur. Er rang um sittliche Reinheit.

Die Sturmschärler wandten sich an männliche Jugendliche, welche die obligatorische Schulpflicht hinter sich hatten.

Die Sturmschar-Gesetze lauteten:
Wir wollen ein Leben in Christus führen, ihm dienen und in ihm der Kirche und dem Vaterland. Wir stehen in der jungen Christengemeinde, erfüllen die Pflicht der Gemeinschaft im Verband, die Bruderpflicht gegenüber allen, Freund und Feind.

Wir folgen unserer Führerschaft in Zucht und Treuen. Wir halten frohe, echte Kameradschaft.

Wir stählen und üben unseren Körper und halten fern von uns, was schädlich ist.

Wir leben schlicht und wahr in enger Verbundenheit mit der Natur. Wir kämpfen gegen alles, was unecht, unwahr und unedel ist.

Wir wollen durch Geistesbildung und Schulung des Charakters reifen zu unseren Aufgaben in Jungmannschaft, Verband und Pfarrei.

Die Sturmschärler legten folgendes Versprechen ab:
«Unterm Christusbanner will ich stehen, treu zur Sturmschar der Jungmannschaft. Zu ihr bekenn ich mich in Wort und Tat. Ihre Ehre ist meine Ehre! Ihr Gesetz ist mein Gesetz! Ihr Ziel ist mein Ziel: Christi Reich im Jugendreich!»

Die Sturmschärler trugen bei ihren Aktivitäten ein hellgraues Klufthemd. Entscheidend prägte Eugen Vogt die kirchliche Ausrichtung der Sturmscharen und ihren Christkönigsgedanken. 1933 wurde ihm die Aufgabe des Bundesleiters der Sturmscharen übertragen.

Der Schweizerische Jungwachtbund

Der Schweizerische Jungwachtbund entstand sozusagen als jüngerer Bruder der Pfarrei-Jungmannschaften und der Sturmscharen. Um 1930 bildeten sich unter priesterlicher Leitung in verschiedenen Deutschschweizer Städten Bubengruppen: In St. Gallen-Heiligkreuz gedieh ein Tarcisiusbund, in Basel-St. Josef ein Philipp-Neri-Bund, in Schwyz die Waldbuben, in Basel St. Clara die Jungschar, in Luzern

Jung St. Paul etc. 1932 gründete Pfarrer Johannes Krummenacher in Birsfelden bei Basel eine Schülergruppe namens Jungwacht. Der Schreinergeselle Lui Communetti führte die Jungwacht in Birsfelden als erster Scharleiter an. 1932 legte die erste Bundesversammlung der Sturmscharen in Zug fest, die katholischen Schülergruppen in einem einzigen Bund zu vereinigen. Die Schülergruppe in Birsfelden gab dem Gesamtbund den zugkräftigen Namen Jungwacht. Aufgabe der Jungwacht war es, vorerst die Buben der letzten Schuljahre zu sammeln. Doch schon bald erforderte die Diasporasituation auch den Einbezug der Buben ab dem 10. Altersjahr. Nach einem Kandidatenjahr legte der Bub mit 11/12 Jahren folgendes Versprechen ab: «Als Knappe Christi steh ich auf der Wacht, schütze das Gute, bekämpfe das Schlechte. Ich will treu sein den Geboten Gottes und meinen Führern, hilfsbereit meinen Eltern und Kameraden. Christkönig segne mich!»

Der Wahlspruch von Jungwachten lautete teilweise bis in unsere Zeit hinein: «Tapfer und treu!» Ebenfalls dem Handbüchlein der Jungwacht von 1944 lassen sich die ursprünglichen Jungwachtgesetze entnehmen:

Der Jungwächter ist ein Christusträger und Marienritter.
Der Jungwächter steht treu zum Priester und zur Kirche.
Der Jungwächter ehrt seine Eltern.
Der Jungwächter liebt seine Heimat.
Der Jungwächter schützt Gottes Natur.
Der Jungwächter hält seinen Körper gesund.
Der Jungwächter ist ein zuverlässiger Kamerad.
Der Jungwächter ist edel und rein.
Der Jungwächter ist fleissig und froh.
Der Jungwächter hilft allezeit.

Auf dem grünen Klufthemd der Jungwacht leuchtete das weisse Chi-Rho-Abzeichen in stilisierter Form. Dasselbe Abzeichen trug die Gürtelschnalle. Gesetz und Versprechen wurden im Verlaufe der Zeit leider aufgegeben. Vereinzelte Jungwachten bewahrten sich ihre Kluft bis heute.

Der Sturrnscharbund ging schon vor dem Zweiten Weltkrieg lükkenlos in der Führerschaft des Jungwachtbundes auf. Ein älterer Sturmschärler erklärte mir: «Wir haben unser Herzblut der Jungwacht gegeben.»

Als Hauptpatron erwählte sich die Jungwacht den heiligen Don Bosco, während die älteren Sturmschärler im heiligen Erzengel Michael ihren Bundespatron sahen. Von den Sturmscharen her trug die Leiterschaft der Jungwacht noch längere Zeit ein hellgraues Hemd. Ganz allgemein verstand sich die Jungwacht als «Vorstufe der Jungmannschaft» (Jungwachthandbüchlein 1944).

Über den teilweisen Kurs der Bundesleitung der letzten drei Jahrzehnte wollen wir einen Mantel barmherzigen Schweigens legen. Hätte nicht auch die Jungwacht einen echten Neuaufbruch im Geiste der Gründerzeit und als «Christkönigs junge Garde» verdient? Sind Jungwacht und Blauring ohne tiefe Liebe zu Christus und seiner Kirche überhaupt denkbar, oder blieben nur noch Namenshülsen?

Analog zur Jungwacht entstand die Mädchenorganisation «Blauring». Die Hl. Jungfrau Maria galt als das große und schöne Vorbild des Blauring.

Der Schweizerische Katholische Jungmannschaftsverband (SKJV)

Jünglingsvereine und Katholische Jungmannschaften prägen seit der Jahrhundertwende bis in die neuere Zeit hinein die kirchliche Jugendarbeit der Schweiz. Auch die Sturmscharen verstanden sich mehrheitlich nur als besonders herausgeforderten Teil der Pfarreijungmannschaften. Als Höhepunkt des Schweizerischen Katholischen Jungmannschaftsverbandes gilt der Zuger Jugendtag (ZUJUTA) am 20. August 1933. Der Jugendtag wird für immer als bewundernswertes Zeugnis von 20'000 jungen katholischen Christen in die Kirchengeschichte unserer Heimat eingehen. Aus allen Tälern und Gegenden des Landes kamen sie, um sich in einer Zusammenkunft und einer besonders feierlich gestalteten Heiligen Messe zu Christkönig zu bekennen. Seit 1931 trug der Jungmannschaftsverband das JHS als Bundesabzeichen. JHS stand für die ersten drei griechischen Buch-

Zwei Führerpersönlichkeiten der Schweizer Jugendbewegung
Links: Prälat Josef Meier, Redaktor der Zeitschrift Jungmannschaft, Generalsekretär SKJV
Rechts: Eugen Vogt, Laienführer des Jungmannschaftsverbandes

Eugen Vogt, Leiter des Rex-Verlages Luzern, (Mitte sitzend) präsentiert an der Frankfurter Buchmesse die Produktion von Rex.

staben von Jesus. Zu den bedeutendsten Führern des Schweizerischen Katholischen Jungmannschaftsverbandes zählten der Priester Josef Meier und der Laienführer Eugen Vogt. Ihre Rolle wurde in der umfangreichen Abhandlung von Joseph Jung über die «Katholische Jugendbewegung in der deutschen Schweiz», Universitätsverlag Freiburg/Schweiz 1988, erkannt und gewürdigt. Dasselbe Werk bietet einen gründlichen Einblick in die Geschichte des Jungmannschaftsverbandes und dessen Repräsentanten.

Josef Meier

Josef Meier erblickte 1904 in Nesselnbach AG das Licht der Welt. Er studierte in Innsbruck Theologie und doktorierte. Als junger Priester stand er in Kriens dem Jünglingsverein vor. Meier wusste junge Menschen für Christkönig zu begeistern. Er pflegte eine ausgesprochen eucharistische und zugleich marianische Frömmigkeit. 1929 wurde er Präses des Jünglingsvereines der Stadt Luzern. Als Redaktor der Zeitschrift «Jungmannschaft» erhöhte er die Abonnentenzahl um das Mehrfache. Als ausgezeichneter Prediger begeisterte er die jungen Menschen für das Christkönigsideal am Zuger Jugendtag. 1937 wurde Josef Meier Generalsekretär des SKJV. Als solcher schrieb und setzte er sich für den SKJV bis zu seinem Tode 1960 ein. Unvergesslich bleiben seine regelmäßig herausgegebenen Bildungsmappen.

Eugen Vogt

Eugen Vogt, Jahrgang 1909, arbeitete bei einem chemischen Großbetrieb. Schon in jungen Jahren übernahm er an seinem Geburtsort Allschwil BL Leitungsaufgaben beim Jünglingsverein. 1930 begegnete Eugen Vogt Josef Meier. In Löwen/Belgien lernte Eugen Vogt bei einer sprachlichen Weiterbildung die offensiv auf Christkönig ausgerichtete katholische Jugendarbeit kennen. In Düsseldorf/ Deutschland eignete er sich den Gedanken und die Methodik der Schülererfassung an, was vor allem der schweizerischen Jungwachtidee zugute kam. In die Schweiz zurückgekehrt, wurde Vogt als erster Laie in die höchste Führungsspitze des Schweizerischen Katholischen Jungmannschaftsverbandes aufgenommen. Anno 1932 wurde er erster Bundesleiter der Jungwacht. Vogt verstand sich voll und ganz als Laienapostel, der seine reichen Fähigkeiten in den Dienst Gottes gestellt hatte. Die Verbreitung der Jungwachten geht wesentlich auf seine Initiative zurück und ebenfalls deren ursprüngliche Leitlinien und Zielsetzungen. 1947 ernannte Papst Pius XII. Eugen Vogt zum Ritter vom heiligen Sylvester. Eugen Vogt verstarb am 25. August 1997. Er war bis an sein Lebensende eine eindrucksvolle und beachtenswerte Persönlichkeit von tiefer und echter Frömmigkeit. Bis in den Tod hinein stand bei ihm das Christkönigsideal im Zentrum seines Lebens und Denkens. Das Grab von Eugen Vogt befindet sich auf dem Friedhof Friedental in Luzern.

Die Ursprünge des Katholischen Pfadfindertums in der Schweiz

Die ersten katholisch ausgerichteten Pfadfindergruppen entstanden in der Schweiz in städtischer Umgebung. Vikar Karl Gschwind gründete 1912 in Basel eine Gruppe in der Pfarrkirche St. Josef. Um 1930 finden sich nur etwa ein halbes Dutzend Abteilungen in Basel, Bern, St. Gallen und Zürich. Die ersten Anfänge waren also durchaus harzig. Erst in den Jahren vor dem Zweiten Weltkrieg begann das katholische Pfadfindertum der Schweiz durch eine größere Anzahl neuer Gruppen und Abteilungen bedeutsam zu wachsen. Diese Scoutgruppen bauten keinen eigenständigen katholischen Pfadfinderbund auf. Innerhalb des konfessionell-neutralen Schweizerischen Pfadfinderbundes fanden sie sich im Verlaufe der Zeit zum Verband Katholischer Pfadfinder zusammen, der als lose Arbeitsgemeinschaft wesentliche religiöse Impulse in die katholischen Pfadfindergruppen einbrachte.

Die katholischen Abteilungen trugen als Kennzeichen das Krukkenkreuz.

Ebenfalls waren die Pfadfinderinnen im Bund Schweizerischer Pfadfinderinnen zusammengeschlossen. Ihre katholischen Gruppen wurden durch die Arbeitsgemeinschaft des Verbandes katholischer Pfadfinderinnen erfasst.

1988 fusionierten der Schweizerische Pfadfinderbund und der Bund Schweizerischer Pfadfinderinnen zur wiederum konfessionell-neutralen Pfadibewegung Schweiz.

1913 wurde der damalige Schweizerische Pfadfinderbund in Bern gegründet. Die englisch-ausländische Herkunft des Pfadfindertums, seine Methoden, jedoch auch seine konfessionell eher neutrale Ausrichtung in der Schweiz machte es anfänglich weiten Teilen der katholischen Schweizer Bevölkerung verdächtig. Man wies darauf hin, dass der Schweizerische Pfadfinderbund vorwiegend unter freisinnig-liberaler und nicht unter konservativ-katholischer Leitung stehe. Der Begriff «freisinnig-liberal» beinhaltete bis in unsere Zeit hinein noch vorwiegend weltanschaulichen Charakter. Erst vor dem Hintergrund der enormen Bedrohung von aussen – durch die Hitlerideologie und den Kommunismus – rückten die Schweizer näher zusammen. Die Auseinandersetzungen des 19. Jahrhunderts begannen in den Hintergrund zu rücken.

Ausserdem durften die katholischen Abteilungen innerhalb der beiden neutralen Großverbände ihre Identität voll leben. Entscheidende Anregungen und Impulse empfingen sie von den durchwegs konfessionell-katholischen Scouts de France. Klar wurde etwa in einer Bildungsmappe für katholische Leiterinnen festgehalten: «Die katholische Führerin hat absichtlich zum katholischen Menschen zu erziehen. Wenn wir das nicht wollten, dann hätte die Arbeit den Hauptzweck verloren. Wir wollen den ganzen Menschen erfassen, und dazu gehört auch die Religion. Der ganze Mensch in seinem Glauben ist für uns der katholische Mensch, wie er für protestantische Menschen der protestantische Mensch ist. Einen neutralen Menschen gibt es nicht. Neutrale Erziehung würde heissen, absehen von der Religion, absehen vom Glauben. Wir sind grundsätzlich gegen die neutrale Erziehung, weil diese überhaupt keine oder eine abwegige ist, wie dies Papst Pius Xl. ausführt von der Schule» (aus einer Mappe für Wolfsmeisterinnen um 1950, Pfadfinderkorps St. Gallus).

Die Zeitschrift «Kompass» des Verbandes Katholischer Pfadfinder (VKP) wies auf die Bedeutung der Eucharistiefeier hin: «Bei den

Scouts de France z.B. wo fast immer ein Zeltlager gehalten wird, bei dem ein Priester mitkommt, gilt die tägliche Messe als Selbstverständlichkeit» (Juli 1955).

Ebenfalls im «Kompass» vom Februar 1957 erschien ein fingierter Brief an den verstorbenen Scoutgründer Baden-Powell, worin der Schreiber auch die Grundhaltung des katholischen Scoutismus umschrieb: «Immerhin gibt es das berühmte Wort, das du an die katholischen boy scouts gerichtet hast, die nach Rom pilgerten: Bedenket, dass ihr nicht zwei Führer habt (hier die Pfadfinderführer – dort die Kirche); sondern nur einen einzigen; Christus und eure Kirche.»

Das Scoutversprechen, welches das Mädchen oder der Junge frühestens im Alter von zwölf Jahren ablegte, lautete:

«Ich verspreche bei meiner Ehre, dass ich mit der Gnade Gottes mein Bestes tun will, meine Pflichten gegenüber Gott, der Kirche und meinem Land zu erfüllen, meinen Mitmenschen jederzeit zu helfen und den Spähergesetzen zu gehorchen.»

Bei den konfessionell-neutralen Abteilungen entfiel das Treueversprechen zur Kirche.

Der Feuerkreis Niklaus von Flüe

1988 entstand der kleine Pfadfinderbund Niklaus von Flüe. Um Verwechslungen mit anderen Pfadfinderorganisationen zu vermeiden, nahm dieser Jugendbund den Namen «Feuerkreis Niklaus von Flüe» (FNF) an. In den Vereinsstatuten finden wir die Erklärung: Der Feuerkreis Niklaus von Flüe hat Verständnis für die weitgefassteren Versprechensformeln und die geänderten Scoutgesetze anderer Scoutorganisationen, die in einer pluralistischen Gesellschaft möglichst vielen gerecht werden wollen. Für uns selber halten wir an den drei klassischen Teilen des katholischen Scoutismus fest:
1. Gott, der Kirche und dem Vaterland zu dienen;
2. mit der Hilfe Gottes jederzeit und allen Menschen zu helfen;
3. das ursprüngliche Sphähergesetz zu befolgen.

Der Feuerkreisbund ist nicht Mitglied der Pfadibewegung Schweiz oder einer ihrer Unterorganisationen. Der Bund schloss sich der World Federation of Independent Scouts (WFIS) an.

Ein wegweisendes Wort von Kardinal Meisner

Gehalten am 14. September 1997 aus Anlass des 75jährigen Bestehens von Haus Altenberg im Altenberger Dom

Die größte Tat Gottes für die Menschen hat er mit einer Jugendlichen vollzogen: mit Maria. Gott braucht heute für seine Pläne zugunsten der Welt risikobereite, wagemutige Leute: Das sind immer Jugendliche und – ich füge hinzu – auch alte Menschen. Wir Mittelalterlichen – ich bin schon hohes Mittelalter – sind dafür kaum zu gebrauchen. Denn wir sind etabliert und haben uns eingerichtet. Da wir unseren «status quo» nicht gefährden möchten, sind wir risikoscheu. Wir fragen bei einem Anliegen, das an uns herangetragen wird: Was habe ich davon? Was nützt mir das? Was verdiene ich dabei? Und darum können Leute nicht bis ins Pensionsalter hauptamtlich in der Jugendpastoral arbeiten. Mit zunehmendem Alter nimmt die Risikobereitschaft ab, und das ängstliche Berechnen nimmt zu.

Immer, wenn eine Frau Mutter wird, wiederholt sich der Mensch. Als Maria Mutter wurde, da wiederholte sich nicht nur der Mensch, sondern er überholte sich, denn ihr Kind ist Gott und Mensch zugleich. Dort, wo junge Menschen mit Gott mitwirken, dort werden sie groß und wachsen über sich hinaus wie Maria. Gott ist wie ein Abenteuer. Er mutet den Menschen wirklich etwas zu. Zum Beispiel sagt er zu Maria: Du sollst die Mutter Gottes werden. Das hat ihr ein wenig den Atem verschlagen. Aber Gott spricht ihr nicht nur Mut zu, er handelt ihr Mut zu, indem er sagt: «Die Kraft des Höchsten wird dich überschatten» (Lk 1,35). «Denn für Gott ist nichts unmöglich» (Lk 1,37).

Hand aufs Herz: Wer glaubt denn noch, dass bei Gott kein Ding unmöglich ist? Das ist das Vorrecht junger Menschen. Etablierte Erwachsene scheinen dafür weniger fähig zu sein. Spießbürger sind immer untauglich für das Reich Gottes.

«Herr, lass mich stehen, wo die Stürme wehen und schone mich nicht», ist eigentlich die Lebensdevise des Apostels Paulus. Nach ihm gibt es nur eine einzige Sünde, nämlich alt zu sein, d.h. ein Mensch zu sein, der nicht mehr glaubt, dass bei Gott kein Ding unmöglich ist, und zwar im Hinblick auf sich selbst, d.h. ein Mensch zu sein, der nicht mehr glaubt, dass Gott aus ihm einen Heiligen machen kann, der den lieben Gott überhaupt schon auf seiner Wunschliste gestrichen hat. Ich höre das so oft: «Bei mir ist alles so festgefahren. Ich habe schon alles versucht. Ich bin schon zu alt dazu, ich kann mich nicht mehr ändern!» Das kann man von 18jährigen genauso hören wie von 80jährigen. Das meint Paulus mit der Sünde, alt zu sein. Man sagt, wir seien in Deutschland ein müdes und altes Volk geworden. Wir haben auch darum eine müde und alte Kirche mit mehr Beerdigungen als Taufen. Strafen wir diese Feststellungen Lügen, indem wir versuchen, unserer Jugend zu helfen, eine glaubende Jugend zu sein, die Gottes Mut, seine Zumutungen aufnimmt und weitergibt, wie Maria.

Joachim Kardinal Meisner

Zeittafeln

Tabelle A

Die beiden Urgründe der Jugendbewegung Pfadfindertum und Wandervögel und ihre katholischen Zweige (ein grober Überblick)

Wandervogel-Bewegung (Freideutsche Jugend)
Gründer: Karl Fischer mit Steglitzer Gymnasiasten (Berlin)
gegründet: um 1900
Erziehungsform: Selbsterziehung
1902 erste auswärtige Gruppe
1904 Erstausgabe des «Wandervogel»
1908 Herausgabe des ersten Wandervogelliederbuches «Der Zupfgeigenhansl», bereits 1913 in 10. Auflage
1910 Spaltung in «Alt-Wandervogel», «Wandervogel Deutscher Bund» und «Jungwandervogel»
1913 Zusammenschluss von Wandervögel und Freideutscher Jugend auf dem Hohen Meissner
1930 Katholische Wandergruppen schließen sich zur «Sturmschar» zusammen, die dem Jungmännerverband eingegliedert wird
1937 Endgültige Auflösung der Sturmschar durch das Naziregime, Umbenennung in «Gemeinschaft St. Michael»

Das Sturmschar-Gesetz

«Wir wollen ein Leben in Christus führen, ihm dienen und in ihm der Kirche und dem deutschen Volk. Wir stehen in der jungen Christengemeinde, erfüllen die Pflicht der Gemeinschaft im Verein, die Bruderpflicht gegen alle. Wir folgen unserer Führerschaft in Zucht und Treue. Wir halten frohe Kameradschaft. Wir stählen und üben unseren Körper und halten fern von uns, was schädlich ist. Wir leben schlicht und wahr in enger Verbindung mit der Natur. Wir kämpfen gegen alles, was unecht, unwahr und unedel ist. Wir wollen durch

Geistesbildung und Schulung des Charakters reifen zu unseren Jungenschaftsaufgaben in Bund und jungem Volk.»
(In Altenberg im Mai 1930 endgültig gebilligt)

Scouting-Bewegung

Gründer: Lord Baden-Powell (BP)
Berufsoffizier der britischen Armee
gegründet: 1907
Erziehungsform: Jugendpflege und Selbsterziehung
Weltorganisationen: «World Organisation of the Scout Movement» (WOSM) in Genf der Boy Scouts, (WAGGGS) in London der Girl Guides und Girl Scouts

Deutscher Pfadfinderbund (DPB)

Gründer: Major Bayer und Stabsarzt Dr. Lion
Gründung: 1911

Deutsche Pfadfinderschaft St. Georg (DPSG)

Gründung: 1929 in Altenberg
1938 von den Nazis verboten
1946/47 Neuaufbau innerhalb des BDKJ

Katholische Pfadfinderschaft Europas

1963 als «Scouts d'Europe» in Frankreich entstanden
1976 Zweiggründung in Deutschland als «Katholische Pfadfinderschaft Europas» (KPE)

Die drei Pfadfindergrundsätze

1. Verpflichtung gegenüber *Gott.* Das bedeutet: Treue zur eigenen Religion mit allen daraus erwachsenden Verpflichtungen

2. Verpflichtung gegenüber dem *Nächsten*: Das heisst: Treue dem eigenen Land, Verständigung der Völker, Achtung und Ehrfurcht vor der Würde des Nächsten und Schutz von Umwelt und Natur
3. Verpflichtung gegenüber *sich selbst*: Das beinhaltet: Verantwortung für die positive Entwicklung der eigenen Persönlichkeit

Tabelle B

Chronik des Katholischen Jungmännerverbandes Deutschlands (KJMVD) einschließlich Sturmschar
Gegründet: 1896 als Jungmännerverband
1. Generalpräses von 1896-1913 Dr. Josef Dammer (1851-1929)
2. Generalpräses von 1913-1926 Carl Mosterts (1874-1926)
Seine Initiativen:
1913 *Jugendhaus Düsseldorf* wird eingerichtet
1921 Gründung der «Katholischen Jugend Deutschlands» (KJD)
1922 Bau eines *Jugenderholungsheims* auf den Ruinen des ehemaligen Zisterzienserklosters *Altenberg*
1924 Neues Grundgesetz des KJMVD in Fulda: Einführung jugendbewegter Elemente wie Heimabend, Fahrt, Kluft, Wimpel etc.
3. Generalpräses von 1926 bis zur staatlich verordneten Auflösung 1939: Ludwig Wolker (1887-1955)
Unter seiner Leitung:
1928 in Neisse: Erstes Christusbanner gezeigt. Einführung des *«Jungführertums»* als Jugenddiakonat. Die Wanderbewegung stellt sich vor und tritt das erste Mal als *Sturmschar* in Erscheinung. Die Dreigliederung Jungschar bis 14 Jahre, *Jungenschaft* von 14-18 Jahre und Jungmannschaft über 18 Jahre wird eingeführt.
1930 Erste Wallfahrt der Sturmschar nach Rom
1931 6. Reichstagung des KJMVD in Trier. Erster öffentlicher Auftritt der Sturmschar
1932 Erstes Reichstreffen der Sturmschar in Koblenz
1932 Am 17. Juli: Erstausgabe der Wochenzeitschrift «Junge Front» als Nachfolgeblatt der Koblenzer Lagerzeitung. Erscheinungsverbot Februar/März 1933 durch den Oberpräsidenten der Rheinprovinz. August 1934 vierwöchiges Verbot der «Junge Front» unter diesem

Titel. Seine Weiterführung unter dem Titel «Michael» erhielt schon ein Jahr später Publikationsverbot. Organ des Jungmännerverbandes war seit 1906 «Die Wacht». Gemeinsam mit dem «Am Scheideweg» wurde auch die weitere Auslieferung der Zeitschrift «Die Wacht» im September 1937 untersagt.

Tabelle C

Gründung und Entwicklung des «Bundes der Deutschen Katholischen Jugend» (BDKJ) im Nachkriegsdeutschland

1947 Gründung des BDKJ in Hardehausen unter Führung des «General» Wolker
1954 vom 29.7.-1.8. erstes Bundesfest in Dortmund
1959 im August zweites Bundesfest in Stuttgart
1965 vom 30.7.-1.8. drittes Bundesfest in Düsseldorf, das deutlich den Traditionsriss signalisierte
1971 Die Bischöfe verweigern zum ersten Mal in der Geschichte des BDKJ die Zustimmung zu einer Bundesordnung
1978 Die «Deutsche Pfadfinderschaft Sankt Georg» (DPSG) muss nach zahlreichen Protesten das Roverbüchlein «Mehr vom Leben», das als «Sex-Grundausstattung für Rover und Roverin» gedacht war, zurücknehmen
1978 forderte die Bischofskonferenz die «Katholische Junge Gemeinde (KJG) auf, eine neue Bundesleitung zu wählen, andernfalls drohe der Entzug der Anerkennung als katholischer Verband
1984 erneuter Konflikt des KJG mit der Deutschen Bischofskonferenz wegen eines Songbuches sozialistischen und unmoralischen Inhaltes
1989 veranstaltete der BDKJ ein Solidaritätsfest in Fulda mit 4'500 Teilnehmern aus Protest gegen die Entmachtung des BDKJ in Fulda durch Erzbischof Dyba
1993 Positionspapier des BDKJ Rottenburg-Stuttgart «Total verknallt und keine Ahnung?» Die «Bischöflichen» Jugendämter Mainz und Rottenburg-Stuttgart bringen «Sexspiele» heraus mit den Titel

«Kein Tabu» und «Erocity», die auf Zerstörung der kirchlichen Sexualmoral in der Jugend angelegt sind

1994 «Demokratieförderplan» des BDKJ zur «maßvollen» Demokratisierung der Kirche (Würzburg).

Ein hoffnungserweckender Anfang wurde auch mit der Wiederbelebung des katholischen Schrifttums gemacht: «Die Wacht», seit 1906 katholische Jugendverbandszeitschrift, erhielt 1948 eine Lizenz von den Alliierten unter ihrem Chefredakteur Klaus Brüne. Auch der aus der «Jungen Front» hervorgegangene «Michael» erschien wieder, wurde aber schon 1955 wegen der abnehmenden jugendlichen Beziehrzahlen von der «Allgemeinen Sonntagszeitung» übernommen. Die geistige Auszehrung des BDKJ trat hierbei in Erscheinung.

Ab 1992 entstand aus dem Info-Dienst das «BDKJ-Journal», das seine Existenz staatlichen Zuschüssen verdankt, wie im Impressum ausdrücklich vermerkt wird.

Ministerialdirektor Erich Klausener, der Führer der Katholischen Aktion, wandte sich am 24. Juni 1934 auf dem Katholikentag in Berlin gegen die Kirchenpolitik Hitlers. Auf Veranlassung von Heydrich wurde er am 30. Juni 1934 im Ministerium als erster Blutzeuge der Katholikenverfolgung ermordet. Die Katholische Jugendbewegung war stark vertreten.

Anlagen

Die Anlagen V. und VI. enthalten die aus dem geistigen Umfeld der «Kirche von unten» hervorgegangenen und vom BDKJ übernommenen alternativ-kirchlichen Vorstellungen anti-autoritär-emanzipatorischer Veränderungen im Leitungsstil der Kirche (Macht teilen – Gleichheit anerkennen), als auch eine permissive, der Willkür des Einzelnen überlassenen Sexualmoral, die jeglichen Sittenkodex als Einschränkung der persönlichen Lustbefriedigung verwirft.

Der Umwandlungsprozess im BDKJ und in den mit ihm kooperierenden Verbänden und Jugendämtern in kirchlicher Trägerschaft, durch den nicht nur religiöse sondern auch humane Werte in Frage gestellt werden, ist zu einer ernsten Gefahr für die Weitergabe christlicher Grundorientierung an die kommenden Generationen geworden, ein Schaden, den jedes weitere zögerliche und abwartende Verhalten der Verantwortlichen mehrt und den Zustand der Kirche immer trostloser erscheinen lässt. Zügiges Handeln ist gefordert, um jenen Rest katholischer Jugend vor dem Verderb zu bewahren, welcher der Kirche dank verantwortungsbewusster katholischer Eltern noch erhalten geblieben ist und in den «Neuen Aufbrüchen» Oasen gesunder Jugendlichkeit gefunden hat.

Anlage I

Hirtenwort betr. Werbung für den Eintritt in das Jungvolk

(Kirchliches Amtsblatt für die Erzdiözese Paderborn Nr. 115/1936)
An die katholischen Eltern!
Der Reichsjugendführer hat für das Jahr 1936 zu dem «Jahre des Deutschen Jungvolks» erklärt. Wie die Zeitungen berichten, wird zurzeit eine starke Werbung für den Eintritt von zehn-, elf- und zwölfjährigen Schulkindern in das Deutsche Jungvolk, die Vorstufe für die Hitlerjugend und den Bund deutscher Mädel, betrieben. In diese Organisationen soll ein Teil der jetzt Angeworbenen später überführt werden. Die Aufnahme der Kinder in das Deutsche Jungvolk kann nur erfolgen, wenn die Eltern derselben die «Aufnahmeerklärung» un-

terschreiben und damit die Verantwortung für die Teilnahme ihrer Kinder an den Veranstaltungen des Jungvolks übernehmen.

Somit werden viele Eltern zurzeit vor die Gewissensfrage gestellt werden, ob sie ihre Kinder freiwillig in das Deutsche Jungvolk schikken wollen. Deshalb halte ich es für meine Pflicht, es deutlich auszusprechen, dass die von der Reichsführung herausgegebenen Schriften, wenn und solange sie in der gleichen Weise *wie vielfach bisher Aufsätze und Beiträge veröffentlichen, die die Grundlagen der christlichen Religion zu untergraben oder die katholische Kirche und ihre Einrichtungen verächtlich zu machen geeignet sind*, (Hervorhebung des Verfassers), zu jenen Schriften gehören, die zu lesen und aufzubewahren vor dem christlichen Gewissen und durch das verbindliche Gesetz der katholischen Kirche verboten ist.

Katholische Eltern, die freiwillig ihre Kinder der Führung solcher Personen unterstellen, die ihre Gesinnung, ihr Sprechen und ihr Handeln nach den gekennzeichneten, in dem genannten Schrifttum hervortretenden, dem katholischen Christentum feindliche Auffassungen gestalten, werden es vor Gott verantworten müssen, wenn ihre Kinder dadurch dem katholischen Glauben und dem christlichen Leben entfremdet werden sollten. Gewissenhafte Eltern werden daher die zur Aufnahme in das Jungvolk erforderliche Zustimmung nur dann geben, wenn und solange sie sicher sind, dass jene Führer, denen sie ihre Kinder anvertrauen, diese nicht in dem vorbezeichneten für Glaubensfreude und Christustreue gefährlichen Sinne beeinflussen werden...

Paderborn, den 30. März 1936
+ Caspar Klein, Erzbischof von Paderborn

Anlage II

Hirtenwort der deutschen Bischöfe an die gesamte katholische Jugend
(Auszug aus Kirchliches Amtsblatt für die Erzdiözese Paderborn Nr. 150/1936)

Osterzeit, Auferstehungszeit! Froh singen wir das alte Lied: «Preis dir, du Sieger auf Golgota!» Diese Zeit des neuen Lebens, der frohen Hoffnung, ist auch für uns Bischöfe, die wir von Gott dem Herrn den heiligen Auftrag haben, nicht zuletzt auch für das Heil aller jungen Katholiken im deutschen Volke uns zu sorgen und einzusetzen, die rechte Zeit, an dich, Jugend unserer Kirche, ein gemeinsames Hirtenwort zu richten und dich in der sieghaften Kraft Christi aufzurufen. Ernst ist die Zeitenstunde, aber froh sei trotzdem diese Osterbotschaft und froh grüßen wir euch alle in Ost und West, in Nord und Süd mit dem katholischen Gruße «Gelobt sei Jesus Christus»...

So treten wir denn vor euch hin mit dem Ruf zum Leben in der sieghaften Kraft Christi. Wollt ihr in Wahrheit jung sein, in froher, heiliger, ja unvergänglicher Jugend, dann müsst ihr dem Herrn über Leben und Tod, dem siegreich Auferstandenen folgen, dem Heerbann Christi unverbrüchliche Treue halten. Christus allein konnte ja von sich sagen: «Ich bin der Weg, die Wahrheit und das Leben» (Joh 14,6)...

Wohl wissen wir, dass man euch heute diese Quellen verschütten will. Man predigt in Wort und Schrift einen angeblich neuen Glauben, der nicht aus Gott, sondern aus dem Blut geboren ist. Die Feinde Christi versuchen sogar, euch die Lichtgestalt des Heilandes, des Siegers von Golgota, zu trüben, weil ihr eigenes Auge trüb wurde und das Licht, das in der Finsternis leuchtet, nicht erfassen kann (vgl. Joh 1,5). Ihr aber seid, wie der Apostel sagt, «Söhne des Lichtes und Söhne des Tages». Ihr also, die ihr nicht der Nacht und der Finsternis (1 Thess 5,5), sondern dem Tag angehört, seid wachsam und nüchtern (vgl. 1 Thess 5,5-8) und stehet fest «*eure Hüften umgürtet mit Wahrheit, angetan mit dem Panzer der Gerechtigkeit, die Füße beschuht mit der Bereitschaft für das Evangelium des Friedens; zu alledem ergreift den Schild des Glaubens, mit dem ihr alle feurigen*

Geschosse des Bösen auslöschen könnt. Nehmt den Helm des Heiles und das Schwert des Geistes, das ist das Wort Gottes. Betet mit aller Art von Gebet und Flehen zu jeder Zeit im Geiste und seid zu diesem Zwecke wachsam bei aller Ausdauer und bei Bitten für alle Heiligen und auch für uns, dass uns das rechte Wort gegeben werde, wenn wir unsern Mund auftun, um mit Freimut das Geheimnis des Evangeliums kundzutun» (Eph 6,14-19).

So sind die Söhne des Lichtes, so müssen die Schüler der Apostel sein. Ihnen klingen die Forderungen des Herrn nicht mehr fremd noch hart, sondern voll froher, quellender Lebenslust, wenn er ihnen sagt: «*Wer sein Leben retten will, der wird es verlieren, wer es aber um meinetwillen verliert, der wird es retten*» (Lk 9,24). Oder zum Jünger, der zu Hause noch erst Abschied nehmen will, bevor er ihm folgt: «*Wer seine Hand an den Pflug legt und hinter sich schaut, taugt nicht für das Reich Gottes*» (Lk 9,62).

Dieser Heiland aber, das Licht der Welt und der Herr über Leben und Tod, weilt heute noch in unserer Mitte. Er weilt unter uns nicht nur im heiligen Sakrament verborgen, sondern auch als Haupt seiner Kirche, die sein lebendiger, geheimnisvoller Leib ist (vgl. Kol 1,24 und Eph 5,23). Darum richtet sich der Ansturm der Feinde Gottes vielfach zuerst gegen seine Kirche und vor allem gegen ihr sichtbares Haupt, den Stellvertreter Christi und Nachfolger des heiligen Petrus. Man weiss wohl, dass der Ruf nach der «romfreien Kirche» nichts anderes bedeutet, als den Quell vom Felsen zu trennen... Wohl wissen wir, dass man bereits Mietlinge sucht, die bereit sind, um der Güter dieser Welt willen den *einen* Hirten zu verraten und seine Herde zu zerstreuen... Von dir aber, katholische Jugend, erwarten wir, dass du gerüstet, wie wir es dir mit den Worten des Völkerapostels Paulus zuriefen, die Stimme des Hirten kennst und den Mietling, den Dieb und Räuber von ihm zu unterscheiden weisst (vgl. Joh 10)...

Es ist uns, Gott Dank, wohlbekannt: Mancher Jungmann, manches katholisches Mädchen darf mit berechtigtem Stolz sagen: *Das habe ich getan. Das werde ich auch weiter tun.* Es ist die treue Schar, die wir vor den Altären beim heiligen Opfer sehen, nicht nur an Sonntagen, sondern auch an Werktagen, besonders bei der Gemeinschaftsmesse. Des Abends findet sie sich gern beim kirchlichen Nachtgebet, der Komplet. Unter der Kanzel lauscht sie dem Worte der Wahrheit und regelmäßig läutert sie die Seele im Sakrament der Buße; sie erkennt darin ein herrliches Mittel der Selbsterziehung und Charakterbildung. Bei Einkehrtagen und Exerzitien fehlt sie nicht, weil auch die Seele ihre Ruhe haben will, um sich harmonisch zu entfalten. In der Hand dieser Jugend sehen wir gediegene Bücher... und, was uns ein besonderer Trost ist, in immer reicherem Maße das Buch der Bücher: *Die Heilige Schrift*. Wir zweifeln nicht, dass diese jungen Katholiken auch mitten in der Finsternis als Kinder des Lichtes wandeln und Zeugnis geben von dem Lichte, das sie in sich tragen... Dir, liebe Jugend, rufen wir Bischöfe das ehrende Wort der Geheimen Offenbarung zu: «Halte fest, was du besitzt, damit niemand dir deine Krone raube!» (Offb 3,11).

Je weniger in Bewegungen und Bünden, in die ihr vielleicht eingegliedert seid und deren Entwicklung uns mit wachsender Sorge erfüllt, von Religion, Gott, Christus, Kirche die Rede ist, um so ernster drängt euch die Pflicht katholischer Selbsterhaltung zu den Quellen des Erlösers; um so dringender ist es nötig, euch zu wappnen gegen die religiöse Lauheit und Gleichgültigkeit... Wird euer katholischer Glaube in einer Vereinigung gefährdet, so seid ihr verpflichtet, aus ihr auszutreten. Aber auch dann, wenn nicht katholische Ehre und Treue zum Verlassen solcher Vereinigungen euch zwingen, ist es in unserer entscheidungsvollen Zeit immer und überall eure heilige Pflicht, allen Angriffen gegenüber doppelt treu, doppelt gewissenhaft, doppelt katholisch zu sein. Wolltet ihr euch aber vom katholischen Gemeinschaftsleben der *Pfarrjugend* ausschließen, würdet ihr bei religiösen Jugendfeiern, bei hl. Messe und Kommunion fehlen oder auch mit einem Mindestmaß kirchlichen Lebens begnügen und euch dabei mit der Einstellung und dem Geist eures Bundes entschuldigen, so wäre das wahrhaft eine schlechte Empfehlung dieses Bundes. *Wenn die Bindung an das Göttliche schwindet, fehlt allen anderen Bindungen der letzte und entscheidende Halt.*

Diese Bindung gesamten Jugendlebens an Gott, die Durchstrahlung des ganzen Tuns und Lassens, der Arbeit und Erholung, des Berufes und der Freude mit dem Lichte des heiligen Glaubens ist der Nerv der *katholischen Jugendverbände*. Die Kirche weiss, was sie an diesen Verbänden, der *Kernschar der katholischen Jugend*, hatte und noch hat. Sie hat ihnen den Rechtsschutz des Konkordates gesichert. Sie wacht über dieselben wie über ihren Augapfel. Und die deutschen Bischöfe wiederholen heute einmütig, was der Heilige Vater in seiner Osterbotschaft vor zwei Jahren bekannte: «*Eure Sache ich unsere Sache!*» Ja, eure Sache ist *Sache der Kirche Christi.* Für sie, für Christus hat man euch vielfach mit Hohn und Spott verfolgt, hat man eure deutsche Ehre verletzt und undeutsches Wesen euch vorgeworfen. Ihr habt euer Gut, eure Zukunft, euer Studium, eure Stellung, ja einzelne unter euch selbst ihre Freiheit und ihr Leben aufs Spiel gesetzt und dies alles wahrhaftig nicht für irgendeinen Verband oder Zeitvertreib, sondern getreu eurem Wahlspruch: *Für Christi Reich im neuen Deutschland!* Dabei war felsenhart eure Überzeugung, dass auch für unser heissgeliebtes Deutschland, für dessen Schutz und Recht ihr einsteht, wie eure Väter und Brüder es mit Gut und Blut getan haben, eure Überzeugung, dass auch für unser Vaterland in keinem anderen Heil ist, als in dem Namen, der über jedem Namen ist, im Namen Jesu, des Gekreuzigten und Auferstandenen, den Juden ein Ärgernis, den Heiden eine Torheit, den Berufenen aber Gottes Kraft und Weisheit (vgl. Apg 4,12; Phil 2,9; 1 Kor 1,24).

Nichts anderes wolltet und wollt ihr als die Freiheit eures religiösen, kulturellen und caritativen Gemeinschaftslebens, eurer religiösen und kulturellen Jugendgemeinschaft, wie sie euch feierlich im Freundschaftsvertrag zwischen dem Hl. Stuhl und dem Deutschen Reich, in dem Konkordat, das am 12. September 1933 Gesetzeskraft erlangte, zugesichert ist. Es ist der klare Sinn dieses Vertrages, solange deutsche Worte gelten, dass es sich hier nicht nur um Lehr-, sondern um Lebensgemeinschaften handelt. Wir werden deshalb auch in Zukunft für deine Lebensrechte, katholische Jugend, mit allem Nachdruck unseres Amtes eintreten.

Wie einmal die Bücher der Geschichte von der Treue katholischer Jugend in schweren Zeiten berichten werden, von wahrhaft heldischer Treue, von wahrhaft heroischen Opfern, so werden andere Bücher künden von Bischofssorgen und unermüdlicher Hirtensorge zu euch. Vieles ist von uns geschehen, was nicht an die Öffentlichkeit drang, vieles versucht worden, worin der Erfolg bis heute noch versagt blieb.

Auch für eure Rechte haben wir unserm Reichskanzler und Führer im Herbst eine eingehende Denkschrift unterbreitet.

So gelte auch in Zukunft das Wort: Treue um Treue! Diese Treue sei unser Dank an euch von der katholischen Jugend, wo immer ihr in Treuen steht, sei unser Dank aber auch an eure Eltern, die oft nicht minder große Gefahren ertragen und Opfersinn bekunden, um ihrer schweren Elternpflicht gegen Gott gerecht zu werden.

Dir aber, junges katholisches Christenvolk in unseren deutschen Gauen, rufen wir noch einmal unseres Herrn Wort zu, mit dem er den bitteren Leidensweg beschritt: «In der Welt habt ihr Bedrängnis. Aber habt Mut, ich habe die Welt besiegt» (Joh 16,33).

Und wir wiederholen es mit den Worten des starken Jüngers der Liebe Jesu, des heiligen Johannes, der in der Todesnot getreu unter dem Kreuze stand, der am frohen Ostermorgen das leere Grab staunend schauen durfte und frohlockend ausrief: «Das ist der Sieg, der die Welt überwindet, unser Glaube. Unser Glaube an Jesus, den Gottessohn (vgl. 1 Joh 5,5-6), dem die Herrlichkeit gehört und die Macht für alle Zeiten (Offb 1,6). Darum «Lobt froh den Herrn, ihr jugendlichen Chöre! Alleluja!» (Ps 112,1).

Die Gnade unseres Herrn Jesus Christus sei mit euch. Amen.

Die Bischöfe Deutschlands

Anlage III

Richtlinien für die katholische Jugendseelsorge

(Herausgegeben vom deutschen Episkopat im April 1936)

Die deutschen Bischöfe halten es angesichts der Zeitlage für ihre Pflicht, die Dringlichkeit einer planmäßigen Jugendseelsorge erneut zu betonen. Sie danken den Hochwürdigen Geistlichen und allen Laien, die sich bisher so opferfreudig in den Dienst der Jugendseelsorge gestellt haben, insbesondere der Jugend selbst, die sich in steigendem Maße von apostolischem Geist erfüllen ließ und erfolgreich mitarbeitete am Auf- und Ausbau des Reiches Gottes in den jungen Seelen.

Um aber für die Zukunft die Arbeit für und durch die Jugend noch einheitlicher zu gestalten und fruchtbarer zu machen, haben die deutschen Bischöfe die folgenden Richtlinien für die katholische Jugendseelsorge aufgestellt.

Diese sind *verpflichtend* und nach eingehender Besprechung, besonders auf Pastoralkonferenzen, überall durchzuführen. Sie entsprechen dem Erziehungsrecht der Kirche, dessen freie Ausübung im Reichskonkordat, insbesondere in den Artikeln 1, 21-25 und 31, in vollem Umfang vom Reich gewährleistet ist. Die Jugend hat einen Anspruch auf eine solche, ihrer Art und ihren Bedürfnissen entsprechende Seelsorge wie auch auf jugendliche Lebensgemeinschaften innerhalb der Gesamtseelsorge.

I. Erziehungsrecht der Kirche

Kraft göttlichen Auftrages und kraft ihrer übernatürlichen Mutterschaft hat die Kirche das Recht und die Pflicht, an allen Menschen aller Zeiten die Erziehungsmission zu erfüllen, die Christus ihr anvertraut hat. «Daraus folgt mit Notwendigkeit, dass die Kirche, wie im Ursprung, so auch in der Ausübung ihrer Erziehungsmission unabhängig ist von jedweder irdischen Macht, nicht allein hinsichtlich ihres eigentlichen Gegenstandes, sondern auch hinsichtlich der notwenigen und angemessenen Mittel zu deren Erreichung» (Erziehungsenzyklika von Pius XI.)

II. Erziehungsziel und Erziehungsweg der Kirche

Die christliche Jugenderziehung fasst den Menschen als eine Einheit.

Sie will den ganzen Menschen, den Menschen als Einzel- und Gemeinschaftswesen, in der Ordnung der Natur und der Gnade auf sein ewiges Ziel hinordnen. Sie ist «Mitwirkung mit der Gnade Gottes bei der Bildung des wahren, vollkommenen Christen, d.h. Christi selbst in den durch die Taufe Wiedergeborenen» (Erziehungsenzyklika von Pius XI.).

«Deshalb umfasst die christliche Erziehung den ganzen Bereich des menschlichen Lebens, des sinnlichen und übersinnlichen, des geistigen und sittlichen Lebens des Einzelnen, der Familie und der Gemeinschaft, nicht um es irgendwie einzuengen, sondern um es zu erheben, zu ordnen und zu vervollkommnen nach dem Beispiele und der Lehre Christi» (Pius XI. a.a.O.).

Aus dem Wesen der Kirche und der Lage der Zeit ergibt sich heute vor allem in der Christlichen Jugendarbeit die Forderung einer starken Betonung des Gemeinschaftsgedankens.

III. Die Katholische Aktion und die Jugendfrage

Besonderes Ziel aller Jugendseelsorge ist die Bildung religiös und apostolisch lebendiger Menschen, die befähigt und bereit sind, in Gemeinschaft mit ihren Priestern an der Verwirklichung des Reiches Gottes mitzuarbeiten. So vollzieht und vollendet sich die Jugendarbeit im Sinne und Rahmen der Katholischen Aktion.

IV. Träger der kirchlichen Jugendarbeit

Die gesamte Jugendarbeit in allen ihren Formen ist Pflichtaufgabe der *ordentlichen* Seelsorge. Sie gehört zu den wichtigsten Dienstobliegenheiten des Pfarrers und aller seiner Hilfsgeistlichen. – Die Mitarbeit von Jugendlichen in der Jugendführung ist unentbehrlich. Ihre Begründung, Weihe und Kraft empfängt diese Mitarbeit aus den heiligen Sakramenten der Taufe und Firmung (Allgemeines Priestertum).

V. Formen kirchlicher Jugendarbeit

Die Jugendarbeit muss durchgeführt werden:

1. in der Form der *allgemeinen Pfarrjugendseelsorge* mit dem Ziele, möglichst *alle* Jugendlichen zum bewussten, frohen Leben mit der Kirche zu führen;

2. in der Form der *jugendlichen Lebensgemeinschaften* mit dem Ziele, eine Kernschar religiös zu vertiefen und für besondere apostolische Aufgaben zu bereiten.

VI. Die allgemeine Pfarrjugendseelsorge

Die allgemeine Pfarrjugendseelsorge muss den Bedürfnissen der Zeit entsprechend betont und planmäßig ausgestaltet werden. Sie sucht möglichst alle Jugendlichen zu erfassen. Sie wirkt sich aus in der Betätigung des Lehr-, Priester- und Hirtenamtes an der gesamten Jugend und zwar:

1. in der jugendgemäßen Gestaltung des Gottesdienstes, der Predigt und des Sakramentenempfangs, soweit es im Rahmen der gesamten Pfarrseelsorge möglich ist;
2. in der Pflege des liturgischen Lebens durch die Gemeinschaftsmesse und durch weitgehende Heranziehung der Jugend zu liturgischem Beten und Singen (z.B. Kirchliches Abendgebet und liturgische Feiern);
3. in der Förderung des eucharistischen Lebens, in der Feier der monatlichen gemeinschaftlichen und in der Erziehung zur sonntäglichen heiligen Kommunion;
4. in regelmäßigen, gut vorbereiteten Jugendandachten mit Jugendpredigten (z.B. zur Vorbereitung auf die monatliche Gemeinschaftskommunion oder zum Abschluss des Kommuniontages) und gelegentlichen Feierstunden der Jugend;
5. in der sorgfältigen und lebensnahen Vermittlung christlichen Lehrgutes im Religionsunterricht aller Schulen und in der Sonntagschristenlehre;
6. in Bibelstunden, religiösen Aussprache- und Heimatabenden im Pfarr- oder Jugendheim;
7. in persönlichen Begegnungen zwischen Priester und Jugend beim Hausbesuch, in persönlicher Aussprache, im Beichtstuhl, in den Tagen der Krankheit und Not;
8. in der gründlichen Vorbereitung auf den späteren Lebensstand: Ehe und Familie oder jungfräuliches Leben in Welt und Kloster;
9. in der Anleitung zu tatkräftiger Mitarbeit auf allen Gebieten des Pfarrlebens z.B. Ausgestaltung des Gottesdienstes, Ehrendienst am Altar, Pflege des Kirchengesanges – Schmuck des Gotteshauses, Paramentenpflege – Familienhilfe, Arbeit am Kinde, Sorge um Arme, Kranke, Alleinstehende, Gefährdete und Fernstehende – Bedienung der Pfarrbücherei, Mitwirkung bei Pfarrfeiern;
(10. in einer besonderen Erfassung und Betreuung der «Wandernden Kirche» (in Heeres- und Arbeitsdienst, in Landjahr und Landhilfe) vor dem Abschied, in der Ferne, bei und nach der Rückkehr.[165]
11. in der möglichst weitgehenden Verbreitung und Auswertung des katholischen Schrifttums (Bistumsblatt, Kirchenzeitung und Jugendzeitschriften);

12. in einer lebensnahen Seelsorge für die verschiedenen Berufe und in der Pflege einer christlichen Berufsauffassung;
13. in der Erziehung zu vaterländischem, staatsbürgerlichem und sozialem Pflichtbewusstsein aus dem Geiste des christlichen Glaubens- und Sittengesetzes;
14. in der Erziehung zum Verständnis und zur Pflege der religiösen Kultur (Brauchtum, Heimgestaltung, Kunst, Literatur);
15. in der Veranstaltung religiöser Jugendwochen, Exerzitien und Einkehrtage, gemeinsamer religiöser Jugendveranstaltungen mehrerer Pfarreien und in der wirksamen Ausformung der üblichen Jugendfeiern in Kirche oder Pfarrheim (Schulentlassung, Firmung, Tauf- und Firmerneuerung, Lichtfeier, Christkönigsfeier, Marienfeier, Jugendsonntag, Verabschiedung der Abwandernden u.a.).

VII. Jugendliche Lebensgemeinschaften

Auch bei Ausschöpfung aller Möglichkeiten einer allgemeinen Pfarrjugendseelsorge sind für eine erfolgreiche Jugendarbeit lebendige Jugendgemeinschaften (Kernscharen) unerlässlich, wie sie sich in den kirchlichen Jugendverbänden bewährt haben.

In den Kernscharen sammeln sich solche Jugendliche, die den entschiedenen Willen haben, sich durch die bewährte Heiligungs- und Bildungsmittel der Kirche zu vertiefen und für besondere Aufgaben zu schulen.

Aus den Kernscharen erwachsen dann die jungen Menschen, die in vorbildlichem Leben und tatkräftigem Einsatz die Aufgaben der allgemeinen Pfarrjugendseelsorge verwirklichen helfen.

Besondere apostolische Aufgaben der Kernschar sind:

1. der Aufbau einer echt katholischen Ehe und Familie;
2. das Apostolat einer hervorragenden Berufstätigkeit;
3. laienkatechetische Unterweisung von Kindern und Jugendlichen;
4. Hilfe bei der kirchlichen Liebestätigkeit in der Pfarrgemeinde;
5. Sorge für Diaspora und Mission.

Die Form dieser jugendlichen Lebensgemeinschaften wird in der Regel straff sein (Verein, Kongregation, Bund, Gruppe, Zirkel, Arbeitskreis).

VIII. Familienerziehung

Voraussetzung für eine fruchtbare Jugendarbeit der Kirche ist die Erziehungsarbeit der christlichen Familie. Die Eltern haben das gottgegebene Recht und die gottgegebene Pflicht, aber auch die gottgegebene sakramentale Kraft zur christlichen Erziehung ihrer Kinder.

In eucharistischen Familienwochen, religiösen Erziehungswochen, Elternlehrgängen und Elternabenden soll das Verantwortungsbewusstsein der Eltern geweckt und ihnen der Weg zur Erfüllung ihrer Pflichten gezeigt werden.

IX. Entwicklung und Kräfte

Der Jugendseelsorger und seine Mitarbeiter werden nur dann erfolgreich arbeiten, wenn sie die Entwicklungsgesetze des organischen Wachstums der Jugend und die Ergebnisse der neuzeitlichen Pädagogik kennen, werten und beachten.

Aufbauend auf dem Grunde der Natur und Gnade, verfolgt die Jugendseelsorge ihr heeres Ziel unter Mitwirkung des opferfrohen Willens der Jugend selbst und des katholischen Volkes.

Gegenüber allen Hemmungen und Enttäuschungen geht sie in christlichem Starkmut ihren Weg, den Weg der Nachfolge des Gekreuzigten und lässt sich tragen vom zuversichtlichen Vertrauen auf seine weltüberwindende Kraft.

(Entnommen dem kirchlichen Amtsblatt für die Erzdiözese Paderborn, Nr. 118/1936)

Anlage IV

*Bekenntnistag katholischer deutscher Jugend
am Dreifaltigkeitssonntag 1939*

Katholische Jugend der Erzdiözese Paderborn!

In den letzten Jahren ist es üblich geworden, dass die katholische Jugend in ganz Deutschland an einem bestimmten Sonntag sich in den Gotteshäusern um den Altar des Herrn versammelt, einzig zu dem Zwecke, um den Treuschwur zu Christus und seiner heiligen Kirche frischfroh, wie aus einer Seele und aus einem Munde zu erneuern. In diesem einigen und einigenden Schwur aus den Herzen der vielen Tausenden von Jungmännern und Jungmädchen lag jedesmal etwas Weihevolles und für die Zukunft Bedeutungsvolles. Es war ein gellender Weckruf, ein grelles Fanal in einer schicksalsschweren Zeit: Die katholische Jugend ist bereit, im Kampfe des Lebens und der Zeit ihre Pflicht zu tun; die katholische Jugend ist bereit, die Christenheit durch freudige Hingabe ihrer Kraft im Glauben an den Heiland zu bewahren und bei der religiös-sittlichen Gestaltung unseres Volkes nach der Lehre des Welterlösers mit ganzer Seele mitzuarbeiten; die katholische Jugend ist bereit, dem Staate mit all ihren Kräften zu dienen und ein einig Volk von Brüdern und Schwestern zu schaffen!

Bekanntest Du Dich, katholische Jugend, im vorigen Jahre zum Kreuze unseres Herrn, durch das allein die Menschen Heil erhalten und Leben, so soll der Bekenntnistag dieses Jahres Euch froh machen ob Eurer Taufe, Euch danken lassen für das neue Leben, dessen ihr teilhaftig wurdet in der Geburt aus Wasser und Heiligem Geist. Das Wort des heiligen Papstes Leo I. gibt das Thema des Tages.

Christ, erkenne Deine Würde!
Erkenne Deine Würde, katholische Jugend!
In der heiligen Taufe bist Du wiedergeboren aus Gott,
hast Du als neuer Mensch teil am göttlichen Leben!
In der heiligen Taufe bist Du eingegliedert in Christus,
so eng mit ihm verbunden, wie die Rebe
mit dem Weinstock verbunden ist.

In der Taufe bist Du hineingenommen in die Gemeinschaft der Kinder Gottes, bist Du Glied geworden im Gottesvolk. Ja, katholische Jugend, sei Dir solcher Würde stets bewusst! Neu geboren bist Du zu einer neuen Schöpfung geworden. So hast Du das «Leben in Fülle», so nimmst Du teil am göttlichen Leben. Der Dreifaltigkeits-Sonntag, der Sonntag Deines Gottbekenntnisses, muss in diesem Jahr sein

ein Sonntag frohen Bekenntnisses Deines Glaubens an den Vater, den Sohn und den Heiligen Geist –

ein Sonntag dankbarer Erinnerung an Deine heilige Taufe, die einst geschah im Namen der heiligsten Dreifaltigkeit –

ein Sonntag Deines Christenstolzes, ein Tag der Freude und des Jubels ob der Würde, die Dir zuteil ward im Bad der heiligen Taufe, durch die Du Anteil hast an der Herrlichkeit Gottes.

Paderborn, den 15. Mai 1939
+ Caspar, Erzbischof von Paderborn

(Aus: Kirchliches Amtsblatt für die Erzdiözese Paderborn Nr. 175/1939)

Anlage V

Sehr geehrte Damen und Herren,
liebe Freundinnen und Freunde der kirchlichen Jugendarbeit in der Diözese Würzburg,
anbei erhalten Sie/erhältst Du den Demokratieförderplan des BDKJ im Bistum Würzburg. Mit dieser kirchenpolitischen Standortbestimmung will der BDKJ zum Gespräch über die Kirche von morgen einladen. Um gemeinsam an einer Kirche weiterarbeiten zu können, die der Botschaft Jesu Christi und der Lebenswelt der Menschen gerecht wird, wären wir für ein breites Echo dankbar. Der Auftakt dazu ist schon erfolgt. Wir freuen uns, Ihnen und Euch eine erste Stellungnahme unseres Diözesanbischofs Dr. Paul-Werner Scheele beilegen zu können.
Für den BDKJ-Diözesanvorstand
Martin Schwab
BDKJ-Diözesanvorsitzender

Macht teilen – Gleichheit anerkennen

Ein Demokratieförderplan für die katholische Kirche in Deutschland
Beschluss der BDKJ-Diözesanversammlung 1994
Vorwort
Die Mitgestaltung von Kirche ist traditionell ein Schwerpunkt der BDKJ-Arbeit. Seit etwa zwei Jahren hat der Bund im Bistum Würzburg diese Aufgabe wieder stärker in den Blick genommen. Das Dialogprojekt «Unternehmen Reissverschluss» prägte die Arbeit im Dachverband und gab Impulse für die ganze Diözese. Vieles davon findet sich im Demokratieförderplan wieder, der auf der BDKJ-Diözesanversammlung im Juni 1994 einstimmig beschlossen wurde. Einerseits gilt er als kirchenpolitische Standortbestimmung der katholischen Jugendverbandsarbeit im Bistum Würzburg. Andererseits lädt er alle Gruppen, die sich für eine demokratische Kultur in der Kirche engagieren möchten, zum Gespräch und zur Suche nach Gemeinsam-

keiten ein. Stellungnahmen, ob kritisch oder zustimmend, sind daher sehr willkommen.

Der Demokratieförderplan sieht eine maßvolle Demokratisierung der Kirche als gesellschaftliche Herausforderung und als theologische Notwendigkeit, da die bisherigen Strukturen seiner Ansicht nach die Faszination der christlichen Botschaft in der heutigen Zeit trüben und die Glaubwürdigkeit der Kirche gefährden. Er fordert Gleichberechtigung der Laien, Gleichstellung der Frauen und eine innerkirchliche Gewaltenteilung. Dabei ist ihm klar, dass aus theologischer Perspektive die Kirche nicht in menschlichen Verfassungsmodellen aufgehen kann.

Der BDKJ im Bistum Würzburg versteht seinen Demokratieförderplan als Beitrag für eine diözesane Kirche auf dem Weg ins dritte Jahrtausend, die weder die Botschaft Jesu Christi verrät noch die Lebenswirklichkeit der Menschen ignoriert.

Für den BDKJ-Diözesanvorstand

Brigitte Amend
BDKJ-Diözesanvorsitzende

Andrea Weißenseel
BDKJ-Diözesanvorsitzende

Joachim Morgenroth
BDKJ-Diözesanpräses

Martin Schwab
BDKJ-Diözesanvorsitzender

Ralph Neuberth
BDKJ-Diözesanvorsitzender

1. Einleitung

Der BDKJ-Diözesanverband Würzburg nimmt den auf der BDKJ-Hauptversammlung verabschiedeten Demokratieförderplan als Grundlage für folgende diözesane kirchenpolitische Standortbestimmung und als Einladung an alle Gruppierungen in der Würzburger Ortskirche, die zusammen mit dem BDKJ für eine Demokratisierung der Kirche eintreten möchten und sich gemeinsam mit anderen Bündnispartnern und Bündnispartnerinnen für eine demokratische Kultur in der Kirche engagieren wollen:

Seit längerem mehren sich die Stimmen – auch und gerade der engagierten Christinnen und Christen in der katholischen Kirche –, die ihre Unzufriedenheit über den immer noch in der Kirche spürbaren Klerikalismus, Zentralismus und das Patriarchat äussern und eine Umkehr der Kirche fordern. Immer mehr Christinnen und Christen, die Ihr Engagement von solchen überkommenen Strukturen und Verhaltensweisen blockiert oder gar ausgegrenzt sehen, ziehen sich enttäuscht vom kirchlichen Leben zurück.

Der BDKJ will deshalb zusammen mit vielen anderen Christinnen und Christen und kirchlichen Gruppierungen neue Wege des Dialogs und neue Strukturen der Partizipation in der Kirche entwickeln und umsetzen und legt hierzu einen «Demokratieförderplan» vor, in dem er seine Vorstellungen und Konkretisierungsvorschläge für mehr Dialog, Mitbestimmung und Demokratie in der Kirche formuliert. Sowohl Gründe eines gewachsenen kulturellen Selbstverständnisses und gesellschaftlicher Glaubwürdigkeit als auch Gründe theologischer Redlichkeit geben dem BDKJ die Bestätigung, dass ein solcher kirchlicher Demokratieförderplan ein berechtigtes, notwendiges und dringliches Anliegen ist.

Natürlich bleibt zu fragen: Verhindert nicht die Übermacht und die Geschlossenheit des gegenwärtigen kirchlichen Systems selbst ernsthafte Reformen in Richtung mehr Demokratie, mehr Mitsprache und Mitentscheidung?

Es wäre unredlich zu verschweigen: Auch im BDKJ gibt es Skepsis, Resignation und Emigration nach innen und aussen. In Zeiten der Stagnation kommt es aber gerade darauf an, langfristige Ziele nicht aus den Augen zu verlieren, möglichst gemeinsam vorzugehen, Zwischenlösungen anzustreben und einen langen Atem zu bewahren. Diskussionen allein helfen nicht weiter. Die Umsetzung des Demokratieförderplans erfordert Zivilcourage und Konfliktbereitschaft in einer Kirche, in der es noch keine ausgeprägte Streitkultur gibt. In kluger und maßvoller Weise sind auch provisorische Lösungen in Gang zu setzen. Mut zur konstruktiven Auseinandersetzung innerhalb der Kirche entspricht dem Geist des Evangeliums. (Apg 15)

Demokratisierung der Kirche ist im BDKJ ein Anliegen, wie es das Unternehmen Reissverschluss zeigt. Das verbandliche Leben selbst ist Ausdruck einer demokratischen Kultur in der Kirche. Aber auch zahlreiche andere kirchliche Initiativen, Verbände und Gruppierungen engagieren sich für eine Demokratisierung des kirchlichen Lebens und befinden sich in regen Diskussions- und Umsetzungsprozessen. Der Demokratie-Förderplan des BDKJ will in dieses breit gefächerte Engagement hinein eine Plattform sein, auf der die verschiedenen Anliegen und zahlreichen Aktivitäten für eine Demokratisierung der Kirche eine Bündelung und Verstärkung erfahren können.

2. Die Demokratisierung der Kirche als kulturelle und gesellschaftliche Herausforderung

Die Christinnen und Christen heute leben in einer Gesellschaft, die weitgehend von demokratischen Entscheidungenswegen, pluraler Meinungsbildung und gleichberechtigter Anerkennung individueller Mündigkeit und persönlicher Kompetenz geprägt ist.

Christinnen und Christen, die in dieser gesellschaftlichen Wirklichkeit leben, müssen jedoch, wenn sie sich in ihrer Kirche engagieren wollen, vielfach die Erfahrung machen, dass die jetzige geschichtliche Gestalt der Kirche dem genannten individuellen, kulturellen und gesellschaftlichen Selbstverständnis entgegensteht:

Statt als gleichwertige und anerkannte Partnerinnen und Partner in der Kirche erleben sie sich immer wieder in ihrer Kompetenz nicht ernstgenommen und bevormundet. Besonders Mädchen und Frauen sind davon betroffen. Statt Vertrauen in die Lebendigkeit von christlichen Gruppen, Gemeinschaften und Ortskirchen erfahren die Christinnen und Christen zumeist zentralistische Maßnahmen einer ängstlichen Kirche, die oft mehr auf Uniformität als auf Vielfalt setzt.

Die innerkirchliche Machtkonzentration auf den Klerus hin schließt die Laien in wichtigen Fragen von Mitverantwortung und Entscheidung aus.

Eine Entscheidungsfindung, die den Laien gleichberechtigt Möglichkeiten der Mitbestimmung zur Hand gibt, ist meistens nicht vorgesehen und bestenfalls durch unverbindliche Beratungszugeständnisse ersetzt.

Diese Widersprüchlichkeit zwischen kirchlicher und kulturell-gesellschaftlicher Wirklichkeit bringt immer mehr Christinnen und Christen in persönliche Nöte und Konflikte, erschwert unnötig ihr persönliches Glaubenszeugnis und christliches Engagement in der Gesellschaft und gefährdet die Glaubwürdigkeit der Kirche insgesamt. Mit ihrem Festhalten an überkommenen Machtstrukturen setzt die Kirche ihre Glaubwürdigkeit aufs Spiel und trübt die Faszination der christlichen Botschaft. Eine Kirche, die aufgrund struktureller Defizite nicht fähig ist, sich glaubwürdig in die Gesellschaft einzubringen und ihre Gläubigen in ihrem christlich getragenen gesellschaftlichen Engagement zu stärken und zu unterstützen, bleibt hinter ihrem Wesen zurück, dass ihr von Anfang an aufgetragen war: *Salz der Erde und Licht der Welt zu sein* (Mt 5,13-16).

Dieser Auftrag gebietet der Kirche, eine demokratische Gesellschaft kritisch zu begleiten und ihr Impulse zu einer umfassenden und vertieften Demokratisierung zu geben. Das kann sie aber nur tun, wenn sie sich als Gemeinschaft versteht, die neue Wege zur humaneren Gestaltung des Zusammenlebens selbst mutig beschreitet und neue Modelle demokratischen Miteinanders, neue Formen gleichberechtigten, solidarischen und mitverantwortlichen Zusammenlebens stimuliert und vorlebt.

3. Demokratisierung der Kirche als theologische Notwendigkeit

Wenn nach Möglichkeiten einer Demokratisierung der Kirche gefragt und im folgenden ein Demokratieförderplan für die Kirche vorgelegt wird, geht es nicht um eine Identifizierung von Demokratie und kirchlicher Verfasstheit, sondern um den Aufweis von verbindenden Elementen und Übertragungsmöglichkeiten, für die es insbesondere auch theologische Gründe gibt. Natürlich kann – aus theologischer Perspektive – die Kirche, deren Wesen auf Gott verweist und nicht auf menschliche Gründung beruht, auch in ihrer geschichtlichen Gestalt niemals in menschlichen Verfassungsmodellen aufgehen. Theologisch gesprochen ist die Kirche *«das im Mysterium schon gegenwärtige Reich Christi» (Lumen Gentium 3)*. Da die Kirche von Gott her berufen ist und in Jesus Christus gegründet, ist sie niemals Selbstzweck, sondern *«Zeichen und Werkzeug der innigsten Vereinigung mit Gott wie für die Einheit der ganzen Menschheit» (Konzilskonstitution «Lumen Gentium»)*. Die besondere Wirklichkeit der Kirche macht sie kritisch gegen jede Ideologisierung menschlicher Herrschaftsformen – auch gegen die «monarchische» Herrschaftsformen, die in die kirchliche Verfasstheit Eingang gefunden hat.

Wenn die Kirche auf demokratische Elemente zurückgreift, darf sie sich getragen wissen von dem im Neuen Testament bezeugten partnerschaftlichen und herrschaftsfreien Handeln Jesu und der Praxis der Urkirche sowie von Spuren demokratischer Tradition der Kirche selbst. Zugleich macht sie sich dadurch offen und fähig für einen Dialog mit den Menschen unserer Zeit, indem sie die Aktualität des christlichen Glaubens als kompatibel mit anerkannten Formen humaner Gemeinschaft bezeugt.

Diese Nähe und Offenheit des Wesens der Kirche zu Elementen einer demokratischen Kultur liegt im Gemeinschaftscharakter der Kirche begründet, den das Zweite Vatikanische Konzil unter den Begriff des Volkes Gottes gefasst hat. Christsein ist wesentlich eine soziale Wirklichkeit. Eingegliedert durch die Sakramente Taufe und Firmung sind alle Christinnen und Christen Volk Gottes, haben sie teil am königlichen, priesterlichen und prophetischen Amt Jesu Christi. Das gemeinsame Priestertum aller Christinnen und Christen und die gemeinsame Teilhabe am Glaubenszeugnis machen alle Gläubigen in der Kirche wesenhaft gleich (vgl. auch 208, Codex iuris Canonici).

Die Gleichheit aller Gläubigen legt es nahe, die Berufung in kirchliche Ämter mit Wahlen durch die betroffenen Gläubigen zu legitimieren. Eine Demokratisierung zielt also keineswegs auf eine Infragestellung des kirchlichen Amtes und seiner Autorität. Vielmehr geht es bei der Forderung nach einer Demokratisierung des kirchlichen Lebens um die Frage, wie und durch wen die kirchlichen Amtsträger selbst ihre Legitimierung erfahren, über die praktizierte Berufungstheologie hinaus.

Wesenhafte Gleichheit aller Gläubigen heisst aber auch, sie als Subjekte in der Gestaltung ihres Glaubens anzuerkennen. Das Argument, über Glaube liesse sich nicht demokratisch befinden, ist nicht nur Zeichen für die Angst vor Machtverlust und unbequemen Erneuerungen, sondern übersieht auch die Bedeutung des *sensus fidelium* (d.h. des gemeinsamen Glaubenssinns aller Gläubigen).

Das gemeinsame Priestertum aller Gläubigen erfordert auch eine Reflexion des Amtsverständnisses. Die Leitungsaufgabe ist ein Dienstamt, das auf die Kirche als Volk Gottes bezogen bleibt und damit wesentlich diakonisch geprägt sein muss. Vgl. Mt 20,26: «*Bei euch soll es nicht so sein, sondern wer bei euch groß sein will, der soll euer Diener sein (...).*».

4. Demokratieförderplan

Ausgehend von den genannten kulturellen Erfahrungen, gesellschaftlichen Herausforderungen und theologischen Notwendigkeiten lässt sich der Demokratieförderplan in drei grundlegende Forderungen bündeln: die Forderungen nach

– demokratisch agierenden und die Gleichberechtigung der Laien gewährleistenden Entscheidungsgremien,

– die Durchsetzung der Gleichstellung der Frauen in der Kirche und

– einer innerkirchlichen Gewaltenteilung.

4.1. Entscheidung statt Anhörung

In wichtigen Fragen kirchlichen Lebens können Laien – wenn überhaupt – nur beratend mitwirken. Eine Ausnahme ist der Finanzbereich. Die Gläubigen sind aber als Subjekte ihres Glaubens, als Trägerinnen und Träger kirchlichen Lebens, als gleichberechtigtes Volk Gottes ernstzunehmen. Darum ist es allein mit Beratungsmöglichkeiten – ohne wirkliche Mitwirkungs- und Gestaltungsvollmacht – nicht getan. Der BDKJ fordert daher den Zugang zu und die Schaffung von Entscheidungsstrukturen, an denen alle – auch die Laien – angemessen beteiligt sind:

Die Berufung in kirchliche Ämter, die Bestellung in kirchliche Verantwortung und die Besetzung von Leitungsgremien muss durch Wahlen durch die betroffenen Christinnen und Christen erfolgen, die auch nicht durch kirchenamtliches Vetorecht eingeschränkt sein dürfen.

Alle verantwortlichen Positionen in der Kirche, die von Priestern besetzt sind, sind daraufhin zu prüfen, ob für ihre Wahrnehmung das

Weiheamt erforderlich ist, und anderenfalls künftig auch für Laien zu öffnen.

In den kirchlichen Gremien darf es kein Vetorecht für Priester geben.

Leitungsgremien sind geschlechtsparitätisch zu besetzen.

Bei Finanzfragen in der Kirche ist eine umfassende Dezentralisierung zu verwirklichen.

Entscheidungen sollen nur erfolgen, wenn die Betroffenen angehört und am Entscheidungsprozess beteiligt wurden. Für die Jugendarbeit bedeutet dies, dass in allen Fragen, die Jugendliche betreffen, diese selbst oder aber ihre gewählten Interessenvertretungen beteiligt werden.

4.2. Ernstnehmen statt Vertrösten

Innerhalb des verbandlichen Engagements für eine demokratische Kultur in der Kirche nimmt der Einsatz für die Anerkennung und Umsetzung der Gleichberechtigung und Gleichstellung von Mädchen und Frauen im kirchlichen Leben einen besonderen Stellenwert ein. Mädchen und Frauen wollen sich mit ihrer ganzen Person, ihren Lebensentwürfen und Gestaltungsansprüchen in alle Bereiche des kirchlichen Lebens einbringen. Wo Kirche die Erfahrungen, Fähigkeiten und Empfindungen von Mädchen und Frauen ausgrenzt und abwertet und es ihnen verweigert, in allen verantwortlichen Funktionen wirksam zu werden, kann sie kaum etwas vom befreienden, wertschätzenden und sinnstiftenden christlichen Glauben vermitteln.

Der BDKJ fordert daher eine Beteiligung von Frauen an allen kirchlichen Funktionen. Diese Forderung gilt selbstverständlich auch – wenngleich nicht nur – für das kirchliche Weiheamt. Das setzt voraus, dass sich die Kirche einer Diskussion über den bisherigen Amtsbegriff stellt.

Der BDKJ fordert das Bischöfliche Ordinariat auf, verantwortliche Funktionen in der Kirche, die nicht der Weihe bedürfen, mindestens solange mit Frauen zu besetzen, bis die Hälfte solcher Positionen in der Diözese von Frauen wahrgenommen wird. Dies darf aber Laienmänner nicht ausgrenzen.

Der BDKJ fordert die Verantwortlichen in Kirche und Universität auf, für neu zu besetzende Lehrstühle im Fachbereich Katholische

Theologie Frauen zu berufen und Feministische Theologie als ordentliches Lehr- und Prüfungsfach des katholischen Theologiestudiums zu verankern.

4.3. *Gewaltenteilung statt Machtmonopol*

Das Amtsverständnis, das bislang die kirchliche Verfasstheit prägt, führt zu einer Monopolisierung der Normen-, Durchführungs- und Urteilsgewalten bei den Amtsträgern. Beispielsweise ist der Bischof Gesetzgeber, Richter und Ausführungsorgan in einem. Diese Machtkonzentration belastet ein dialogisches Miteinander von Laien und Klerus. In Streitfragen, bei inhaltlichen Unterschieden und bei formalen Unklarheiten fehlt eine unparteiische Vermittlungs- und Entscheidungsinstanz. Laien fehlt in solchen Fällen eine unabhängige Berufungsmöglichkeit.

Der BDKJ fordert eine Rückbesinnung auf ein Verständnis des kirchlichen Leitungsamtes als Dienstamt mit Durchführungsgewalt. Für die Normengewalt soll ein gewähltes Diözesanparlament mit Vertreterinnen und Vertretern aller relevanten kirchlichen Gruppen eingerichtet werden, das auch Jugendliche angemessen berücksichtigt.

Der BDKJ fordert weiter die Einrichtung unabhängiger Schieds- und Vermittlungsstellen. Dies wäre ein Zeichen dafür, dass Laien als Dialogpartnerinnen und -partner akzeptiert sind und mit der Überholbarkeit und Prozesshaftigkeit kirchenamtlicher Positionen und Entscheidungen gerechnet wird: Die Gemeinsame Synode der Bistümer in der Bundesrepublik Deutschland hat bereits 1975 eine «Ordnung für Schiedsstellen und Verwaltungsgerichte» formuliert und den Papst um eine Rahmenordnung für die kirchliche Verwaltungsgerichtsbarkeit oder wenigstens um eine Einzelermächtigung für die Deutsche Bischofskonferenz ersucht. Dieses Ersuchen ist noch immer nicht beantwortet worden. Der BDKJ fordert darüber hinaus für den Verantwortungsbereich der Deutschen Bischofskonferenz in analoger Rechtskonstruktion zur genannten Rahmenordnung die Einrichtung von Schiedsstellen und einer Gerichtsbarkeit, in denen ein innerkirchlicher Rechtsweg auch für die Überprüfung der Rechtmäßigkeit von Rechtsnormen, für Lehrstreitigkeiten und für Fragen des Gottesdienstes, der Verkündigung und der Sakramentenspendung eröffnet wird.

5. Grund zur Hoffnung

Mit Kritik an kirchlichen Autoritäten ist es natürlich nicht getan. Dass sich in der Kirche selbst etwas bewegt, liegt vor allem an den Christinnen und Christen selbst.

Der BDKJ hat ... Grund zur Hoffnung, weil der Wille zur Erneuerung der Kirche nicht auf bestimmte kritische Gruppen in der Kirche beschränkt ist, weil insbesondere auch viele Amtsträger, Leiterinnen und Leiter von Ordensgemeinschaften und zahlreiche Christinnen und Christen auf allen kirchlichen Ebenen einen tiefgreifenden Wandel bejahen und fördern. Das Unternehmen Reissverschluss und das Erwachsenenprojekt «Wir sind Kirche – Wege suchen im Gespräch» zeigen, dass auch in der Kirche Würzburgs die Zeit für einen Wandel reif ist. Der BDKJ hat die Hoffnung auf eine demokratischere, menschenfreundlichere und damit glaubwürdigere Kirche gerade auch deshalb, weil wir als Christinnen und Christen den Glauben haben, dass die Kraft des Evangeliums Jesu Christi sich in der Kirche als stärker erweisen wird, als alle strukturellen Hindernisse und menschlichen Unzulänglichkeiten. Der BDKJ lädt alle Christinnen und Christen ein, diesen Plan zu diskutieren und weiterzuentwickeln – um der Zukunft der Kirche willen.

6. Konsequenzen

Der BDKJ-Vorstand verpflichtet sich nach seinen Möglichkeiten:
Die Gedanken des Plans im Diözesanrat zu plazieren,
sie in die Öffentlichkeit zu bringen,
mit dem Bischof darüber zu diskutieren,
sich im Rahmen von «Wege suchen im Gespräch» für ein Diözesanforum einzusetzen.

Die Mitglieds- und Landkreisverbände im BDKJ verpflichten sich, nach eigenen Möglichkeiten und analogen Handlungsansätzen für eine Demokratisierung der Kirche in ihrem kirchlichen Wirkungsbereich zu suchen und diese in konkrete Veränderungsschritte umzusetzen.

Verabschiedet von der BDKJ-Diözesanversammlung am 26. Juni 1994 auf dem Volkersberg.
Der Bischof von Würzburg, 97033 Würzburg 1, Postfach, 24. November 1994

An die Damen und Herren des BDKJ-Diözesanvorstands, Kürschnerhof 2, 97070 Würzburg.

Sehr geehrte Damen und Herren!
Der BDKJ im Bistum Würzburg hat bei seiner Diözesanversammlung am 26. Juni dieses Jahres auf dem Volkersberg einen «Demokratieförderplan» verabschiedet. Dem damaligen Beschluss gemäß ist der Vorstand nunmehr bemüht, diesen Plan zu verbreiten, nicht zuletzt um alle Gruppen «zum Gespräch und zur Suche nach Gemeinsamkeiten» einzuladen. Ausdrücklich betonen Sie, dass Ihnen «Stellungnahmen, ob kritisch oder zustimmend ... sehr willkommen» sind (S. 3). Da viele Ihrer Anliegen mich persönlich wie dienstlich bewegen, will ich Ihnen eine erste Stellungnahme zukommen lassen. Gern können wir darüber wie über alle weiteren Ihnen wichtig erscheinenden Fragen bei unserer nächsten Begegnung am 5. Dezember sprechen.

Was die von Ihnen angezielte «Suche nach Gemeinsamkeiten» betrifft, kann ich Ihnen versichern, dass ich im Demokratieförderplan vieles finde, was ich mir zu eigen machen kann. Dazu gehört die Überzeugung, dass die Kirche immer wieder der Erneuerung bedarf, und dass sie bereit sein muss, sich zu ändern, um die Kirche Jesu Christi bleiben zu können. Dabei hat sie zuerst auf das zu hören, was der Herr ihr sagt; zugleich muss sie offen sein für das Zeugnis aller Gläubigen und die Stimmen aller Zeitgenossen. Trotz mancher Enttäuschungen bleibe ich dabei, dass die gemeinsame Wegsuche uns alle diesbezüglich ein gutes Stück weiterbringen kann.

Manches Reden vom Volk Gottes richtet sich mehr nach einem bestimmten Demokratieverständnis als nach dem biblischen Zeugnis. Desgleichen wird das kirchliche Amt behandelt, als gehe es um beliebig veränderbare, wenn nicht gar austauschbare Funktionen. In

Wahrheit steht das Amt des Diakons, des Priesters und des Bischofs im Dienst von Wort und Sakrament und bezeugt damit, dass die Kirche wesenhaft von Wort und Sakrament lebt.

Diese Aufgabe möglichst unbehindert in Treue wahrzunehmen, ist der erste Dienst, den die Amtsträger der Kirche und der Welt schulden. Die Weihe zu diesem Amt ist ein gottgegebenes Zeichen dafür, dass es nicht in ihren persönlichen Fähigkeiten noch in der Übertragung durch die Gläubigen begründet ist; es geht auf den Herrn zurück. Der amtliche Auftrag schließt den persönlichen Einsatz nicht aus, er fordert ihn vielmehr. All das wird verkannt, wenn man z.B. dem Bischof lediglich die «Durchführungsgewalt» zuerkennt, während die «Normengewalt» einem gewählten Diözesanparlament vorbehalten bleiben soll. Ähnliches gilt bezüglich einer Gerichtsbarkeit, die der Bischofskonferenz übergeordnet und mit einer Vollmacht über Wort und Sakrament ausgestattet werden soll, denn darum geht es letztlich bei den im Plan genannten Fragen der «Lehrstreitigkeiten, ... des Gottesdienstes, der Verkündigung und der Sakramentenspendung» (S. 10).

Es wäre schlimm, wenn der Wille zur Erneuerung und zur Mitverantwortung durch falsche Weichenstellungen auf Nebengeleise oder gar auf Kollisionskurs gebracht würde. Tun wir deshalb alles, damit das Wesen und der Auftrag der Kirche Christi immer besser erkannt und verwirklicht wird. Mühen wir uns gemeinsam darum, das Zeugnis des Neuen Testaments, der gesamten Glaubensgeschichte und besonders des Zweiten Vatikanischen Konzils zu erfassen und zu vermitteln. Ohne ein realistisches Sehen und Urteilen kann es zu keinem hilfreichen Handeln kommen.

Mit den besten Segenswünschen
Ihr Bischof

+ Paul-Werner

Anlage VI

Vereinigung Deutscher Ordensobern
Vereinigung der Ordensoberinnen Deutschlands
Vereinigung der Ordensobern der Brüderorden und Kongregationen Deutschlands
Arbeitsgemeinschaft Jugendpastoral der Orden

P. Guido Hügen OSB, Abtei Königsmünster, 59851 Meschede

Offener Brief
an die Deutschen Bischöfe
und die Ordensoberinnen und -obern in Deutschland

Liebe Brüder im Bischofsamt,
liebe Schwestern und Brüder in den Ordensleitungen!
Das Bild sprach für sich: eine Ordensfrau, die zwischen zwei Stühlen saß. Deren Beschriftung: «Kirchliche Verlautbarungen» und «Jugendliche». Und dann setzte sie sich auf den Rand des Stuhles und umarmte den «Jugendlichen».

Eine Szene von der letzten Jahrestagung der «Arbeitsgemeinschaft Jugendpastoral der Orden». Während der letzten drei Jahre beschäftigte sich die AGJPO mit der Frage nach der *Option für die Jugend*. Wir Ordensleute, die in den verschiedensten Bereichen der Jugendpastoral und -hilfe tätig sind, möchten nicht nur für, sondern mit den Jugendlichen arbeiten, möchten für sie Partei ergreifen, für sie auch Sprachrohr sein.

Aus diesem eher allgemeinen Spannungsfeld kristallisierte sich schnell der Bereich der Sexualität als einer der zentralen, auch kritischsten Punkte im Umgang zwischen Jugendlichen und Kirche heraus.

Nach grundlegender Beschäftigung mit verschiedenen Fragen der Sexualmoral und einem sehr persönlichen Prozess unter uns Ordensleuten mit der Frage nach unserer eigenen Sexualität und dem Umgang damit kamen wir zu dem Schluss, uns mit unseren Überlegungen und Standpunkten an Sie zu wenden.

Anhand einiger Schwerpunkte hat eine Arbeitsgruppe die vorliegende Erklärung erarbeitet. Wir bitten Sie, sie nicht einfach nur zur Kenntnis zu nehmen. Wir wünschen uns den Dialog mit Ihnen – für uns selbst und für die Jugendlichen, mit denen wir zu tun haben. Als Ordensleute stehen wir in der «ersten Reihe» derer, die mit den Jugendlichen und ihren Fragen zu tun haben. Wir möchten ihnen Orientierung und Richtung bieten – und sehen uns selbst oft alleingelassen in unseren Anliegen. Kirchliche Verlautbarungen treffen oft nicht nur nicht die Situation gerade der Jugendlichen – sie stehen auch dem entgegen, was wir selber sehen und empfinden. Wenn wir als Kirche auch und gerade Jugendlichen Orientierung und Heimat geben wollen, müssen wir uns ihren Fragen, aber auch ihren Antworten stellen. Und sie selber ernst nehmen.

Deshalb möchten zumindest wir Ordensleute uns neu auf den Weg machen. Und wir laden Sie herzlich ein, den Weg mit den Jugendlichen und uns zu gehen. Einen Weg des Dialogs.

Wir wünschen ihn uns sehr.

Abtei Königsmünster, im Juli 1994

P. Guido Hügen OSB, Vorsitzender

Erklärung der
«Arbeitsgemeinschaft Jugendpastoral der Orden» (AGJPO)

Die «Arbeitsgemeinschaft Jugendpastoral der Orden» (AGJPO) ist ein Gremium der «Vereinigung Deutscher Ordensobern» (VDO), der «Vereinigung der Ordensoberinnen Deutschlands» (VOD) und der «Vereinigung der Ordensobern der Brüderorden und -kongregationen Deutschlands» (VOB). Nach ihrer Satzung (2) hat sie folgende Ziele:

die Entwicklung der Jugendpastoral in den Orden, der Kirche und der Gesellschaft zu verfolgen;

ein Forum zur Reflexion von Fachfragen, für Kontakte und Informationen der Orden untereinander und zu Trägern der Jugendhilfe und Jugendpastoral in Kirche und Staat sowie zu anderen jugendrelevanten Institutionen darzustellen;

gegebenenfalls gemeinsame Handlungen anzuregen oder zu koordinieren und gemeinsame Interessen zu vertreten.

Unsere Option für die Jugend am Beispiel Sexualität

Was wir sehen: Als Ordensfrauen und -männer, die in verschiedenen Bereichen der Jugendpastoral tätig sind, bemerken wir die große Distanz zwischen offizieller kirchlicher Sexualmoral und dem, was junge Menschen in diesem Lebensbereich für richtig und wertvoll halten und auch faktisch leben. Dies gilt beispielhaft für die folgenden Bereiche:

1. Empfängnisverhütung

Nach «Humane Vitae» hält das kirchliche Lehramt nur die Methoden der sogenannten «natürlichen Geburtenregelung» für sittlich erlaubt. In ihrer «Königsteiner Erklärung» haben zwar die deutschen Bischöfe die Bedeutung der persönlichen Gewissensentscheidung der Ehepartner in Hinblick auf die Methoden der Familienplanung hervorgehoben und auch die einschlägigen Beschlüsse der Würzburger Synode weisen in diese Richtung, aber dennoch gelten nach offizieller kirchlicher Lehre – bestätigt etwa durch «Familiaris Consortio» von 1981 – nach wie vor undifferenziert alle sogenannten «künstlichen Methoden» der Geburtenregelung als unsittlich und daher unerlaubt. Demgegenüber steht als gesellschaftliche Realität: Viele jugendliche Liebespaare haben intime Beziehungen und erleben dies häufig auch als fruchtbar für die eigene Identitätsfindung und als Vertrauensbeweis, der die Beziehung festigt und intensiviert. Zwar ist die sexuelle Begegnung mit dem anderen Geschlecht bei Mädchen und Jungen im Jugendalter aufgrund ihrer Persönlichkeitsentwicklung und ihrer Lebenssituation nicht mit dem Wunsch nach Kindern verbunden, orientiert sich aber in hohem Maß an den Werten der Treue und Ausschließlichkeit. Deshalb ist neben dem Erwerb von Wissen über Schwangerschaft und Zeugung auch die Information und der Zugang zu Verhütungsmitteln von großer Bedeutung, um eine ungewollte Schwangerschaft zu vermeiden.

2. Nichteheliche Lebensgemeinschaften

Nichteheliche Lebensgemeinschaften werden vom kirchlichen Lehramt deswegen nicht akzeptiert, weil in ihnen die Geschlechtsgemeinschaft selbstverständlich realisiert wird, die nach kirchlicher

Lehre allein der Ehe vorbehalten ist [166]. Der voreheliche Geschlechtsverkehr wird nach offizieller kirchlicher Lehre nach wie vor als Unzucht [167] bezeichnet, wenngleich im Beschluss der Würzburger Synode zur christlich gelebten Ehe und Familie (1975) Differenzierungen vorgenommen werden und die Diözesansynode Hildesheim [168] zu bedenken gibt, ob nicht ein nichteheliches Zusammenleben als eine Form der Vorbereitung auf die sakramentale Eheschließung gesehen werden kann.

Demgegenüber ist das Nebeneinanderbestehen von ehelichen und nichtehelichen Lebensgemeinschaften für Jugendliche selbstverständlich. Viele sind mit nichtverheirateten Eltern aufgewachsen und haben Freunde, deren Eltern verheiratet sind und umgekehrt. Viele haben die schmerzliche Erfahrung gemacht, dass die Ehe der Eltern zerbrochen ist.

Die Entscheidung, eigene Partnerschaften als Ehe oder nichteheliche Lebensgemeinschaft zu organisieren, wird erst für junge Erwachsene relevant. Zentral ist für sie, über die Beziehung mit dem Partner / der Partnerin in Liebe und Respekt voreinander zu entscheiden und diese von institutionellen Reglementierungen fernzuhalten.

Als neuer Wert hat sich entwickelt, sich zu trennen, wenn die negativen Anteile der Partnerschaft die positiven überwiegen. Diese Veränderung im Umgang miteinander hat auch die Sicht der Institution Ehe verändert, die heute nicht mehr als unauflösliche Bindung angesehen wird.

3. *Homosexualität*

Das kirchliche Lehramt betrachtet die gelebte Homosexualität als objektiv ungeordnet, da einzig und allein in der Ehe zwischen heterosexuellen Partnern der Gebrauch der Geschlechtskraft für sittlich erlaubt gehalten wird. Die neueren humanwissenschaftlichen Erkenntnisse zum Entstehen und zur Eigenart der Homosexualität werden dabei kaum zur Kenntnis genommen und für die sittliche Bewertung herangezogen [169].

Demgegenüber geben viele Frauen und Männer heute selbstbewusst ihre Identität als homosexuelle Menschen zu erkennen. Sie versuchen damit, dem gesellschaftlichen Tabu und der Ignoranz gegenüber homosexuellen Lebens- und Beziehungsformen entgegenzutreten. Homosexuelle Menschen begegnen immer noch sozialer Ächtung, Unverständnis und massiven Sanktionen – gerade auch im Raum der Kirche –, weswegen sich viele gezwungen sehen, sich im Alltag nicht als Homosexuelle zu erkennen zu geben. Jugendlichen, die Liebesbeziehungen zum eigenen Geschlecht haben wollen, stehen keine «Orte» zur Verfügung, an denen sie sich mit ihrer sexuellen Identität auseinandersetzen können und wertorientierte, ehrliche Beziehungen knüpfen können. Die Gesellschaft unterstellt «Normalität» und erwartet Verschweigen.

Was wir tun: In den Konflikten, die sich in den genannten Feldern für die Jugendpastoral zwangsläufig ergeben, ergreifen wir als Ordensleute eindeutig Partei für Jugendliche. Wir versuchen, daraufhin zu wirken, dass Jugendliche ihre Sexualität in humanen und menschenwürdigen Formen leben und verantwortlich gestalten lernen. Konkret heisst das für uns:

– Das grundlegende Ziel sexualpädagogischen Handelns ist für uns, die menschliche Sexualität unter den Primat der Liebe und den Anspruch der Personwürde zu stellen. Das entscheidende sittliche Kriterium für die gelebte Sexualität Jugendlicher sehen wir also darin, inwieweit die menschliche Würde der beteiligten Personen dabei gewahrt, geschützt und gefördert wird. Die einzelnen konkreten Handlungsnormen müssen diesem Zentralwert dienen und sich von ihm her legitimieren können.

– Auf Seiten des kirchlichen Lehramtes herrscht weiterhin die Vorstellung, dass Wertevermittlung als einfache Wertübertragung stattfindet, wodurch die kirchliche Autorität ihre für richtig gehaltenen Werte den Jugendlichen vermittelt. Damit soll erreicht werden, dass die Jugendlichen diese Werte übernehmen und ihr Handeln ausschließlich daran ausrichten. Wir aber bekennen uns klar zu den pädagogischen Konzepten der Werterhellung und Wertkommunikation. Danach müssen die Jugendlichen befähigt werden, die geltenden Werte nicht nur einfach passiv zu übernehmen, sondern sie vielmehr in ihrer Sinnhaftigkeit und ursprünglichen Intentionalität zu verstehen und gegebenenfalls auch kritisch zu reflektieren und zu verändern;

denn nur so können sie eine eigenständige und mündige Urteilskompetenz ausbilden.

– Wir erhalten den Anspruch aufrecht, dass Kirche ein Ort ist, in dem durch Ermöglichung von Eigentätigkeit, Teilhabe und Mitverantwortung Jugendliche in ihren Fragen und Vorstellungen ernst genommen werden. Daraus folgt für uns, in persönlichen Fragen und Konflikten auf den / die einzelne(n) einzugehen. So schaffen wir in Fragen bezüglich Verhütung, nichteheliche Partnerschaft und Homosexualität ein vertrauensvolles Klima und Freiräume, in denen diese Themen offen, angst- und sanktionsfrei angesprochen und von dem einzelnen Antworten gefunden werden können. Maßgeblich ist für uns die Orientierung am Evangelium, das uns auffordert, nicht auszugrenzen, sondern zu integrieren.

– Die katholische Kirche wird in Fragen der Sexualität vom größten Teil der Jugendlichen nicht mehr als wertsetzende und unterstützende Instanz auf der Suche nach Orientierung wahr- und ernstgenommen. Da wir unsere Glaubwürdigkeit und Wahrhaftigkeit nicht einbüßen wollen, richten wir unser Handeln hier mehr nach unserem Gewissen und unserer jugendpastoralen Fachkompetenz aus als nach den kirchenamtlichen Vorgaben. Wir begrüßen nachdrücklich den Versuch einiger BDKJ-Verbände, sich um einen innerkirchlichen Dialog in diesen Fragen zu bemühen.

– Wir setzen uns ein für eine partnerschaftliche Unterstützung und Begleitung Jugendlicher. Auf der «Stufenleiter der Zärtlichkeit» ist jede Stufe wichtig und muss verantwortlich gestaltet werden. Dies schließt unsere Bereitschaft mit ein, zu akzeptieren, dass Jugendliche innerhalb verantwortlicher Partnerbeziehungen auch intim werden und dabei zur Verhinderung einer ungewollten Schwangerschaft in gemeinsamer Entscheidung auch empfängnisverhütende Mittel und Methoden gebrauchen.

– Wir sind nicht bereit, die generell ablehnende Haltung des kirchlichen Lehramtes gegenüber nichtehelichen Lebensgemeinschaften zu teilen und mitzutragen. Statt dessen anerkennen wir, dass in vielen Fällen ein nichteheliches Zusammenleben mit den ihm eigenen Werten für viele junge Menschen der ihnen angemessene und ernst ge-

meinte Weg ist, in dem sie in gegenseitiger Treue ihre Partnerschaft leben.
– Wir erfahren, dass sich homosexuelle Jugendliche in ihren Vorstellungen von Partnerschaft nicht von denen anderer Jugendlicher unterscheiden – abgesehen davon, dass sie ihre Liebesbeziehung zu einem gleichgeschlechtlichen Partner suchen. Zur Verbesserung ihrer Situation in Kirche und Gesellschaft verweigern wir ihnen nicht die Akzeptanz ihrer verantwortlich und human gelebten homosexuellen Beziehung.

Was wir fordern:
In der innerkirchlichen Diskussion ergeben sich für uns daraus folgende Forderungen:
– Wir fordern einen offenen Dialog der umstrittenen und im Wandel begriffenen Themen; dabei ist es für uns selbstverständlich, dass wir genauso die befreiende Botschaft des Evangeliums wie die Situation der Jugendlichen berücksichtigen.
– Wir bitten die Kirchenleitung um ein offenes und ehrliches Eingeständnis falscher bzw. überholter Positionen zur Gestaltung menschlicher Sexualität.
– Das «Prinzip der Gradualität», das vom gegenwärtigen Papst in «Familiaris Consortio» selbst zur Sprache gebracht wurde, muss in der Jugendpastoral konsequenter angewendet werden. «Es gibt keine Liebe auf Probe», wie der Papst sagt, wenn Probe soviel wie ein egoistisches Ausprobieren des Partners mit Rückgaberecht bedeutet. Es gibt aber durchaus eine berechtigte «Liebe auf Probe», wenn Probe soviel bedeutet wie ein schrittweises Wachsen und Reifen in der Liebesfähigkeit, was auch ein verantwortungsvolles Ausprobieren von unterschiedlichen Ausdrucksformen der Liebe beinhalten kann!
– Wir fordern die Kirchenleitung auf, Vorurteile und Diskriminierung gegen Homosexuelle zu überwinden und die Frage nach schuldhaftem Verhalten aus naturgegebener Neigung neu zu stellen [170].
– Wir fordern die Kirche auf, bei der Bewertung von Empfängnisverhütung zu bedenken: Verhütung bedarf der Einbindung in die individuelle Situation des Paares. Pastorale Begleitung gelingt nur dann, wenn eine wertgebundene Kommunikation darüber stattfindet.

Literaturverzeichnis

Heinrich Pestalozzi, Kleine Schriften zur Volkserziehung und Menschenbildung, 6. Auflage by Julius Klinkhardts, Pädagogische Quellentexte
Maria Montessori, Grundlagen meiner Pädagogik, 7. Aufl., Quelle und Meyer Verlag, Heidelberg 1988
Horst Hensel, Die Neuen Kinder und die Erosion der Alten Schule, Druckverlag Kettler, Bönen, 4. Aufl. 1994
Gisela Pauly, Mir langt's! eine Lehrerin steigt aus, Rasch und Röhrig Verlag 1994
Franz Mahr, Aufbruch ins Leben, Echter-Verlag, Würzburg, 6. Auflage 1953
Arno Klönne, Geschichte der Jugendbew., Deutscher-Jugend-Verlag, Münster 1957
Walter Hansen, Das große Pfadfinderbuch, Verlag Carl Ueberreuter, Wien-Heidelberg 1979
Walter Flex, Der Wanderer zwischen beiden Welten, Orion-Heimreiter-Verlag, Kiel 1993
Hrsg. Bernd Börger/Hans Schroer, Sie hielten stand, Sturmschar im Katholischen Jungmännerverband Deutschlands, Verlag Haus Altenberg 1992, 2. korr. Auflage
Georg Pahlke, Trotz Verbot – nicht tot, Katholische Jugend in ihrer Zeit, III, 1933-1945, BDKJ-Verlag, Paderborn 1995
Karl Hofmann, Eine kath. Generation zw. Kirche und Welt, Augsburg 1993
Augustinus Reineke, Jugend zwischen Kreuz und Hakenkreuz, Ereignisse, Erlebnisse, Erinnerungen, Dokumente, Bonifatius-Verlag, Paderborn 1987
Gisbert Kranz, Eine katholische Jugend im Dritten Reich, Erinnerungen 1921-1947, Verlag Herder, Freiburg 1990
René Lejeune, Wie Gold im Feuer geläutert, Parvis, Hauteville/Schweiz 1991
Rosemarie Pabel (Hrsg.), Marcel Callo, Franz-Sales-Verlag, Eichstätt 1991
Inge Scholl, Die Weisse Rose, Fischer-Taschenbuch-Verlag 1993
Martin Schwab, Kirchlich – Kritisch – Kämpferisch, Der Bund der Deutschen Katholischen Jugend (BDKJ) 1947-1989, Echter Verlag, Würzburg 1994
Gemeinsame Synode der Bistümer in der Bundesrepublik Deutschland, Offizielle Gesamtausgabe, Herder 1976
Wolfgang Brezinka, Die Pädagogik der Neuen Linken, Ernst Reinhardt Verlag, München-Basel, 6. verbesserte Auflage 1981
BDKJ-Journal Nr. 5 vom 10. Mai 1994
Bernd Börger/Karin Kortmann (Hrsg.), Ein Haus für junge Menschen, 1994 Verlag Altenberg GmbH, Düsseldorf, 1. Auflage
Wolfgang (Pius Maria) Rothe, Diplomarbeit: Das Vereinigungsrecht der kath. Kirche im Blick auf die Situation des deutschen Jugendverbandswesens (Manuskript).

P. Gerold Schmitz OFM, «Kirche auf dem Prüfstand», Katholizismus im ausgehenden 20. Jh., R. G. Fischer, Frankfurt a. M. 1989, ISBN 3-88323-949-6
P. Gerold Schmitz OFM, «Was wird aus unseren Orden?», Verlag Kräling-Druck, Siedlinghausen 1994, ISBN 3-9803156-7-3
P. Gerold Schmitz OFM, «Anregungen für das betrachtende Beten des Rosenkranzes», Bonifatius GmbH Druck-Buchverlag, Paderb. 1993, ISBN 3-87088-765-6

Anmerkungen

1 «Und die Quelle Teil B der Dokumentation enthält die aus dem geistigen Umfeld der «Kirche von unten» hervorgegangenen und vom BDKJ übernommenen alternativ-kirchlichen Vorstellungen anti-autoritär-emanzipatorischer Veränderungen im Leitungsstil der Kirche (Macht teilen – Gleichheit anerkennen), als auch eine permissive, der Willkür des Einzelnen überlassene Sexualmoral, die jeglichen Sittenkodex als Einschränkung der persönlichen Lustbefriedigung verwirft.
2 Maria Montessori, Grundlagen meiner Pädagogik, 7. Aufl., Quelle und Meyer Verlag, Heidelberg, 1988, S. 7.
3 Horst Hensel, Die Neuen Kinder und die Erosion der Alten Schule, Druckverlag Kettler, Bönen, 4. Aufl., 1994, S. 61.
4 a.a.O., S. 17.
5 Pestalozzi, a.a.O., S. 37.
6 Hensel, a.a.O., S. 18.
7 Jörg Zink, «Was bleibt zwischen Eltern und Kindern?», Kreuz-Verlag, Stuttgart, S. 11.
8 Pestalozzi, a.a.O., S. 17.
9 Pestalozzi, a.a.O., S. 28/29.
10 «In ihrem Fortschritt geben Biologie, Psychologie und Sozialwissenschaften dem Menschen nicht nur ein besseres Wissen um sich selbst; sie helfen ihm auch, in methodisch gesteuerter Weise das gesellschaftliche Leben unmittelbar zu beeinflussen» (Gaudium et spes, Nr. 5).
11 Pestalozzi, a.a.O., S. 44/45.
12 Gisela Pauly, Mir langt's! Eine Lehrerin steigt aus, Rasch und Röhrig Verlag, 1994, S. 15.
13 Pestalozzi, a.a.O., S. 28.
14 Vgl. Arno Klönne, Geschichte der Jugendbewegung, Deutscher-Jugend-Verlag, Münster 1957, S. 5-8.
15 Walter Hansen, Das große Pfadfinderbuch, Verlag Carl Ueberreuter, Wien-Heidelberg 1979, S. 31.
16 Arno Klönne, a.a.O., S. 15.
17 ebd., S. 15/16.

[18] Arno Klönne, a.a.O., S. 17.
[19] ebd., S. 18.
[20] Walter Flex, Der Wanderer zwischen beiden Welten, Orion-Heimreiterverlag, Kiel 1993, S. 15/16.
[21] ebd. S. 49/50.
[22] Arno Klönne, a.a.O., S. 4.
[23] vgl. «Sie hielten stand», Hrsg. Bernd Börger/Hans Schroer, Verlag Haus Altenberg, 2. korrigierte Auflage 1990, S. 19.
[24] Sie hielten stand, S. 14.
[25] «Alle diese Gruppen übten durch ihr Gruppenleben, ihre Tagungen (die Quickborner auf ihrer Burg Rothenfels am Main, die Kreuzfahrer hauptsächlich auf der Freusburg) ihr vielfältiges Schrifttum (‹Schildgenossen› und ‹Quickborn›, ‹Lotsenrufe›, ‹Fahrt ins Reich› usw.) und ihre im kirchlichen, kulturellen und politischen Leben sehr aktive Älterenschaft starke Einflüsse auf den deutschen Katholizismus überhaupt und natürlich auf die allgemeine kirchliche Jugendarbeit aus.» Arno Klönne, a.a.O., S. 37.
[26] Georg Pahlke, Trotz Verbot – nicht tot, Katholische Jugend in ihrer Zeit, III, 1933-1945, BDKJ-Verlag, Paderborn 1995, S. 132.
[27] «Solche Behauptungen rufen Skepsis wach. Sind sie nicht wie vieles andere der damals herrschenden ‹pathetischen Selbstbespiegelung› zuzurechnen...?» Karl Hofmann, Eine kath. Generation zw. Kirche und Welt, Augsburg 1993, S. 17.
[28] Sie hielten stand, Sturmschar im Katholischen Jungmännerverband Deutschlands, Verlag Haus Altenberg 1990, 2. korrigierte Auflage.
[29] Augustinus Reineke, Jugend zwischen Kreuz und Hakenkreuz, Ereignisse, Erlebnisse, Erinnerungen, Dokumente, Bonifatius-Verlag Paderborn 1987.
[30] Gisbert Kranz, Eine katholische Jugend im Dritten Reich, Erinnerungen 1921-1947, Verlag Herder Freiburg/Brsg., 1990.
[31] vgl. Karl Hofmann, a.a.O., S. 62/63.
[32] ebd., S. 62.
[33] Sie hielten stand, S. 215.
[34] vgl. Karl Hofmann, a.a.O., S. 55.
[35] ebd. S. 34.
[36] Sie hielten stand, S. 20.
[37] ebd. S. 20.
[38] Sie hielten stand, S. 22.
[39] vgl. Karl Hofmann, a.a.O., S. 93/94.
[40] 400'000 Mitglieder zählte der Gesamtverband des KJMVD damals.
[41] «Diejenigen katholischen Organisationen und Verbände, die ausschließlich religiösen, rein kulturellen und caritativen Zwecken dienen und als

solche der kirchlichen Behörde unterstellt sind, werden in ihren Einrichtungen und in ihrer Tätigkeit geschützt. Diejenigen katholischen Organisationen, die ausser religiösen, kulturellen und caritativen Zwecken auch anderen, darunter auch sozialen oder berufsständischen Aufgaben dienen, sollen, unbeschadet einer etwaigen Einordnung in staatliche Verbände, den Schutz des Artikels 31 Absatz 1 genießen, sofern sie Gewähr dafür bieten, ihre Tätigkeit ausserhalb jeder politischen Partei zu entfalten. Die Feststellung der Organisationen und Verbände, die unter die Bestimmungen dieses Artikels fallen, bleibt vereinbarlicher Abmachung zwischen der Reichsregierung und dem Episkopat vorbehalten...»

[42] Augustinus Reineke, a.a.O., S. 74.
[43] Augustinus Reineke, a.a.O., S. 76.
[44] ebd., S. 31.
[45] Gisbert Kranz, Eine katholische Jugend im Dritten Reich, Erinnerungen 1921-1947, Herder 1990, a.a.O., S. 81.
[46] Sie hielten stand, S. 215.
[47] Man möchte ihn als den «General Gottes» bezeichnen in Anlehnung an Carl Zuckmayrs Werk «Des Teufels General».
[48] Augustinus Reineke, a.a.O., S. 27/28.
[49] Sie hielten stand, S. 170.
[50] Karl Hofmann, a.a.O., S. 76.
[51] ebd., S. 70.
[52] Sie hielten stand, S. 112-127.
[53] Sie hielten stand, S. 18.
[54] a.a.O., S. 24.
[55] a.a.O., S. 26.
[56] Die biographischen Angaben stützen sich auf das faszinierende Buch «Wie Gold im Feuer geläutert» von René Lejeune, Parvis-Verlag, Hauteville/Schweiz 1991.
[57] René Lejeune, a.a.O., S. 79.
[58] René Lejeune, a.a.O., S. 113/114.
[59] ebd. S. 95.
[60] ebd. S. 102.
[61] ebd. S. 278.
[62] Die Daten über das Leben des bereits am 4.10.1987 in Rom seliggesprochenen Marcel Callo sind der Dokumentation Rosemarie Pabel (Hrsg.) Marcel Callo, Franz-Sales-Verlag, Eichstätt-Wien 1991, entnommen.
[63] Dokumentation, S. 10.
[64] ebd., S. 18.
[65] Georg Pahlke, a.a.O., S. 83.
[66] Sie hielten stand, S. 24.

[67] Inge Scholl, Die Weisse Rose, Fischer-Taschenbuch-Verlag 1993, S. 22.
[68] Sie hielten stand, S. 28.
[69] Augustinus Reineke, a.a.O., S. 48.
[70] Dr. Nattermann soll NS-Agent gewesen sein.
[71] Die katholische Jungenzeitschrift «Am Scheideweg» brachte in ihrer Nr. 2/1936 einen Hitlerappell an die deutsche Jugend, den sie wie folgt auslegt: «... am Morgen des 1. Mai ... sprach Adolf Hitler vor den Berliner Jungen und Mädchen im Poststadion... Drei große Forderungen stellte er, denen du dich nicht verschließen darfst: Erstens darfst du im Leben nicht an dich allein denken: ‹Wir verlangen von dir, dass du schon in deiner Jugend lernst, Opfer auf dich zu nehmen...› Zweitens verlangt der Führer, dass du charakterstark wirst. ‹Dass du anständig denken lernst, dass du alles das ablehnst, was schädlich ist und immer schädlich sein wird. Wir verlangen, dass du charakterstark wirst, indem du dich zu den Idealen und Tugenden bekennst, die zu allen Zeiten die Grundlage für große Völker gewesen sind.› Drittens verlangt der Führer, dass du hart wirst. ‹Wir können Muttersöhnchen und verzogene Kinder nicht brauchen...› Diese Worte verstehst du. Erst recht als katholischer Junge wirst du diese Forderungen erfüllen wollen. Sei glücklich, in einer Zeit zu leben, wo etwas von dir verlangt wird... Die Kirche zeigt dir in vielen Heiligen Heldenbeispiele. Nimm dir den heiligen Georg zum Vorbild. Er wird dir siegen helfen.» Anm. Man darf hierin ein typisches Beispiel sehen für den Versuch, sich dem Vorwurf einer Totalverweigerung gegen das Dritte Reich zu entziehen, anderseits aber auch, die Worte Hitlers ins katholische Verständnis umzudeuten.
[72] Entnommen einem Sonderdruck des Herder Verlages, J. P. Bachem, Köln, S. 2
[73] Martin Schwab, «Kirchlich-Kritisch-Kämpferisch, Der Bund der Deutschen Katholischen Jugend (BDKJ) 1947-1989», Echter Verlag Würzburg 1994. Die Titelwahl ist nicht bedenklich, weil bei ihr die Zäsur der 60er Jahre unberücksichtigt bleibt. Treffender würde der Sachverhalt ausgedrückt, wenn der Titel etwa lautete: Von der kirchlichen Einbindung in die kritisch-kämpferische Distanz.
[74] Martin Schwab, a.a.O., S. 21.
[75] «Im Unterschied zu den allermeisten Jugendseelsorgern und auch zum Erzbischof (gemeint ist Kardinal Jäger von Paderborn, Einschub des Verfassers), auch zur Mehrzahl der Jugendlichen selbst, die im Rahmen der kirchlichen Struktur von Gemeinde, Dekanat und Bistum die Jugendarbeit gestalten wollten, betonte Pater Hirschmann das freie Koalitionsrecht im Rahmen der Kirche und räumte dabei dem amtskirchlichen Bereich nur eine subsidiäre Zuständigkeit ein» (Augustinus Reineke, a.a.O., S. 237.
[76] ebd. S. 238.

[77] ebd. S. 217.
[78] ebd. S. 28.
[79] Vergleiche: Lumen Gentium Art. 30 ff und das «Dekret über das Apostolat der Laien», zumal den Satz aus Kap. 18: «Sie seien Apostel in ihrer Familiengemeinschaft wie in Pfarrei und Bistum, die selbst ein Ausdruck des Gemeinschaftscharakters des Apostolates sind, *aber auch in freien Gruppierungen, zu denen sie sich zusammenschließen wollen.*»
[80] Reineke, a.a.O., S. 239/240.
[81] Georg Pahlke, «Trotz Verbot nicht tot. Katholische Jugend in ihrer Zeit, III 1933-1945» BDKJ-Verlag Paderborn 1995, S. 41.
[82] vgl. Martin Schwab, a.a.O., S. 23ff. Der Autor weist in einer Fußnote auf mögliche Unstimmigkeiten hin, die er in Zusammenhang bringt mit seiner mühsamen Quellensuche. (Siehe Anlage III)
[83] Martin Schwab, a.a.O., S. 25.
[84] Martin Schwab, a.a.O., S. 29.
[85] Augustinus Reineke, a.a.O., S. 240 und 216/217.
[86] Bei dieser Einteilung stütze ich mich auf die Untersuchungen von Martin Schwab in «Kirchlich, Kritisch, Kämpferisch».
[87] Martin Schwab, a.a.O., S. 30/31.
[88] ebd. S. 33.
[89] Martin Schwab, a.a.O., S. 61.
[90] ebd., S. 41.
[91] ebd., S. 61/62.
[92] ebd., S. 63.
[93] Martin Schwab, a.a.O., S. 34/35.
[94] ebd. S. 64.
[95] ebd. S. 64.
[96] ebd. S. 64.
[97] Augustinus Reineke, a.a.O., S. 248.
[98] Gemeinsame Synode der Bistümer in der Bundesrepublik Deutschland, Offizielle Gesamtausgabe, Herder 1976, S. 33.
[99] Gravissimum educationis, Kap. 3.
[100] Wolfgang Brezinka, Die Pädagogik der Neuen Linken, Ernst Reinhardt Verlag, München-Basel, 6. verbesserte Auflage 1981, S. 26. (Die «Neue Linke» gibt es erst seit 1960 in England bei sozialistischen Intellektuellen).
[101] ebd., S. 28.
[102] ebd., S. 34.
[103] ebd., S. 37.
[104] vgl. Wolfgang Brezinka, a.a.O., S. 56.
[105] ebd., S. 37.
[106] ebd., S. 37.
[107] ebd., S. 53.

[108] ebd., S. 54.
[109] Wolfgang Brezinka, a.a.O., S. 5/6.
[110] «‹Schlagwort› heisst auf Englisch ‹Slogan›, und das bedeutet ursprünglich ‹Heergeschrei›, ‹Kriegsruf›», Brezinka, a.a.O., S. 77.
[111] Abgedruckt im BDKJ-Journal Nr. 5 vom 10. Mai 1994.
[112] «Es ist typisch für den Geist der Verneinung, von dem die Neue Linke erfüllt ist und der sich auch in zahlreichen anderen negativen Begriffen wie ‹Gegen-Gesellschaft›, ‹Gegen-Kultur›, ‹Gegen-Praxis›, ‹Gegen-Universität› usw. äussert», Wolfgang Brezinka, a.a.O., S. 153. (s. Anlage V)
[113] Die «Arbeitsgemeinschaft Jugendpastoral der Orden» (AGJPO) scheint vom gleichen Egalitätsprinzip erfüllt, wenn sie ihre permissive Sexualmoral als «Option für die Jugend» den Bischöfen mit der anmaßenden Anrede empfiehlt: «Liebe Brüder im Bischofsamt». (siehe Anlage VI)
[114] Martin Schwab, a.a.O., S. 92.
[115] Ein eklatantes Beispiel liefert Lahrmann in seinem Editorial, BDKJ Journal Nr. 10. Okt. 1995, Bezug nehmend auf das Kirchenvolksbegehren: «Wenn es noch eines Argumentes für das Kirchenvolksbegehren bedurft hätte, so haben es manche Bischöfe geliefert: Ohne einen Pfarrgemeinderat zu fragen, ohne einen Diözesanrat zu fragen ... haben sie mit absolutistischer Autorität verfügt, weder Räume noch Kirchensteuermittel, dem Begehren zukommen zu lassen. Das Volk horcht, aber es gehorcht nicht immer blind.»
[116] «In der Liebe verwurzelt und auf sie gegründet, sollt ihr mit allen Heiligen zusammen dazu fähig sein, die Länge und Breite, die Höhe und Tiefe zu ermessen und die Liebe Christi zu verstehen, die alle Erkenntnisse übersteigt.»
[117] L'Osservatore Romano Nr. 51 vom 18.12.1992.
[118] Martin Schwab, a.a.O., S. 113.
[119] Ein Haus für junge Menschen, Hrsg. Bernd Börger/Karin Kortmann, 1994 Verlag Haus Altenberg GmbH, Düsseldorf, 1. Auflage, S. 366.
[120] BDKJ Journal, Nr. 11/12 vom 25. Nov. 1994, S. 42.
[121] Augustinus Reineke, a.a.O., S. 247/248.
[122] BDKJ Journal, Nr. 5, 10. Mai 1995, S. 5.
[123] ebd., S. 3 (20 Jahre Würzburger Synode – Sonderheft).
[124] Vgl. Martin Schwab, a.a.O., S. 82/83.
[125] Freie Deutsche Jugend
[126] Informationen zur politischen Bildung, 231, 2. Quartal 1991, S. 33.
[127] Die Kraft wuchs im Verborgenen. Hrsg. Bernd Börger u. Michael Kröselberg, 1993 Verlag Haus Altenberg GmbH, Düsseldorf, S. 115.
[128] Die Kraft wuchs im Verborgenen, S. 28.
[129] Die Kraft wuchs im Verborgenen, S. 67/68.
[130] Deutsche Tagespost (DT) 2/95: Kardinal Meisner: «Die Kirche in Deutschland ist wehleidig geworden».

[131] L'Osservatore Romano, Dokumentation, 2/1995, S. 11.
[132] aus: Der Fels 1995/5, S. 132
[133] Stichwort: Romantik, aus: Philosophisches Wörterbuch, hrsg. von Georgi Schischkoff, Alfred Körner Verlag, Stuttgart 1978.
[134] Caritas-Werkheft 96/ Jugend, S. 18
[135] P. Johannes Paul II., aus einer Ansprache am 18.3.1994.
[136] Der Anstellungsbescheid einer Diözese für ein Pfarramt enthielt folgende Bedingungen: «In N. und der näheren und weiteren Umgebung gibt es zur Zeit keine Gruppen der Europa-Pfadfinder. Wir gehen davon aus und erwarten, dass keine neuen Gruppen angestrebt oder gegründet werden.»
[137] Publik-Forum 1996/2, Publik-Forum-Dossier, S. 2.
[138] Wolfgang Brezinka, a.a.O., S. 77.
[139] a.a.O., S. 11: «Es gilt neuerdings als Beweis für politische ‹Mündigkeit›, wenn man an seiner Gesellschaft unentwegt Kritik übt... Nicht Bejahung, sondern Verneinung gilt als angebracht; nicht Anhänglichkeit an die soziale Ordnung, sondern Feindseligkeit gegen sie wird genährt.»
[140] Wolfgang Brezinka, a.a.O., S. 125.
[141] ebd., S. 131
[142] ebd., S. 19
[143] Seneca, Lucius Anaeus d. J., 4 v. bis 65 n. Chr., Erzieher Neros, von ihm in den Selbstmord getrieben.
[144] ebd., S. 19/20
[145] Sie hielten stand, S. 82.
[146] «Unsere Jugend liebt den Luxus. Sie besitzt schlechte Manieren, verachtet die Autorität, hat keinen Respekt vor älteren Leuten. Die Kinder von heute gleichen Tyrannen. Sie erheben sich nicht von ihren Sitzen, wenn die Eltern den Raum betreten. Sie widersprechen ihnen, reden, wenn sie nicht gefragt sind, verschlingen in Hast ihre Speisen und tyrannisieren ihre Lehrer.»
[147] GE, Kapitel 3.
[148] GE, Kap. 1.
[149] AA, Kap. 12.
[150] AA, Kap. 13.
[151] «Hochmütig ist aber auch der Veränderungswille, der das Neue, das sich ankündigt, einfach auf einen Kahlschlag des Alten setzen will. Gott ist und bleibt der Herr der Geschichte. Der Mensch kann nicht willkürlich in ihr Nullpunkte setzen und sagen: Hier geht es jetzt völlig neu los. Wer keine Herkunft hat, hat auch keine Zukunft; denn ohne Herkunft zerrinnt er ins bloß Jetzige, im bloß Jeweiligen, im bloßen Augenblick. Er hat nichts an die kommende Generation weiterzugeben. Ohne Herkunft sein heisst: ohne Zukunft sein» (Kardinal Meisner).
[152] GS, Kap. 19.

[153] Wolfgang Brezinka, a.a.O., S. 179 (Zitat).
[154] Augustinus Reineke, a.a.O., S. 167.
[155] ebd., S. 168
[156] Roman Bleistein, den man als Inspirator des BDKJ bezeichnen kann, behauptet das Gegenteil: «Was ist aber möglich? Es ist möglich eine gemeinsame Fahrt in einer Gruppe von Freunden; es ist auch möglich eine gemeinsame Fahrt von Jungen und Mädchen, die einander wie Kameraden sind...» Aus: Antworten auf deine Fragen», Verlag Butzon und Bercker, Kevelaer 1966. Eine solche Einstellung scheint mir sehr wirklichkeitsfremd.
[157] «Die Bilderflut von der Kinowand, aus den Fernsehkanälen oder Videorekordern, von der Computerdiskette oder schlicht als Comic schwemmt eine ganz bestimmte Art der Religiosität in die Seelen der Zuschauer. Wer das Zusammenspiel zwischen diesen religiösen Inhalten und dem Transportmittel Bild durchschaut, dem wird schlagartig bewusst, dass zur Zeit das christliche Abendland sanft aus den Angeln gehoben wird. Der Hebel dazu setzt offensichtlich an der schwächsten Stelle an: bei den Kindern und Jugendlichen» (Katrin Ledermann, Der Griff nach unseren Kindern, Verlag Klaus Gerth, Asslar, 1990, S. 21.
[158] a.a.O., S. 25.
[159] Deutsche Tagespost Nr. 94/1995, S. 5. «Zum Papst auf der Suche nach Erfüllung. Vor dem Treffen der Jugend mit Johannes Paul II. in Loreto». (500'000 Jugendliche nahmen teil, laut L'Osservatore Romano Nr. 38/1995).
[160] Entnommen der Diplomarbeit: Das Vereinigungsrecht der kath. Kirche im Blick auf die Situation des deutschen Jugendverbandswesens, vorgelegt von Wolfgang (Pius Maria) Rothe, S. 54.
[161] vgl. Wolfgang (Pius M.) Rothe, a.a.O., S. 55/56.
[162] Satzung S. 11 (Anhang 1).
[163] ebd., S. 17. NB: Die Mitglieder der KPE nennen sich auch «Pfadfinder Mariens», wie die gleichlautende Quartalsschrift.
[164] Satzung, S. 11 (Anhang 2).
[165] Punkt 10 ist eingeklammert, weil er nur für die damalige Zeit relevant war
[166] Erklärung der Kongregation für die Glaubenslehre zu einigen Fragen der Sexualität, 1975
[167] vgl. Katechismus der katholischen Kirche, 1992
[168] «Ehe und Familie», 1990
[169] Schreiben der Kongregation für die Glaubenslehre an die Bischöfe über die Seelsorge für homosexuelle Personen, 1986
[170] Schreiben der Kongregation für die Glaubenslehre an die Bischöfe über die Seelsorge für homosexuelle Personen, 1986

GERHARD ADLER
Die Engel des Lichts
2. Auflage, 158 Seiten, 16 Farbtafeln, DM 19.80, Fr. 18.-
Viele Menschen sind sich nicht mehr bewusst, dass wir einen Grossteil der Schöpfung ignorieren, nämlich die Erstlinge der Schöpfung, die Engel. Dabei gab Gott ihnen eine spezielle Mission: «Siehe, ich sende meinen Engel, dass er vor dir hergehe und dich behüte auf dem Wege» (Ex 23, 20). G. Adler, Leiter der Abt. Literatur des Südwestfunks, legt uns nach intensiver Beschäftigung mit historischen Quellen ein Buch vor, das uns die Augen öffnet für die Engel, die an Kraft und Schönheit alles überstrahlen. Das Buch gehört zur Pflichtlektüre jedes aufgeschlossenen Christen.

MANFRED BALKENOHL
Vom Sinn des Lebens
302 Seiten, Pb., DM 25.50, Fr. 23.-
«Eben habe ich das Buch von Manfred Balkenohl durchstudiert. Ich finde es für unsere Zeit epochal notwendig. Als Priester beschäftige ich mich ganz besonders mit der Familienpastoral. Die negativen Erscheinungen unserer Zeit (Ehezerfall, Jugendkriminalität, Süchte) haben ihre Wurzeln im Zerfall der Familie. Das zeigt der Verfasser in bestechender Weise. Hier muss die Neuevangelisierung, von der immer wieder gesprochen wird, beginnen. Die Gnade baut auf der Natur auf.»   *Pfarrer Michael Dobler, Österreich*

CHRISTOPH CASETTI
Kleiner Familien-Katechismus
176 Seiten, Pb., DM 17.80, Fr. 16.-
Die junge Generation geht der Kirche weithin verloren, weil sie den Glauben nicht richtig kennt. Hier sind Familien zur Selbsthilfe aufgerufen. Die Eltern sind die ersten Verkünder des Evangeliums für Kinder. Dazu müssen sie den Glauben bezeugen und auch erklären. Es ist oft schwierig, Kinderfragen oder kritische Einwände Jugendlicher zu beantworten. Dieses Buch bietet eine Hilfe für das religiöse Gespräch; es macht den Glauben in einfacher Sprache verständlich.

CHRISTIANA-VERLAG CH-8260 STEIN AM RHEIN

FERDINAND HOLBÖCK
Heilige Eheleute
350 Seiten, 115 Abb., DM 39.80, Fr. 35.-
Wussten Sie, dass es viele heilige Ehepaare gibt? Wie sind heilige Eheleute mit all den Schwierigkeiten fertig geworden: Kinderlosigkeit, langer Trennung, Verschwendungssucht, Untreue des Partners? Das neue Buch von Prof. Holböck bietet uns eine Eheschule; es führt heroische Beispiele aus allen geschichtlichen Zeiten vor. Paulus bezeichnet die Ehe als ein tiefes Geheimnis. Die Welt braucht dringend heile Familien, denn sie sind der Nährboden für das Reich Gottes.

DR. EDUARD GRONAU
Hildegard von Bingen
2. Aufl., 444 Seiten, Leinen, 17 Farbfotos, DM 38.-, Fr. 33.-
Die spannendste Biographie über die größte Mystikerin des Mittelalters. Die Welt staunt über ihr immenses Wissen, das sie nicht schulmäßig erworben, sondern durch übernatürliche Erleuchtung empfangen hat. Sie diktierte in lateinischer Sprache ein siebenbändiges Werk über die Größe Gottes, die Welt der Engel, die Wunder der Schöpfung und die Heilkräfte in der Natur. Es gelingt Gronau, das Weltbild und die Lehre Hildegards so allgemeinverständlich darzustellen, daß ein christlicher Kosmos erstrahlt. Ein faszinierendes Buch.

WOLFGANG KUHN
Weisheit der Unvernünftigen
117 Seiten, 50 Farbtafeln, DM 28.-, Fr. 24.50
«Können Tiere denken?» «Instinkt» hat man ihre klugen Aufgabenlösungen genannt, ohne damit etwas zu erklären. Im Zeitalter der Informatik wissen wir, dass ihr Verhalten weithin vorprogrammiert ist, als ererbte Information codiert im Kern der Eizelle. Information ist eine Größe, die wir nur als geistigen Ursprungs kennen. So fragt sich: Welcher überragende Geist hat sie verursacht? Paulus gibt eine plausible Antwort: «Was man von Gott erkennen kann, ist offenbar; seit Erschaffung der Welt wird seine unsichtbare Wirklichkeit an den Werken der Schöpfung mit der Vernunft wahrgenommen» (Röm 1,19-20).

CHRISTIANA-VERLAG CH-8260 STEIN AM RHEIN